생명의 기원과 외계생명체

창조론대강좌 시리즈 2권

생명의 기원과 외계생명체

: 창조 모델로 살펴본 생명의 기원, UFO, 그리고 열역학

On the Origin of Life

: A Creationist's Perspective on the Origin of Life

양승훈 지음

SFC

아버님이자 큰 스승이셨던

故 양명철 장로님(1915-1978)을

추모하며…

With Loving Memory of

Elder Myung Chul YANG(1915-1978)

My Dad,

Best Mentor,

Creative Farmer,

Powerful Preacher,

Great Church Planter

차례

추천의 글   9
시리즈 서문   12
서문: 생명은 생명으로부터만…   16
감사의 글   21

제1강 **창조론과 진화론**   27
제2강 **생명의 기원과 자연발생**   51
제3강 **생명의 기원과 화학진화**   71
제4강 **생명의 기원과 열역학**   133
제5강 **생명의 기원과 설계**   175

제6강 외계생명체와 우주 탐사	191
제7강 외계생명체와 화성 열풍	223
제8강 외계생명체와 UFO	259
제9강 외계생명체와 거짓 정보	293

주(註)	327
내용 색인	371
후원기관 및 저자 소개	380

추천의 글

우리가 살고 있는 지구에는 수많은 종류의 생명체들이 공존하고 있으며, 이 생명체들의 생존은 항상 시작될 때와 끝날 때가 있음을 잘 알고 있습니다. 그러나 태초에 이들 생명체가 어떻게 시작되었는가에 대한 해답은 각자의 믿음에 따라 다르게 해석되어 왔고, 현재에도 끝없는 논란이 지속되고 있습니다. 가장 심각한 논란의 핵심은 유한한 공간을 가진 지구상에 엄청나게 많은 종류의 생명체가 언제부터, 어떻게 공존하기 시작하였느냐 하는 것입니다. 쉽게 생각하자면, "처음부터 지구상에 있었다"라는 설과 "지구 밖에서 왔을 것이다"라는 설 등 두 가지가 가능할 것입니다. 그리고 "처음부터 지구상에 있었다"라는 설은 "오랜 시간에 걸쳐 만들어졌다"라는 자연발생설과 "전능자에 의해 창조되었다"는 특수창조론으로 다시 나눌 수가 있을 것입니다.

자연발생설은 고대로부터 존재했지만, 19세기 중엽에 등장한 다윈의 진화론 이후 학문적 체계를 갖게 되었으며, 현재 다수 대중들의 지지를 받고 있습니다. 그리고 대부분의 과학자들도 이 학설에 근거하여 수많은 형태의 과학 이론을 발전시키고, 또 자연 현상을 설명하고 있습니다. 이러한 진화론과는 전적으로 차별되는 것이 기독교 세계관에 근거한 창조론인데, 창조론에도 근래에 등장한 지적 설계론을 비롯해서 여러 가지 이론들이 있습니다. 창조론은 무한한 지적 능력을 가진 창조주가 전적으로 어떤 목적을 가지고 이 땅위의 모든 생명체를 탄생시켰다는 것입니다. 진화론과 창조론에 더하여 지난 세기에는 인류의 획기적 업적 중 하나인 우주탐사를 통해 소개된 외계생명체기원론이 등장하면서 생명의 기원에 대한 가설은 더 복잡하게 되었습니다. 하지만 그에 반해 이들 세 가지 학설들을 속 시원하게 설명해 줄 자료나 서적들은 그 동안 턱없이 부족한 실정이었습니다.

이런 점에서 이번에 양승훈 박사가 저술한 『창조론 대강좌』 시리즈의 두 번째 책인 『생명의 기원과 외계생명체』는 진화론, 창조론 및 외계생명기원론에 대한 명확한 해설을 시도합니다. 1996년 단권으로 출간된 『창조론 대강좌』에서는 한 두 개의 장(章)으로서만 소개했던 주제를 이번에는 단행본으로 확장하여 심층적인 해설을 시도한 것이 큰 차이입니다. 더군다나 본서는 단순히 분량만 증가한 것이 아니라 최근의 연구 성과들까지 잘 담고 있습니다.

물리학, 과학사 및 신학 등 자연과학과 인문학 영역에서 폭넓은 지적 훈련을 받은 저자는 본서와 같이 생명 현상에 대한 물리학, 생물학, 생화학, 유기화학, 우주론 등을 포함하는 간학문(interdisciplinary) 주제들을 다루기에 가장 적합한 분이라고 생각됩니다. 본서에서 저자는 생명 현상의 다양한 분야에 대한 심오한 이해와 이를 기초로 한 명쾌한 해석을 시도하고 있는데, 사실 생명과학을 전공한 추천자로서도 감탄하지 않을 수 없습니다.

양승훈 박사는 한국에서 창조론 운동, 기독학술교육동역회(DEW)와 밴쿠버세계관대학원(VIEW) 설립 등에 헌신하면서 탁월한 지도력을 발휘하였을 뿐 아니라 자신의 신앙과 기독교 세계관에 관련된 30여권의 탁월한 저서들을 출판하여 많은 독자들에게 진한 감동과 도전을 주고 있습니다. 특히 1981년부터 한국에서 창조과학 운동이 시작되었을 때부터 물리학도로서 창조론 운동에 자신의 열정을 쏟아 부었고, 또 『창조론 대강좌』와 같은 탁월한 창조론 종합 연구 시리즈를 출간하게 된 것은 하나님의 인도하심이 있었기에 가능한 일이 분명합니다.

양승훈 박사는 믿음의 동역자, 선한 교육자, 그리고 신앙의 지도자로서 모범을 보였을 뿐 아니라 아주 다양한 탤런트를 가졌으며, 만나는 사람들에게 끝없이 영감과 도전 정신을 줍니다. 늘 저자를 존경하고 저자의 믿음과 열정을 오랫동안 옆에서 지켜보았던 추천자로서는 금번에 출간된 『생명의 기원과 외계생명체』가 생명체 기원에 의문을 가진 많은 분들에게 명확한 해답을 줄 것이라고 믿어 의심치 않으며, 모든 그리스도인들은 물론 생명과학도들에게 일독을 권합니다.

김남득 교수
(이학박사, 부산대 약대 교수 및 전 학장)

시리즈 서문

　한국에서 본격적으로 창조론 운동이 시작되던 1981년 1월, 내가 처음으로 접한 창조론은 창조과학이었다. 물론 그 이전에도 당시 건국대 물리학과 교수였던 주영흠 박사님을 통해 좀 다른 창조론(현재의 용어로는 진행적 창조론 혹은 날-시대이론)을 접하기는 했지만, 창조과학의 선명성과 전투성에 매료되어 창조과학이야말로 인생을 걸만한 일이라고 생각했다. 그래서 언젠가 창조론을 열심히 연구해서 좋은 책을 써보겠다는 꿈을 가졌다.
　하지만 좋은 책을 쓴다는 것은 열정과 결심만으로 되는 것이 아니었다. 우선 창조론에 관해 내가 아는 것이 별로 없었고, 또한 창조론과 직접 연관되지 않은 반도체물리학 연구에 전념해야 하는 현실 속에서 창조론 연구는 꿈으로만 남아있을 뿐이었다. 하지만 뭔가 시작해야 한다는 생각을 갖고 틈나는 대로 한국창조과학회 활동에 참여하면서 (공저이지만) 『진화는 과학적 사실인가?』(1981) 등 번역 수준의 책들을 만들었다. 그 후에도 꾸준히 자료들을 모으고, 비록 강의록 수준의 글이었지만 조금씩 글의 틀을 잡아가기 시작했다.

체계를 잡은 첫 강의록으로는 1988년 대구에서 열린 창조론 지도자 훈련과정 교재로 만든 것이었는데, 이것이 기초가 되어 1990년 미국 메디슨한인장로교회에서 창조론 시리즈 강의를 위해 『창조론 서설』을 만들었다. 후에 이 강의록을 기초로 신학교 강의를 위한 『창조론 대강좌』(CUP, 1995, 이하 『대강좌』)를 책으로 처음 출간했고, 이 책을 확장한 것이 오랫동안 많은 분들의 사랑을 받았던 『창조론 대강좌』 개정증보판(CUP, 1996)이었다.

10년이면 강산도 변한다고 하는데, 어느덧 『대강좌』 개정증보판을 낸 지도 14년이 지났다. 창조론 분야의 중간층 독자들을 대상으로 한 이 책은 전문가들에게는 쉬웠고 일반인들에게는 다소 어려운 책이었다. 하지만 많은 분들이 애독해 주셨고, 여러 대학에서 교재로 사용하기도 했다. 하지만 시간이 지나면서 여러분들의 요청이 있었고, 실제로 개정해야 할 내용들이 많이 누적되었지만 여러 가지 사정으로 인해 개정판을 내지 못하고 있었다.

『대강좌』 개정증보판이 출간된 이후 이제는 서론격이기는 하지만 국내 저자들에 의한 창조론 책도 간간히 눈에 띄고 있으며, 외국 저자들의 책들도 소위 "팔릴만한" 책들은 어느 정도 번역이 되어있는 듯하다. 하지만 여전히 창조론 분야에서는 대중적인 책들이 주종을 이루고 있고, 그러다보니 좀 어려운 개념들이나 치밀한 논증을 소개할 수가 없었다. 이러한 요구를 충족하기 위해서는 부득불 『대강좌』를 단권이 아닌 시리즈로 출간할 필요가 있었다.

본 『대강좌』 시리즈는 다소 고급 독자들을 위한 책이라고 할 수 있다. 이전에 단권으로 출간된 『대강좌』에 비해 몇 권의 시리즈로 출간되는 본서에서는 중요한 창조론 이슈들을 좀 더 심층적으로 다루었다. 그 동안 창조론에 관한 나의 입장도 변했기 때문에 시리즈 제목을 바꾸는 것이 적절한 것 같지만, 이미 『대강좌』를 기초로 국내 저자들이 쓴 책들이 여러 권 출간되었기 때문에 연속성을 고려하여 "창조론 대강좌"를 시리즈 이름으로 사용하게 되었다.

본 시리즈를 집필하면서 주 독자층들을 어떻게 잡을 것인가를 두고 많이 고심했다. 기존의 『대강좌』 개정증보판을 출간하던 때에 비해 국내에서 창조론에 대한 논의가 많이 진전된 것을 생각한다면 좀 더 수준 있는 독자들을 대상으로 하는 책이어야 한다고 생각하면서도, 다른 한편으로는 여전히 처음 창조론을 접하는 분들을 위한 입문서 내지 대학 교양 교재 수준의 책들도 필요하다는 생각 때문이었다. 그래서 이번에는 일반인용과 전문가용으로 분리하여 출간하는 쪽으로 결론을 내렸다.

2006년, 예영에서 출간했던 『창조와 격변』은 일반인들의 창조론 교양과 대학 교양강좌를 위해 사용할 수 있도록 집필하였다. 그리고 본 시리즈는 좀 어폐가 있기는 하지만 일종의 전문가용, 즉 창조론을 제대로 공부하려는 독자들을 염두에 둔 책이라고 할 수 있다. 따라서 본 시리즈는 『창조와 격변』의 내용은 물론 그 책에 포함시키지 못했던 주제들과 내용들까지 포함시켰다. 분량은 많아졌지만 본 시리즈는 대학이나 교회에서 창조론을 가르치는 분들이나 창조론 대중 강의를 준비하는 분들에게 도움이 될 것이라 생각된다.

분권한 것 외에도 본 시리즈가 『대강좌』 개정증보판과 다른 점을 든다면 학술적으로 다중격변설을 포함시킨 것과 지구와 우주 창조 연대를 길게 잡은 점이다. 구체적으로 본 시리즈에서는 노아의 홍수만으로 지구의 모든 역사를 설명하던 기존의 단일격변설을 확장하여 다중격변설을 제시하고 있다. 다중격변설은 노아의 홍수 이전, 특히 창조주간에 지구에 대격변들이 여러 차례 있었으며, 노아의 홍수는 그들 중 마지막 전 지구적 격변이었다는 입장이다. 인류의 시작(아담과 하와의 창조)은 6,000년 내지 20만 년 전이라는 유연한 입장을 취했으며, 지구와 우주의 창조 연대는 현대 지구과학이나 우주론에서 제시하는 연대를 받아들일 수 있다는 입장으로 바꾸었다. 이 이론을 통해 (나와 같이) 젊은 창조연대와 단일격변설 사이에 끼여 고민하는 많은 분들이 해방되기를 기대한다.

이 외에도 본 시리즈 마지막 부분에는 창조에 대한 좀 더 자세한 신학적, 역사적 논의를 포함시켰고, 또한 이미 한국에 소개되어 논의되고 있는 지적 설계에 대한 내용도 일부 포함시켰다. 어떤 의미에서 생명의 기원과 직접 관련된 논의는 아닐지 모르지만 많은 사람들이 궁금해 하기 때문에 UFO에 대한 내용도 포함시켰다. 이전 『대강좌』 개정증보판에서 부록에 포함시켰던 창조론의 회고와 전망, 노아의 방주 탐사에 대한 내용은 정식으로 책 속에 포함시켰다.

아무쪼록 본 시리즈를 읽는 모든 분들에게 궁창의 빛과 같이 빛나는 지혜가 생기고, 많은 사람을 옳은 데로 돌아오게 하여 별과 같이 영원토록 비취는(단 12:3) 역사가 일어나기를 기대한다. 창조론에 빠져 지내면서 온갖 일들을 겪었던 지난 30여 년의 세월을 돌아보면서….

저자

서문: 생명은 생명으로부터만…

생명의 기원 연구는 물리, 화학, 생물, 지구과학, 천문학 등 다양한 학문의 분야에 걸친 대표적인 간학문(間學文) 분야라고 할 수 있다. 국제적으로 이 분야의 연구만을 지원하고, 학술지를 발간하며, 학회를 개최하는 대표적인 단체로서는 "생명의 기원 연구를 위한 국제협회"(International Society for the Study of the Origin of Life, ISSOL)를 들 수 있다. ISSOL에는 40여 국가로부터 500여 명의 과학자들이 참여하고 있다. ISSOL은 국제학회로서 큰 규모가 아니지만, 주제의 단일성을 생각하면 적은 숫자도 아니다.

또 다른 단체로는 "생명의 기원에 관한 고든 학회"(Gordon Research Conferences on the Origin of Life, GRCOL)가 있다. 매년 모이는 GRCOL은 한 주 동안 120여 명의 과학자들이 참여하고 있는데, 흥미로운 것은 학회에서 논의되는 사항을 공개하지 않으며, 모든 참가자들은 사전에 토의 내용을 공개하지 않겠다는 서약을 해야만 참가할 수 있다는 점이다. 연구의 성격상 다양한 추측들이 제기될 수 있는데, 이것이 일반 매스컴에서 확정된 사실인 것처럼 잘못 보도되지 않을까 하는 우려 때문이라 생각된다.

지난 10여 년 동안 생명의 기원에 관한 연구는 미항공우주국(National Aeronautics and Space Administration, NASA)의 재정적인 지원으로 그 어느 때보다 활발하게 이루어지고 있다. 1990년대 중반부터 NASA는 외계생물학 연구소(Astrobiology Institute)를 설립하고 매년 2,500만 불의 예산을 세워 과학자들에게 연구비를 지원하며 「외계생물학」(*Astrobiology*)과 「국제외계생물학회지」(*International Journal of Astrobiology*)라는 학술지를 후원하고 있다.

이처럼 생명의 기원에 관해서는 지난 수십 년 동안 많은 과학자들이 참여하고 있고, 또한 전문 학회지들도 출간되고 있지만, 아직 많은 부분이 미스터리로 남아있다. 하지만 대부분의 주류 과학자들은 지금부터 40억 년 전에서 38억 년 전 사이에 최초의 생명체가 지구에 나타났다고 본다. 그렇다면 그 생명체는 저절로 발생했을까? 아니면 외계에서 발생한 후에 지구에 왔을까? 아니면 과학적으로 설명할 수 없는, 우리가 알지 못하는 초자연적인 방법으로 창조되었을까? 왜 그렇게 많은 사람들이 생명의 자연발생설에 목을 매고 있는 것일까? 진화론자들과 창조론자들의 중심적인 논지는 무엇인가? 이러한 질문들이 『창조론 대강좌』 시리즈 제2권인 본서에서 다루고자 하는 내용이다.

우선 본서의 첫 강에서는 창조론과 진화론의 근본적인 주장들을 비교한다. 즉, 창조론과 진화론 논쟁의 배경에 있는 세계관과 더불어 각 주장이 예측하는 바를 비교하는 것이다. 그리고 왜 그렇게 오랫동안 논의해 왔던 기원에 대한 논의가 세월이 가도 전혀 해결될 기미가 보이지 않는지, 기원 논쟁의 본질적인 난점에 대해서도 다룬다. 그러므로 본서의 첫 강은 이후 본 『창조론 대강좌』 시리즈에서 다루게 될 모든 논의의 기초가 된다고 할 수 있다.

2강과 3강에서는 생명이 저절로 발생했다고 주장하는 소위 자연발생설에 대한 주장을 과학적 측면에서 비판한다. 특히 2강에서는 생명의 자연 발생에 대한 역사적 고찰과 더불어 19세기 중엽 파스퇴르에 의해 자연발생설이 결정적으로 부정될 때까지의 논쟁들을 다루고, 3강에서는 현대적 자연발생설이라고 할 수 있는 20세기 오파린-할데인의 생화학적 가설로부터 현재까지의 논의들을 소개한다. 사실 지금도 생명의 자연발생에 대한 많은 논의가 이루어지고 있지만, 그 대부분이 오파린이 제창한 생화학적 접근에 기초하고 있다고 할 수 있다.

4강은 생명의 기원과 관련된 열역학적 논의이다. 에너지 보존법칙인 열역학 제1법칙과 엔트로피 증가법칙인 열역학 제2법칙은 자연이나 실험실에서 일어나는 모든 과정을 관장하는 가장 기초적인 법칙이기 때문에 생명의 자연발생을 검증하는데 있어 가장 중요한 법칙이라 할 수 있다. 하지만 이공계 공부를 하지 않은 독자들에게는 내용이 난해할 수 있다. 다른 내용들과는 달리 여기서는 불가피하게 약간의 수학을 사용할 것이다. 따라서 열역학의 기본 개념이나 미적분 등에 익숙하지 않은 분들은 부담스럽게 생각하지 말고 지나쳐도 된다.

5강은 생명체를 구성하는 기본 요소들에 대한 설계의 증거를 다룬다. 설계의 증거란 곧 설계자의 존재를 의미하기 때문에 신앙적 색채가 강한 내용이라고 할 수 있다. 생명의 기원에 관한 다른 대부분의 내용들이 자연발생에 대한 비판적 접근에서 출발한다면, 생명체의 설계에 대한 논의는 창조에 대한 적극적인 증거를 제시하는 것이라고 할 수 있다. 다시 말해 다른 내용들이 창조에 대한 수세적 변증이라고 한다면, 설계에 대한 논의는 공세적 변증이라고 할 수 있다. 생물 세계에서의 설계에 대한 논의는 후에 『창조론 대강좌』 시리즈의 다른 책에서 다루게 될 우주와 물질의 설계와 더불어 근래 등장하고 있는 지적 설계 논의의 한 부분을 이룬다고 할 수 있다.

6강과 7강에서는 외계 생명체 탐사에 대해 다룬다. 생명의 고전적 자연발생설이나 현대적 자연발생설이 근거가 별로 없거나 가능성이 거의 없음이 밝혀지면서 등장한 것이 바로 외계 기원설이다. 사실 생명이 외계에서 발생했다면, 그 생명체가 어떻게 발생했는가에 대한 논의가 다시 등장하게 된다. 하지만 외계 기원설에서는 외계에서 생명이 어떻게 발생했는가와 더불어 그 생명체가 어떻게 지구에 이르게 되었는가를 함께 다루어야 한다. 생명체에 대해서 극히 적대적인 광활한 우주를 생명체가 이동해서 지구에 도달한다는 자체가 극히 어려운 일이기 때문이다.

7강에서는 특히 화성 생명체 탐사와 관련된 내용을 다룬다. 화성 생명체 탐사는 지금도 이루어지고 있는 작업이기 때문에 본서를 탈고할 때까지의 연구결과들을 중심으로 살펴보았다. 특히 1996년 NASA 과학자들이 남극에서 찾은 화성 운석에서 생명체 흔적을 발견했다는 발표로 인해 촉발된 "화성 열풍"을 자세히 소개할 것이다. 화성 열풍은 냉정하고 이성적이라는 과학 연구에서 언론과 정치, 여론 등이 얼마나 큰 영향을 미치는지를 보여주는 고전적인 예라고 할 수 있다.

8강과 9강은 흔히 말하는 UFO, 즉 미확인비행물체에 대해 다룬다. 엄격히 말하면 생명의 기원에 관한 과학적 논의라고 할 수 있는 6, 7강의 외계 생명체 탐사와는 달리 UFO 문제는 생명의 기원과는 직접적인 관련이 없다. 하지만 일부 사람들은 UFO가 실재하며, 지구의 최초의 생명체는 바로 UFO를 타고 온 외계인들에 의해 시작되었다고 주장하기 때문에 간접적인 관련성은 있다고 할 수 있다. 여기서는 UFO와 지구 생명체의 직접적인 관련성보다는 UFO 목격의 진실성에 더하여 소위 UFO 신드롬이라고 불리는 사회학적, 심리학적 측면에 초점을 맞추었다. UFO 현상이 왜 그렇게 쉽게 종교적 특성을 띠는지, 이와 관련하여 일부에서 왜 그렇게 열광하는지, 그리고 왜 그렇게 많은 거짓 정보가 활개 치는지를 살펴볼 것이다.

아무쪼록 부족하지만 본서를 통해 독자들이 그 동안 생명의 자연발생이나 외계생명체, UFO 등에 대해 가졌던 의문점들에 대해 어느 정도라도 진지한 답을 얻을 수 있기를 기대한다. 아니면 적어도 본서가 독자들로 하여금 생명의 기원 문제를 심각하게 생각하게 하는 촉매라도 되기를 기대한다. 그래서 본서가 "많은 사람들을 옳은 데로 돌아오게" 하는데 작은 부분이라도 이바지하는 책이 되기를 바란다.

감사의 글

어떤 책이라도 한 사람의 노력으로만 이루어질 수 없듯이 본 『창조론 대강좌』 시리즈 역시 완성하기까지 많은 분들이 도움을 주셨다.

우선 지난 1998년 8월부터 3년 간 본 시리즈를 준비할 수 있도록 재정 지원을 해 주신 창조회(회장 유성감리교회 유광조 목사, 총무 윤승호 목사) 여러 회원 목사님들(책 마지막에 있는 명단 참조)께 진심으로 감사드린다. 또한 2004년 가을, 원고 정리를 위해 위스콘신주 매디슨에서 50여 일 간 안식월을 보낼 수 있도록 물심양면으로 지원해 주신 울산 소망정형외과 이선일 박사님, 전 매디슨 한인장로교회 장진광 목사님, 전 매디슨 사랑의 교회 황원선 목사님, 그리고 VIEW 원우회 여러분들께 감사드린다.

본 시리즈를 읽고 교정과 더불어 귀중한 조언을 주신 여러분들께도 감사드린다. 함께 공부하면서 본 시리즈의 미비한 점들을 지적해 준 제자 이성균, 박춘호 형제를 위시한 VIEW 창조론 연구회 멤버들에게 감사의 마음을 전한다. 특히 박춘호 형제는 나의 조교로서 지난 1년 간 원고 교정, 정리, 그림 편집 등 모든 면을 도와주었고, 현재 포항공대 박사과정

학생으로 공부하면서도 꾸준히 도움을 주고 있다. 마지막 원고 정리에 조교로 참여해준 유승훈 박사에게도 감사드린다. 유 박사는 서울대에서 재료공학으로 박사학위를 한 후 현재 VIEW에서 공부하고 있다.

한동대 생명공학부 곽진환 교수님은 본 시리즈의 오류들을 지적해주셨고, 개혁신학연구원의 이순태 박사님(조직신학)은 바쁜 시간 중에도 원고를 읽고 귀중한 조언을 해주셨다. 교정에 참여해 준 경북대 제자 오석규 실장(교원나라), VIEW 제자 이삼열, 이종윤, 정주원, 이원도 목사, 박준영 형제, 박관수 전도사께 감사드린다. 그 외에도 교정에 참여해주신 외국어대 영문과 김건이 형제, 한미정 선생님(국어), 최신혜 자매님께도 감사드린다. 부족한 책에 대해 귀중한 추천사를 써 주신 부산대 약대 김남득 교수님께 감사드린다. 또한 어려운 출판계 현실에도 불구하고 한정된 독자들을 위해 많은 천연색 사진과 그림이 들어가고, 분량도 많은 본 시리즈를 출판해 준 SFC 출판부에 진심으로 감사드린다.

"The Great Courses"라는 탁월한 DVD 강의 시리즈를 제작하여 나의 훈련이 부족했던 천문학, 지질학, 생물학 분야의 지식과 최근 연구 성과들을 보충하는데 큰 도움을 준 미국 The Teaching Company에 감사한다. 해당 분야에서 가장 탁월한 교수들이 강의한 "The Great Courses"의 내용들은 당연히 본 시리즈 곳곳에서 인용하였다. 교수들 중 몇몇은 기원에 관한 자신의 입장을 분명히 밝히기도 했지만, 자신의 입장을 밝히지 않은 채 전공분야의 지식을 전달하는데 충실한 이들도 있었다. 이들은 자신의 전문 분야에서 세계 정상의 실력과 더불어 전공지식을 다른 사람들과 소통하는데 탁월한 은사를 가진 학자이자 선생들이었다. 기원 연구와 관련하여 내가 수강했던 20여 강좌들 중에서 특히 본서 저술과 관련하여 도움이 된 강의들은 다음과 같다:

- L.M. Principe (Prof. of History of Science, Johns Hopkins U.) "Science and Religion" (12 강의)
- F. Gregory (Prof. of History of Science, U. of Florida), "The Darwinian Revolution" (24 강의)
- R.M. Hazen (Prof. of Earth Science, George Mason U.), "Origin of Life" (24 강의)
- S. Nowicki (Prof. of Biology, Duke U.), "Biology: The Science of Life" (72 강의)
- D. Christian (Prof. of History, San Diego State U.), "Big History" (48 강의)
- D. Sadava (Prof. of Biology, Claremont McKenna, Pitzer, and Scripps Coll.), "Understanding Genetics" (24 강의)

좀 이상하긴 하지만 카메라 회사에도 감사를 드리고 싶다. 본서에 사용된 많은 사진들은 일본 후지필름사에서 제작한 1세대 DSLR 카메라 FinePix S2 Pro에 니콘 렌즈(60mm 매크로, 18-32mm 광각, 28-200mm 줌, 70-300mm 망원)를 사용하여 촬영했다. S2 Pro는 여러 해 동안 수많은 탐사여행에서 저의 분신처럼 사용되었다. 이 카메라는 셔터를 너무 많이 눌러서 셔터만 한 번 갈았을 뿐 나머지 기능은 지금까지도 탁월하다. 좋은 카메라와 렌즈를 제작해서 내가 필요한 자료들을 구하는 데 큰 도움을 후지필름사와 니콘사에 감사드린다.

대표적인 영어권 창조론 안티 사이트인 "토크 오리진스"(TalkOrigins) 홈페이지 운영자와 참여자들에도 감사드린다. "토크 오리진스" 홈페이지에서도 특히 www.talkorigins.org/faqs/quotes/ mine/part3.html에

"Quote Mine Project"(QMP)란 이름으로 올려놓은 많은 진화론 정보와 창조론 비판 글들은 본서를 집필하면서 큰 도움이 되었다. QMP에서는 창조론자들이 진화론 대가들의 말이나 글을 문맥에 맞지 않게, 혹은 부정확하게, 때로는 의도적으로 조작하거나 생략해서 인용한 것들을 철저하게 추적해서 밝혀놓았다.

창조론자의 한 사람으로서, 그리고 나 역시 그런 잘못을 범한 적이 있기 때문에 부끄러움을 느낀다. 본 『창조론 대강좌』 시리즈에서는 그런 잘못을 반복하지 않기 위해 노력을 했지만, 여전히 부정확하거나 틀린 부분이 있으리라 생각된다. 학자적인 매너와 성실함으로 비판해 주기를 기대한다. 나는 누가 어디서 발견하든 "모든 진리는 하나님의 진리"임을 믿는다. 이 말을 뒤집으면 누가 어디서 주장하든 모든 비진리는 하나님을 대적하는 것이라고 할 수 있다. 그러므로 비록 진화론자들이라고 해도 창조론자들의 학문적 성실함의 부족을 지적해 주는 것은 하나님과 사람들에 대한 커다란 봉사라고 믿는다.

끝으로 본 『창조론 대강좌』 시리즈 출간과 관련하여 가족들의 수고와 희생을 생각지 않을 수 없다. 결혼 전부터 시작하여 지난 30여 년 간 창조론 공부를 격려해 준 사랑하는 아내 박진경 자매께 존경과 감사의 마음을 전한다. 아내는 늘 내가 이런 저런 "외도"의 유혹을 받을 때마다 일편단심으로 창조론에 대한 "정절"을 지킬 수 있도록 격려해 주었을 뿐만 아니라, 창조론에 대한 나의 다중격변모델이 다듬어지는데 있어서 비전문가이지만 가장 성실하면서도 날카로운 토론자, 비판자, 교정자였다.

또한 탐사여행 때문에 한 번도 "순수한" 휴가를 갖지 못한 것을 참아준 아이들에게 미안함을 느낀다. 이번 원고가 끝나면 좀 더 많은 시간을 함께 보내며 한 번이라도 휴가다운 휴가를 가져야겠다고 다짐해 보지만,

그러는 사이 늦둥이를 제외한 나머지 세 아이들은 모두 장성해서 집을 떠났다! 이젠 휴가를 갈 형편이 되더라도 함께 갈 수 있는 아이들이 없어져 버린 것이다! 어쩌면 이런 아쉬움 속에 사는 것이 인생이려니 생각해 본다. 아이들 중에서도 본서에 사용된 여러 그림들을 그리고 다듬는 컴퓨터 작업을 도와준 둘째 아들 창모에게 특히 감사한 마음을 전한다.

밴쿠버 명철의 집
서재에서

1강

창조론과 진화론

"나의 정신적 작용이 모두 나의 뇌 속에 있는 원자들의 운동에 의해 결정된다면 나는 나의 믿는 바가 진실하다고 생각할 하등의 이유가 없다." - 할데인(J.B.S. Haldane)[1]

지난 2008년 미국 공화당 대통령 후보로 나선 침례교 목사 허카비(Mike Huckabee) 후보가 아이오와 전당대회에서 선두에 나서자 많은 진화론자들은 그가 진화론을 부정하고 창조론을 신봉하는 것을 지적하며, 그런 사람은 미국 대통령이 되어서는 안 된다고 주장하였다. 전 아칸소 주지사인 허카비는 실제로 근래 어느 토론회 석상에서 자신은 진화를 믿지 않는다고 말했다.

이에 대해 미시간대학(University of Michigan) 교수인 오멘(Gilbert Omenn)은 미국과학한림원(National Academy of Sciences, NAS)에서 추진하고 있는 『과학, 진화 그리고 창조론』(Science, evolution and creationism)이라는 진화론 책 프로젝트를 시작하는 자리에서 허카비 후보를 신랄하게 비판하였다. 그는 "내가 우려하는 바는 진화 논리를 믿지 않는 대통령이라면 다른 논리들도 믿지 않을 것이라는 점이다. … 이것은 우리나라를 황폐하게 되도록 인도하는 길이다"라고 주장하였다.[2]

또한 캘리포니아 대학 어바인 분교(University of California, Irvine) 생물학 교수인 아얄라(Francisco Ayala)는 창조론을 학교에서 가르치는 것과 관련하여 "우리는 천문학에 대한 대안으로 점성술을 가르치지 않으며, 의학에 대한 대안으로 마술을 가르치지 않는다. … 우리는 과학인 것과 과학이 아닌 것의 차이를 이해해야 한다. 우리는 진화에 대한 대안으로 창조론을 가르쳐서는 안 된다"고 하였다.[3]

이처럼 많은 사람들이 진화론을 신봉하며, 창조론은 아예 논의의 테이블 위에 끄집어내지도 못하게 막고 있다. 도대체 얼마나 진화의 증거가 분명하기에 이런 주장을 하는가? 아래에서는 이들의 논리를 추적하기 전에 먼저 기원에 관한 견해가 강력한 세계관적 뿌리를 갖고 있다는 것부터 살펴보고자 한다.

1. 기원에 대한 견해, 세계관의 기초

과연 생명은 진화되었는가, 아니면 창조되었는가? 이 질문은 지난 수 세기 동안 과학과 종교의 관계를 다루는 데 있어서 가장 핵심적인 주제가 되어왔다. 기원에 관한 질문은 시간을 초월하지 못하고 시간 속에 살 수밖에 없는 사람들에게는 적어도 과학적으로는 완전한 반증(反證)이나 검증(檢證)이 불가능한 질문이라고 할 수 있다. 진화론자들과 창조론자들이 같은 자료들을 두고서도 전혀 다른 해석을 하는 것도 이런 이유 때문이다.

그러면서도 기원에 관한 질문은 개인이나 사회의 세계관을 형성하는 데 매우 중요한 역할을 한다. 그래서 창조론과 진화론 중에서 어떤 한 이론을 선택하는 것은 여타의 한 과학 이론을 받아들이는 것과는 다르다. 다른 대부분의 과학 이론들에 있어서는 특정한 이론의 선택이 개인의 세계관이나 신앙, 도덕관 등에 직접적인 영향을 끼치는 경우가 많지 않다. 예를 들면, 우주론에서 화이트홀(white hole)이나 중력자(graviton)의 존재를 믿는 사람과 믿지 않는 사람의 세계관이 크게 다르지 않다. 지구과학의 판구조론이나 수학의 미적분 방정식에 대한 지식이 그 사람의 인생관을 바꾸지 않는다. 그러나 창조론과 진화론의 경우에는 어떤 이론을 선택하는가에 따라 자신의 정체성과 세계에 대한 인식이 전혀 달라질 수 있다.

그러면 과연 지구상의 생명체는 어떻게 생긴 것일까? 어떤 사람들은 진화되었다고 하고 어떤 사람은 창조되었다고 한다. 또 어떤 사람은 지구의 생명체는 우주 어딘가로 부터 유래했다고도 한다. 만일 지구상의 생명체가 다른 우주로부터 왔다면, 그 생명체는 어떻게 존재하게 되었을까? 창조론과 진화론의 두 이론을 조합하는 제3의 이론은 가능성이 없을까? 예를 들어, 창조주가 진화의 과정을 통해 창조했다고 하는 유신론적 진화론(theistic evolution)은 어떨까? 수많은 질문들이 꼬리에 꼬리를 물고 일어난다. 과연 어느 이론이 더 타당하며 어느 이론이 그렇지 못한 것일까? 사실 이런 것들은 새로운 질문들이 아니다. 인류의 역사만큼이나 오래된 질문들이다.

그림 1-1 인생이 직면하는 커다란 물음들. 기원에 관한 질문은 우리의 현재와 미래와도 밀접하게 관련되어 있다.

2. 기원에 관한 이론들

생명의 기원에 관해서는 크게 두 가지 이론, 즉 창조론과 진화론이 있다. 어떤 사람은 외계로부터 기원했다는 주장도 하고 있으나 이 경우 "외계생명체는 어떻게 존재하게 되었는가?"라는 문제가 다시 제기되기 때문에 결국 생명의 기원에 관한 이론은 창조론과 진화론, 두 이론으로 귀착된다고 할 수 있다. 그러나 사람에 따라 창조론과 진화론도 매우 다양한 내용과 형태를 갖는다. 진화론도 다윈(Charles R. Darwin) 이래 많은 '진화'를 했으며, 창조론자들도 사람들마다, 시대마다 다양한 이론들을 제시하고 있다.[4] 그러나 이렇게 많은 이론들이 있음에도 불구하고 창조론과 진화론의 뼈대와 근본적인 정신은 크게 달라지지 않았다.

진화론은 우주와 그 가운데 있는 모든 생명체들은 자연에 내재되어 있는 어떤 동인(動因)에 의해 저절로 존재하게 되었다고 하는, 소위 자연주의나 '자존철학'에 근거하고 있다. 쉘드레이크(Rupert Sheldrake)의 말처럼 "모든 자연은 진화론적이다. 우주는 하나의 발전하는 거대한 유기체이며, 진화론적 창조성은 자연 그 자체에 내재되어있다."[5] 어떠한 초월적인 존재의 개입도 없는, 순수한 자연 내적인 동인만을 가정한다는 점에서 진화론은 처음부터 유물론적, 자연주의적 입장을 취하고 있다고 할 수 있다. 호주의 물리학자 폴 데이비스(Paul Davies)는 이 점에 관해 "근래에 와서 점점 더 많은 과학자들은 물질과 에너지는 스스로를 조직하는 본래적인 능력을 소유하고 있음을 인식하게 되었다"고 말한다. 이처럼 진화론은 모든 생명 현상과 과정을 자연의 힘에 의해서만 설명하려고 한다.[6]

그러나 창조론에서는 만물이 물질계에 속하지 않은 초월적인 창조주에 의해 존재하게 되었다고 주장한다. 다시 말해 진화론은 만물이 스스로 존재하게 되었다고 주장하지만, 창조론은 이 세계에 속하지 않은 누군가에 의해, 혹은 누군가로 말미암아 존재하게 되었다고 주장한다.

이처럼 창조론과 진화론의 범주를 넓게 잡으면, 이 두 이론 외에 다른 기원에 관한 이론이 없을 것 같지만 문제는 그렇게 간단하지 않다. 어떤 사람들은 창조론과 진화론 사이에 있는 유신론적 진화론을 제시한다. 유신론적 진화론에서는 화학진화(무기물로부터 생명의 자연발생)와 생물 진화(아메바에서 시작해서 사람까지 진화)가 실제로 일어났다고 본다. 생물 종이 자연선택이라는 메커니즘을 따라 실제로 생겨났다고 믿는다. 그러나 창조주가 최초의 진화를 일으키는 물질과 생명, 종의 진화를 일으키는 법칙을 만들었다고 본다. 이들은 생명체들을 창조주가 만들었지만 진화라는 방법을 통해 만들었다고 주장한다. 그러므로 유신론적 진화론에서는 진화는 창조의 메커니즘이고, 창조주는 진화의 주체이다.

또한 유신론적 진화론에서는 창조주가 설계와 목적을 가지고 진화 과정을 인도했다고 본다. 즉, 창조주는 진화의 과정에서 직면하는 모든 난점들을 도와주는 존재라고 보는 것이다. 한 예로 유신론적 진화론자들은 인간의 영혼은 창조되었지만, 육체는 진화되었다고 주장한다.[7] 한 마디로 유신론적 진화론은 진화 메커니즘을 그대로 받아들인다는 점에서는 진화론이지만, 창조주의 개입을 인정한다는 점에서는 유신론이다.

이러한 유신론적 진화론은 기본적으로 자연주의 진화론이 옳다는 가정에서 출발한다. 이 이론은 자연주의 진화론과 동일한 진화 과정과 메커니즘을 가정하므로 진화론과 동일한 과학적 증거를 예측한다. 그러므로 과학적 증거를 살펴보는 한에 있어서 기원에 관한 이론은 창조론과 진화론으로 양분할 수 있다고 할 수 있다. 만일 진화론이 옳다면 유신론적 진화론도 맞을 가능성이 있고, 진화론이 틀렸다면 유신론적 진화론은 자동적으로 틀리는 것이다. 그러므로 아래에서는 생명의 기원에 관한 이론으로서 두 가지 이론, 즉 유신론적 창조론과 자연주의적 진화론으로 나누어 살펴보고자 한다.

3. 창조론과 진화론의 예측들

창조론과 진화론은 생명과 생물의 종(種, species), 인류의 기원 등에 대해서 여러 가지 상반된 주장을 하고 있다. 그러면 창조론과 진화론이 생명의 기원에 대해서 주장하는 바는 어떻게 다른가? 창조론과 진화론의 주장들을 요약하면 아래 표와 같다.

	기본적인 주장들	
	진화모델	창조모델
생명의 출현	무생명체로부터 화학진화	생명은 생명체에서만 탄생
생물의 분포	연속적 분포	불연속적 분포
새로운 생물의 출현	끊임없이 새로운 종류 출현	새로운 종류는 나타나지 않음
생물 돌연변이	유익한 돌연변이	해로운 돌연변이
자연선택	새로운 종의 창조 과정	종을 보존하는 과정
화석 기록	무한히 많은 중간형태 존재	곳곳에 빠진 간격이 존재
인간의 출현	원숭이-인간 중간형태 존재	원숭이-인간 중간형태 없음
인간의 특성	동물보다 양적으로 우수	동물과는 질적으로 다름

표 1-1 창조론과 진화론의 기본적인 주장들.[8]

생명의 출현

우선 창조론에서는 모든 생명체들은 초월적인 창조주의 설계와 계획 가운데 창조되었다고 본다. 이 생명체들은 하나나 혹은 몇몇 종류(kind)로부터 진화한 것이 아니라 처음부터 '그 종류대로' 따로 따로, 그리고 처음부터 완전한 형태로 창조되었다고 본다. 그리고 창조론자들은 모든 생명체들은 오직 생명체로부터만 유래한다는 생물발생설(生物發生說,

biogenesis)을 받아들인다. 창조론은 태초에 이러한 생명체들을 창조한 초월적인 창조주가 있다고 보기 때문에 본질적으로 유신론적이다.

이에 반해 진화론은 현재의 다양한 생명세계는 자연에 내재되어 있는 어떤 동인에 의해 무기물들의 조합에 의해 간단한 생명체가 만들어졌고, 이 생명체로부터 오늘날 우리들이 보는 다양한 생명세계가 진화되었다고 본다. 다시 말해 생물들은 아무런 초월적 존재의 개입 없이, 초월적 존재의 의도적 설계나 목적이 없이 우연히 존재하게 되었다고 주장한다. 진화론에서는 최초의 생명체들은 무생명체에서 발생하였으며, 이들은 단순하고 하등하며 원시적이었는데, 시간이 경과할수록 점차 복잡하고 고등한 존재로 진화되었다고 본다. 즉, 진화론자들은 무생명체로부터 생명이 자연발생했다는 화학진화(化學進化, chemical evolution)를 받아들인다.[9]

진화의 과정에 어떤 초월적인 존재의 개입을 부정하고 자연적 과정만을 인정한다는 점에서 진화론은 무신론적이요, 자연주의적이라고 할 수 있다. 결국 창조론은 지적이고 초자연적인 존재를 믿는데 반해, 진화론은 의식이 없는 자연을 믿는 것이라고 할 수 있다.

소진화와 대진화

또한 창조론과 진화론에서는 생물의 분포나 새로운 생물의 종류가 출현하는 것에 대해서도 상이한 주장을 한다. 창조론자들은 종류 내에서의 변이인 소진화(小進化, micro-evolution)는 가능하지만 종류의 한계를 넘어서는 대진화(大進化, macro-evolution)는 불가능하다고 보는 반면, 진화론자들은 소진화는 물론, 대진화도 가능하다고 본다.

창조론자들은 생명체들은 처음부터 그 종류대로 따로 따로 창조되었으며 그 종류 내에서의 변이는 얼마든지 가능하지만, 종류의 한계를 넘어서는 변화는 일어날 수 없다고 주장한다. 예를 들면, 이 세상에는 수많은 개들이 있지만, 이들 중에는 단 하나도 똑 같은 개들이 없다. 사람도 마찬가지다. 지구상에는 수십억의 사람들이 있지만, (일란성 쌍둥이를 제외한다면) 완전히 같은 사람은 단 한 사람도 없다. 그리고 개나 사람이 아무리 번식한다고 해도 개나 사람이 아닌 다른 종류의 동물은 되지 않는다고 본다.

창조론에서는 서로 생식이 불가능한 집단들은 유전적으로 아무런 관계가 없다고 본다. 하지만 서로 생식이 가능한 생물집단들('종류들')은 동일한 조상에까지 거슬러 올라갈 수 있다고 본다. 그러므로 자연계에는 다양한 종류의 생명체들이 있지만, 이들은 유전적으로나 형태학상으로 불연속적인 분포를 하고 있다고 본다.

이에 반해 진화론자들은 종의 기원과 관련하여 하나 혹은 몇몇의 조상

그림 1-2 곤충은 곤충의 종류대로, 식물은 식물의 종류대로, 생물은 그 종류 내에서의 변이는 무한히 다양하게 일어나지만 그 종류의 한계를 넘어서는 변이는 일어나지 않는다. ⓒ양승훈

으로부터 시작하여 오늘날과 같은 다양한 생명 세계가 존재하게 되었다고 믿는다. 진화론에서는 모든 생명체들이 유전적으로 자연발생된 최초의 단세포 생명체에 연결되어 있다고 본다. 그리고 그 최초의 생명체로부터 점진적인 진화를 하여 현재와 같은 다양한 생물계가 형성되었다고 보기 때문에 모든 자연의 생명체들은 유전적으로나 형태학상으로 연속적인 분포를 하고 있다고 본다. 이것은 소진화는 물론 대진화도 일어난다고 믿는 것이다. 결국 창조론은 일정한 한계 내에서 불변을 믿는데 비해, 진화론은 무한한 변이(variation)와 변종(transmutation)을 믿는다.

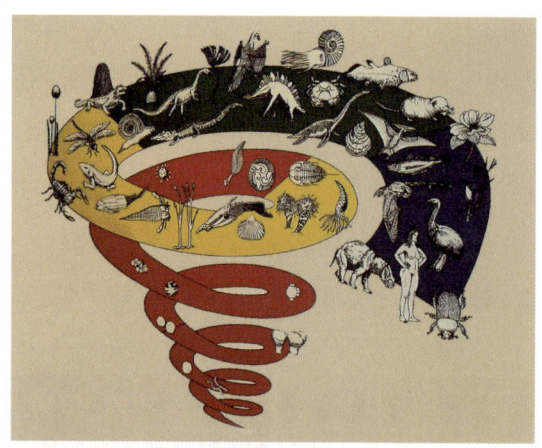

그림 1-3 진화론자들이 제시하는 원자 → 단세포 생명체 → 해양무척추동물 → 척추어류 → 양서류 → 파충류 → 조류 → 포유류 → 인간에 이르는 나선형 그림.

소진화의 축적으로 인해 대진화가 일어난다는 진화론의 기본적인 주장은 곧 화석의 출토에 대해서도 창조론과 다른 예측을 하게 한다. 즉, 생물이 오랜 세월에 걸쳐 점진적인 변이를 하면서 진화를 했다면 과거에 살았던 생물의 유해나 자취인 화석에 중간형태의 화석이 무수히 많이 존재해야 한다. 다시 말해 파충류와 조류의 중간형태, 원숭이와 사람의 중간형태 등이 화석으로 출토되어야 한다. 그러나 창조론자들은 만일 생물들이 처음부터 그 종류대로 완전하게 창조되었다고 한다면, 중간형태 화석은 출토되지 않을 것이라고 생각한다.

돌연변이와 자연선택

창조론과 진화론의 주장은 돌연변이(突然變異, mutation)와 자연선택(自然選擇, natural selection)에 대해서도 전혀 다른 견해를 갖는다. 창조론자들은 돌연변이는 아무리 일어나도 대부분 해로운 방향으로 일어날 뿐이므로 진화의 원인이 될 수 없다고 본다. 하지만 진화론자들은 대부분의 돌연변이가 해로운 방향으로 일어날지라도 그 중 일부는 유익한 돌연변이를 일으켜서 진화한다고 주장한다. 즉, 창조론자들은 돌연변이는 퇴화의 원인이라고 믿는 반면, 진화론자들은 진화의 원인이라고 믿는다. 자연에서 일어나는 돌연변이는 희귀하므로 많은 관찰이 불가능하지만 실험실에서는 얼마든지 인공 돌연변이를 일으킬 수 있으므로 이 주장의 진위에 대해서는 후에 좀 더 살펴보고자 한다.

또한 다윈이 생물진화의 원인으로 제시한 자연선택은 어떤가? 많은 진화론자들은 창조론자들이 자연선택 자체를 부정한다고 생각하지만 이것은 잘못된 생각이다. 창조론자들도 자연선택이 일어난다고 보며, 실제로 자연에서 자연선택의 예를 볼 수 있다고 믿는다. 다만 창조론자들은 자연선택이라는 메커니즘이 어느 정도까지 작동하느냐에 있어서 진화론자들과 의견을 달리 한다. 창조론자들은 자연선택은 다만 생물이 자신의 종을 유지하기 위한 방편이라고 보는데 반해, 진화론자들은 다른 종으로 진화해 가기 위한 방편으로 본다.

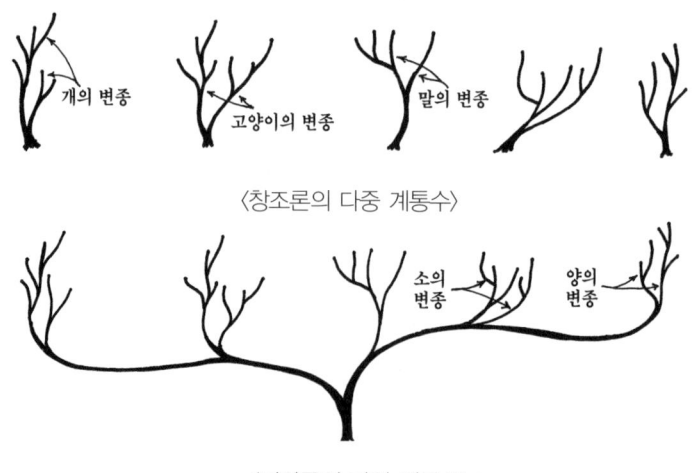

그림 1-4 종류 내에서의 변화만이 가능하다고 보는 창조론의 다중 계통수(polyphyletic tree)와 무한한 변이가 가능하다고 보는 진화론의 단일 계통수(monophyletic tree) 비교.

인류의 기원

창조론과 진화론의 견해 차이는 인간의 특성이나 기원을 살펴볼 때 가장 극명하게 드러난다. 1859년 11월 24일, 다윈의 『종의 기원』(The origin of species) 초판이 출판되었을 때, 사람들은 금방 이 책의 이론이 인간에 대한 새로운 해석을 제시할 것임을 알았다. 비록 다윈은 자신의 책에서 인간 진화에 대한 얘기를 거의 하지 않았지만, 사람들의 관심은 동물이나 식물이나 우주가 어떻게 생겼는가 보다는 인간, 즉 자신이 어떻게 존재하게 되었는가에 관심이 있었다. 그리고 실제로 다윈은 1871년에 발표한 『인류의 기원』(The descent of man)에서 "인간은 모든 고상한 특성들을 갖고 있지만 … 여전히 자신이 하등한 데서 기원했음을 보여주는 지울 수 없는 흔적을 몸에 지니고 있다"고 했다.[10] 과연 인간은 하등한 생물로부터 진화된 존재인가, 아니면 창조주의 의도와 설계에 따라 초자연적으로 창조된 존재인가?

여기에 대해 창조론자들은 인간은 태초에 창조주에 의해 창조되었다고 주장한다. 인간은 처음부터 인간이었으며 현재의 모습과 같았다고 생각한다. 인간이라는 종 내에서의 다양한 변이는 일어나지만, 인간이 다른 동물들로부터 유래했거나 또한 다른 동물들로 변해간다고는 생각지 않는다. 그래서 창조론자들은 인간은 본질적으로 동물과 다르다고 생각한다. 창조론에서는 인간은 생물학적 구조와 같은 하드웨어는 다른 포유동물들과 많은 유사점을 갖고 있지만, 정신적인 소프트웨어는 본질적으로 다른 동물들과 구별된다고 생각한다.

인간에게는 다른 동물들과는 선명하게 구별되는 특성들이 있으며, 창조론자들은 이것을 창조주의 형상이라고 한다. 인간의 종교성이나 양심, 창의성이나 초월성, 반성과 언어 능력 따위는 오로지 인간에게만 있는 독특한 능력이라고 생각한다. 인간에게 있는 초월적 사고 능력이나 주권성, 도덕성, 언어 능력, 특히 영원을 사모하는 마음, 즉 종교성 등은 동물들에게는 없다고 본다. 창조론자들은 무엇보다도 인간은 동물에게는 없는, 창조주와 교통할 수 있는 영혼이 있음을 지적한다. 물론 인간에게 동물과 흡사한 부분이 없는 것은 아니지만, 그것이 인간과 동물의 유전적 연관성을 나타내는 것은 아니라고 본다.

그래서 창조론자들은 여러 가지 과학적인 증거들을 해석할 때 진화론자들과 다르게 예측한다. 우선 인간이 다른 동물들로부터 진화했다는 증거가 없을 것이라고 예측한다. 진화했다면 반드시 있어야 할 중간형태(transitional form) 화석은 존재하지 않을 것이며, 진화론자들이 흔히 중간형태라고 제시하는 화석들은 엄밀하게 인간이 아니면 원숭이라고 생각한다. 인간이나 원숭이라는 종 내에서의 변이는 생각보다 다양하지만, 그래도 원숭이가 인간이 된다거나 인간이 다른 동물들로 변한다는 증거는 찾을 수 없다고 생각한다.

그림 1-5 로마 바티칸의 시스틴 채플 천장 벽화에 있는 미켈란젤로의 그림 중 아담의 창조. 창조론자들은 인간은 하나님의 형상을 따라 처음부터 완전하게 창조되었다고 보지만, 진화론자들은 인간이 원숭이로부터, 혹은 원숭이와 같은 조상으로부터 진화되었다고 본다.

이에 반해 진화론자들은 다른 동물들이 진화한 것과 같이 인간은 다른 영장류들로부터 진화하였다고 주장한다. 그리고 인간은 가장 진화한 척추 포유동물이며, 인간과 원숭이는 공통 조상에서 출발했다고 본다. 진화론자들은 인간과 동물은 본질적인 차이가 있는 것이 아니라 정량적인 차이가 있을 뿐이라고 주장한다.

창조론과는 반대로 진화론, 특히 무신론적 진화론에서는 인간의 영혼도 믿지 않는다. 그런 면에서 진화론은 본질적으로 유물론이요 무신론이며, 자연주의라고 할 수 있다. 결국 인간의 영혼이라는 것도 있다면 물질일 뿐이며, 인간의 초월적 사고능력이라는 것도 진화의 결과라고 주장한다.

진화론에서는 원숭이로부터 현대인까지의 모든 형태들을 유인원(類人

猿, anthropoid)이라 부른다. 그 중에서 "사람과 사람의 진화 조상"을 통틀어 호미니드(hominid)라고 부른다. 그러나 이들 유인원의 화석자료는 비교적 많이 발굴되고 있으나, 정확한 해석이 어려워 인류 진화론자나 화석학자들 간에 이견이 많다. 인류의 기원에 관한 화석 연구는 본 『창조론 대강좌』 시리즈 4권에서 좀 더 자세히 다룰 것이다.[11]

사람과 동물 사이의 가장 큰 골격학적, 형태학적 차이점은 사람만이 직립 보행을 한다는 것이다. 그러나 현재까지 직립 보행 하기까지의 진화과정을 보여주는 화석상의 증거는 없다. 그래서 원숭이로부터 사람으로의 진화과정을 설명할 때에는 치아의 배열 형태, 두개골의 용적, 또는 안면(顔面) 경사각 등이 주요한 해석기준이 되어 왔다. 이러한 기준들에 근거하여 진화론자들은 다양한 그림의 진화계열을 제시하고 있다.

그림 1-6 과연 인류는 다른 유인원들과 동일한 조상으로부터 유래한 것일까?

사람 뿐 아니라 모든 생물의 진화계열을 논의할 때 가장 기본이 되는 개념은 종이다. 종에 대한 정의는 진화론과 창조론을 비교, 논의할 때도 출발점이 된다. 진화론에서 말하는 '종'과 창조론에서 말하는 '종류'는 무엇이며, 어떤 점에서 같고 어떤 점이 다를까?

4. 진화론의 '종'과 창조론의 '종류'

이처럼 기원에 대한 창조론자들과 진화론자들의 상이한 견해는 기본적으로 생물 분류에 대한 상이한 견해로 이어진다. 생물학에서는 생물들을 분류하는 가장 하위 단위로 '종'(種, species)이라는 개념을 사용한다. 하지만 종을 구분하는 기준이 분명하지 않다. 이처럼 종의 분류에 대한 혼돈은 현대 생물 분류학의 아버지인 린네(Carl von Linné)까지 거슬러 올라간다.[12]

형태학적 분류

린네는 종을 분류할 때 주로 형태학상의 유사성만을 기준으로 하였는데 이러한 전통은 지금까지도 그대로 내려오고 있다. 예를 들면, 다윈이 연구했던 갈라파고스 군도(Galápagos Islands)의 핀치(finch)는 부리의 모양에 따라 종을 분류하였다. 개와 늑대, 여우, 야생개(jackal) 등도 외형만으로 종을 분류하였다. 하지만 외형만으로 종을 분류할 때도 기준이 대상마다 많이 달랐다. 예를 들면, 원생동물(原生動物, protozoa)은 운동성(mobility)에 근거해서, 해면동물(海綿動物, sponge)은 외부 구조에 근거해서, 기생충이나 지렁이 같은 연충(worm)은 마디에 근거해서, 아종(亞種, subspecies)들은 지리적 분포에 근거하여 분류되었다.[13]

이처럼 진화론에서 종을 애매모호하게 구분하는 것은 진화론 그 자체의 특성과도 관련이 있다. 진화론에서는 모든 생명체들이 유전적으로 연결되어 있으며, 생물의 분포가 연속적이라고 보기 때문에 분류라는 것은 연구의 편의를 위한 것일 뿐이라고 생각한다. 이것은 종 뿐 아니라 상위의 분류 단위들인 계(界, kingdom), 문(門, phylum), 강(綱, class), 목(目, order), 과(科, family), 속(屬, genus)에서도 드러난다. 사실 진화론에서는 분류가 혼돈스러울수록, 생물들은 더 희미하게 구분되고, 한 종이 다른 종과 연결되어 있는 듯이 보이며, 결국 진화가 더 사실인 듯이 보인다고 생각한다.[14]

생식성에 기초한 종

이에 비해 창조론에서는 진화론의 종 대신에 '종류'(kind)라는 단위를 사용한다. 창조론에서는 서로 다른 생물의 종류들은 혈연적으로 연결되어 있지 않으며, 이들 사이에는 생식적 격리(隔離)가 있다고 생각한다. 그리고 번식은 같은 종류 내에서만 가능하고 다른 종류에 속한 것들과는 번식이 되지 않는다고 본다. 그러므로 진화론에서와는 달리 생물을 명확히 구분하는 것이 가능하며 또한 중요하다고 본다.

창조론에서는 기본적으로 생식성에 기초하여 종을 분류한다. 예를 들어, 개와 고양이, 돼지와 양은 번식할 수 없기 때문에 다른 종으로 본다. 때로는 형태가 다름에도 불구하고 번식이 가능한 경우도 있다. 예를 들면, 얼룩말과 말은 서로 다른 종이지만 번식이 가능하다. 그 외에도 사자와 호랑이, 암소와 야크(yak), 호밀(rye)과 밀(wheat), 무(radish)와 양배추(cabbage) 등도 번식이 가능하다. 쥐(rat)와 생쥐(mouse), 양과 염소, 암소와 들소(bison), 수말과 암탕나귀 등은 교배와 수정이 가능하지만, 항상 번식할 수 있는 새끼를 낳을 수 있는 것은 아니다. 예를 들어, 수말과 암탕나귀 사이에서 태어난 노새는 대부분 불임이지만, 드물게는 새끼를 낳을 수 있는 경우도 있다. 이런 경우에는 같은 종류에 속하는 것으로

본다.[15)]

물론 생식성만으로 종을 분류하는 것도 어려움은 있다. 예를 들면, 작은 발바리(Pekingese)나 치와와(Chihuahua)와 같은 작은 애완용 개와 구명견(求命犬)인 세인트 버나드(St. Bernard)나 축견(畜犬)인 그레이트 데인(Great Dane) 같은 커다란 개들은 같은 종류에 속한다. 그러나 크기가 워낙 다르기 때문에 물리적으로 교미가 불가능하고 따라서 번식할 수 없다. 하지만 이런 경우에도 자연적인 교미는 불가능하지만 인공수정 등을 통해 번식할 수는 있다. 그러나 암컷이 작은 경우에는 대부분 자연분만은 불가능하고 '제왕절개' 수술 등을 통해 분만할 수 있다.

또한 때로는 번식 가능한 종류로부터 만들어진 변종들(varieties)들 간에도 번식이 중단되는 경우도 있다. 예를 들면, 과일초파리의 어떤 변종들은 서로 번식할 수 없다.[16)] 또한 어떤 갈매기의 변종이나 생쥐, 다람쥐 등도 지리적으로 고립된 후에는 생식성을 상실하는 경우가 보고되고 있다.[17)] 이런 경우에는 외적으로 표현된 형태를 근거로 종을 분류하는 것이 합당하다고 본다. 이처럼 관찰되거나 측정되는 형질을 표현형(表現型, phenotype)이라고 한다.[18)]

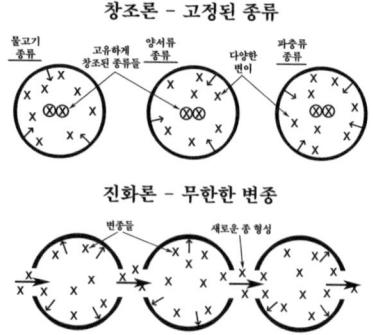

그림 1-7 창조론과 진화론은 근본적으로 종의 변이 한계를 다르게 본다. 창조론은 일정한 한계 이상으로는 변이가 일어나지 않는다고 보는 반면에 진화론은 무한한 변이가 가능하다고 본다.

진화론의 종과 창조론의 종류의 개념이 다소 다르다는 점을 생각한다면 현대 생물학에서 사용하고 있는 종의 개념만으로 창조론에서 제시하는 '종류'의 불변을 반박하는 것은 합당하지 않다. 또한 드물지만 생물학적 종의 분화가 일어나는 것만으로 수백만 종의 생물 세계가 진화에 의해 만들어졌다고 생각하는 것도 지나친 외삽(外揷, extrapolation)이라고 할 수 있다.

5. 기원 논쟁의 본질적 난점들

이 외에 창조론-진화론 논쟁이 쉽게 해결되지 않는 이유는 무엇인가?
첫째, 앞에서 지적한 바와 같이 생명의 탄생이 오래 전 옛날에 일어났으며, 또한 재현가능한 일이 아니기 때문이다. 생명이 무기물들의 자연적 조합을 통해 탄생했든지, 아니면 창조주의 초자연적인 창조행위를 통해 탄생했든지 그 사건은 인간의 역사 이전에 일어난 일이며 재현할 수 없다. 재현 가능성만이 과학적 확증의 유일한 척도는 아니라 할지라도 일반적으로 재현 가능하지 않는 사건은 논쟁의 소지가 많으며, 개인의 신념이나 신앙이 논의에 개입될 가능성이 높다. 주커만(Solly Zuckerman)이 지적한 바와 같이 "진화적 변화나 기적적인 신의 간섭이라고 하는 것은 둘 다 인간의 지성의 뒤에 있는 것이다."[19]

둘째, 기원 논의가 어려운 것은 사람들의 편견 때문이다. 진화론자들은 창조론은 신앙이며 진화론은 과학이기 때문에 논의의 대상이 되지 않는다고 주장한다. 반창조론자인 뉴만(Horatio H. Newman)은 진화론과의 경쟁 상대는 창조론밖에 없음을 인정하면서도 창조론은 논의의 대상이 아님을 강조한다. 그는 "진부하고 확실하게 부정된 특수 창조의 가정 외에는 경쟁이 될 만한 가정이 없는데, 이것은 무식하고, 독단적이며 편견을 가진 사람들만이 갖는 것이다"라고 했다.[20] 그의 주장에 의하면, 결국 진화론은 틀렸지만 창조론이 비과학적이기 때문에 받아들일 수 없다는 것이다.

그러나 뉴만의 비판에도 불구하고 사람들은 진화 역시 기원에 관한 커다란 믿음에 근거하고 있음을 지적한다. 신시테니 대학의 물리학과 교수였던 모어(Louis T. More)는 진화론 역시 창조론과 흡사한 믿음에 근거하고 있음을 지적한다: "고생물학을 연구하면 할수록 점점 더 진화는 믿음에만 근거하고 있음이 분명해진다. 이것은 커다란 종교적인 신비들에 직면할 때 가져야 하는 것과 정확하게 같은 종류의 믿음이다."[21]

셋째, 기원 논쟁이 쉽게 해결이 되지 않는 이유는 논쟁의 '간학문성'(間學文性, interdisciplinary) 때문이다. 즉, 기원 연구가 간학문적이라는 말은 기원 연구가 여러 영역에 걸쳐 있음을 의미한다. 본서에서 다루는 주제들만 보더라도 통계학, 물리학, 화학, 생물학, 지질학, 인류학, 철학, 역사학 등에 널리 흩어져 있다. 그러므로 학문 연구가 극도로 파편화된 현대에 18세기형 팔방미인을 요구하는 기원 연구를 한다는 것은 쉬운 일이 아니다.

기원 연구의 간학문성은 이미 다윈의 진화론이 발표될 때부터 드러났다. 다윈에 의해 본격적으로 촉발된 기원 논쟁은 얼마 지나지 않아 곧 생물학 영역을 넘어 다른 영역으로까지 확대되었다. 한편에서는 별의 생성 역사나 화학원소의 형성과 같은 무생물을 다루는 주제로부터 다른 한편으로는 언어학, 사회인류학, 비교 법학이나 종교까지 진화론적 각도에서 연구되기 시작했다. 심지어 기원에 대한 논쟁은 철학이나 역사, 신학 등

인문학의 핵심 영역에까지 확대되었다. 따라서 이제 기원 논의의 간학문성에 대해서 좀 더 살펴보자.

6. 기원 연구의 간학문성

대부분의 사람들은 기원에 관한 논쟁은 생물학과 지질학 영역에만 속한다고 생각하기 때문에 '기원학' 연구의 간학문적(間學問的) 특성에 대한 설명이 필요하다. 우주와 생명의 기원에 대한 연구는 다루는 대상에 따라 자연과학의 다양한 영역과 연관되어 있다. 이를 진화라는 말이 사용되는 경우를 중심으로 살펴보면 다음과 같다.[22]

우선 시간과 공간과 물질의 기원을 연구하는 우주진화(cosmic evolution)를 생각해 볼 수 있다. 우주의 기원론 혹은 우주론은 학문적 성격으로 따지자면 천문학적 관측이 중요하기는 하나 오랫동안 물리학의 영역이었다. 지금도 이 분야의 연구는 주로 물리학자들에 의해 이루어지고 있다. 현재 대폭발이론이 주류 이론으로 받아들여지고 있는 우주기원론은 대부분 소립자 물리학의 영역이다.

다음으로는 천체진화(stellar and planetary evolution) 영역이다. 천체진화는 별이나 행성들의 기원을 진화론적으로 연구하는 영역이다. 이 영역 역시 물리학과 천문학이 중첩되는 영역이기는 하지만 우주진화에 비해서는 상대적으로 천문학자들의 활동이 활발한 분야이다. 사실 천문학은 오랫동안 물리학의 중요한 영역이었으며 근래에 와서야 비로소 점점 분리되고 있는 실정이다.

셋째는 화학진화(chemical evolution) 영역이다. 화학진화학에서는 원자나 각종 무기물 분자들로부터 최초의 생명체가 자연 발생했다는 가정 하에 생명의 기원을 연구한다. 이 영역은 유기화학이나 생화학, 좀 더 나아가서는 확률론(수학), 열역학(물리학) 등이 관련된다.

넷째는 생물진화(biological evolution) 혹은 유기진화(organic evolution) 분야이다. 전통적으로 기원에 관한 연구라고 할 때의 영역이 바로 이 생물진화 영역이다. 화학진화 이후, 인류의 기원을 포함하여 각종 생물 종의 기원을 다루는 대진화(macro-evolution)가 여기에 속한다고 볼 수 있다. 생물진화는 부분적으로 생화학의 영역도 있지만 주로 정통 생물학의 연구 분야라고 할 수 있다. 『창조론 대강좌』 시리즈 3권에서 다루어질 종의 기원 문제는 생물학에서도 분류학, 발생학, 유전학, 진화학 등이 직접적으로 관련된 분야라고 할 수 있다. 4권에서 다루어질 인류의 기원 연구도 넓게는 유기진화의 영역에 속하지만, 세부적으로는 생물학이나 고생물학, 형질인류학 등의 영역이라고 할 수 있다. 종 내에서의 변이(variation)인 소진화(micro-evolution) 역시 유기진화 영역에 관련된 말이다.

비록 진화라는 용어는 사용되지 않지만, 기원에 관한 논의에서 생물학과 더불어 가장 중심적인 위치에 있는 학문은 바로 지질학이다. 지질학의 여러 영역들 중에서도 지층과 화석을 다루는 층서지질학(層序地質學)이나 고생물학은 생물의 기원과 관련하여 가장 중요한 분야라고 할 수 있다. 어떤 지질학적 이론을 받아들이는가에 따라 생명의 기원에 있어 전혀 다른 모델에 이르게 되기 때문이다.

이 외에도 지질학과 더불어 연대측정법도 기원에 관한 연구의 중요한 부분이라고 할 수 있다. 현재 대표적인 절대연대측정법으로 받아들여지고 있는 방사능 연대측정법(radioactive dating)은 전통적으로 핵물리학의 연구 영역에 속한다. 또한 근래에 와서는 과거 지구의 기후를 연구하는 고기후학(古氣候學, paleoclimatology)이나 지자기의 변화를 연구하는 고지자기학(古地磁氣學, paleomagnetism)도 기원 연구의 중요한 영역으로 등장하고 있다. 그리고 최근에는 '분자시계'(分子時計, molecular clock) 개념이 등장하면서 분자생물학도 생명의 기원에 관한 새로운 연구 분야로 부상하고 있다.

이상에서 살펴본 바와 같이 기원에 대한 연구는 생물학이나 지질학은 물론, 여타 여러 자연과학 영역들과 심지어 신학이나 역사, 철학 분야까지 포괄하는 대표적인 간학문 연구라고 할 수 있다. 그러므로 기원 연구를 생물학자들이나 지질학자들만의 연구 영역이라고 주장하는 것은 잘못된 생각이라고 할 수 있다. 그리고 이러한 간학문성 때문에 기원 논쟁은 쉽게 끝나기가 어렵다.

그러나 비록 생명의 탄생이 오래 전에 일어났고, 또한 이를 연구하는 것이 간학문적이기 때문에 기원 논쟁이 쉽게 끝나지는 않을지라도 연구 방법이 전혀 없는 것은 아니다. 두 이론이 주장하는 바들이 있고, 이러한 주장들이 오늘날 알려진 여러 과학적 증거들과 어떻게 일치하는지를 살펴볼 수 있기 때문이다. 과연 창조론과 진화론 중에서 어느 이론이 기원에 관한 바른 설명일까?

토의와 질문

1. 기원에 관한 연구의 중요성에 대하여 본인이 생각하는 바를 말해보라.

2. 창조론과 진화론의 예측이 어떻게 다른지 말하고, 진화론적 사고와 창조론적 사고의 밑바탕에 있는 기본적인 세계관의 차이점을 비교해 보라.

3. 본문에서 제시한 것들 외에 주변 세계로부터 볼 수 있는 인간과 동물의 차이점들에는 어떤 것들이 있는가?

4. 자신과 주변 세계의 기원에 관한 견해가 자신의 인생관에 구체적으로 끼친 영향이 있다면, 혹은 그에 대한 구체적인 사건이나 경우가 있었다면 말해보라.

제2강

생명의 기원과 자연발생

"자연발생설이라는 교리는 이 단순한 실험이 가한 치명적 타격으로부터 다시는 회복되지 못할 것이다." - 파스퇴르(L. Pasteur)[1]

최초의 생명은 어떻게 발생하였을까? 지구상에 생명체가 나타난 메커니즘에 대해서는 크게 세 가지 가능성을 생각할 수 있다. 첫째, 지구에서 저절로 발생했다는 자연발생설(自然發生說, abiogenesis), 둘째, 다른 천체에서 왔다는 외계기원론, 셋째, 목적을 가지고 특별하게 창조되었다는 특수창조론 등이다. 여기서 첫째와 둘째 이론은 자연적이고, 셋째 이론은 초자연적이라 할 수 있다. 둘째 이론은 외계에서 생명이 발생하여 지구까지 왔다는 견해인데 그러면 외계에서는 어떻게 생명이 발생하였으며, 어떻게 지구에까지 도달했느냐에 대한 의문이 생긴다. 그러므로 다시 외계생명체가 자연발생 되었는지, 혹은 창조되었는지에 대한 논란으로 귀착된다.

진화론자 헉슬리(Julian S. Huxley)는 "특별하게 창조"되었다는 말 대신 "자연적으로 창조"되었다는 말을 사용하긴 했지만 이 점을 잘 지적했다: "지구 위 생물체들의 기원에 관해서는 세 가지 가능성밖에 없다. 자연적으로 창조되었든지, 운석(隕石, meteor) 속에 실려 우주의 다른 어떤 곳으로부터 지구에 운반되었든지, 아니면 덜 복잡한 물질로부터 자연적으로 생성되었든지 하는 가능성이다. … [두 번째 가능성에 대해서는] 우리는 여전히 어떻게 이 가상적인 외계생명체가 존재하게 되었는가에 대한 의문에 직면하게 된다."[2]

그러므로 지구에 최초의 생명이 어떻게 출현했는가에 대해서는 세 가지 이론이 있지만, 우주에 생명이 어떻게 출현했는가에 대해서는 본질적으로 두 가지 이론, 즉 자연발생설과 특수창조론이 있다고 할 수 있다. 본 강에서는 우선 외계기원론부터 간단히 살펴본 후, 자연발생설에 대해서 좀 더 자세히 살펴볼 것이다.

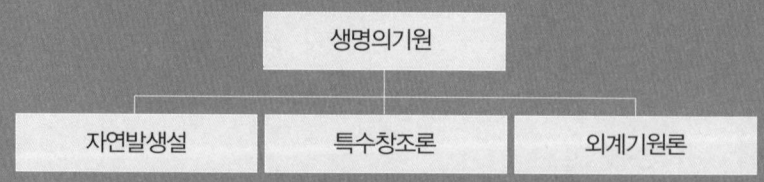

그림 2-1 지구상에 존재하는 생명의 기원에 관한 세 가지 이론.

1. 생명의 외계기원론

지구의 생명체가 우주의 어딘가로 부터 기원했다는 주장은 지구가 끊임없이 우주 공간을 여행하고 있으며, 또한 우주 공간으로부터 끊임없이 많은 물질들이 지구에 유입되고 있다는 사실에 근거하고 있다. 미국 「크리스천 사이언스 모니터」(Christian Science Monitor)의 과학부 편집인 코웬(Robert C. Cowen)은 여기에 대해서 이렇게 말한다: "지구는 궤도를 돌면서 매년 약 16,000톤의 성간 물질을 쓸고 지나가는데, 그것의 많은 부분은 혜성들이 붕괴되면서 남긴 물질이다. 이러한 성간 물질들 속에 새로운 생명들은 없을까? 혜성이나 우주 먼지에서 진화된 바이러스들이 지구의 [생명체] 진화에 영향을 미치는 새로운 유전자를 가져오지는 않았을까? 지구 생명체는 그 자체가 이러한 우주에서 온 생명체로부터 진화되었을까?"[3]

생명체가 우주로부터 왔다는 최근의 본격적인 'ET(extraterrestrial) 이론'은 운석 연구로부터 나왔다. 간단한 생명체가 지구 이외의 어떤 별로부터 운석 등에 실려 와서 지구에 도달했다는 이론의 증거는 최근에 지구에 떨어진 운석들로부터 나왔다. 즉, 이 운석들 중 몇 개가 유기물 분자를 포함하고 있음이 발견된 것이다.

과연 운석에 유기물질이 포함되어 있다는 사실이 생명의 외계기원설의 증거가 될 수 있을까? 생명체는 유기물질로 이루어져 있으며 유기물질을 생산하지만, 그렇다고 모든 유기물질을 생명체와 관련짓는 것은 지나친 해석이다. 또한 이 이론은 어떻게 지구가 형성된 후 그렇게 빨리 생명체가 존재할 수 있었는지를 설명할 수는 있지만, 생명체 그 자체가 어떻게 형성되었는지는 설명하지 못한다.

사실 생명의 기원을 외계에서 찾으려는 움직임은 이미 오래 전부터 있었다. 생명이 외계에서 왔다는 이론은 19세기 말 스웨덴 화학자 아레니우스(Svante A. Arrhenius)가 처음으로 주장하였다.[4] 그는 이미 100년 이상 전에 최초의 생명이 지구에서 자연적으로 진화했을 가능성이 희박해지자 최초 생명의 기원을 우주에서 찾으려고 한 것이다. 그는 최초의 생명은 지구에서 자연적으로 발생한 것이 아니라 우주에서 온 미생물에 의해 시작되었다고 주장하였다. 우주에서 출발한 이 원시 포자(胞子)들이 우주 복사선(cosmic ray)의 압력에 의해 추진력을 갖게 되고, 이것이 우주 공간을 돌아다니다 지구에 도달했다는 것이다. 그는 이 포자들을 우주 공간의 "모든 곳에 존재하는 종자" 혹은 "범 우주적으로 존재하는 균"이라고 생각하여 자신의 이론을 범균설(汎菌說, panspermia)이라고 불렀다.[5]

원래 이 이론은 태양중심설을 처음으로 제창한 그리스의 아리스타르쿠스(Aristarchus of Samos)가 처음으로 제시한 이론이지만, 후에 아레니우스가 다듬고[6] 이것을 20세기 영국의 탁월한 천문학자였던 호일(Fred Hoyle)이 다시 주장하면서 많은 사람들이 관심을 갖게 되었다.[7] 호일은 생명체가 지구에서 자연적으로 발생했다는 것에 반대하면서 우주 어디에선가 발생한 생명체가 마치 비와 같이 지구에 떨어졌을 것이라고 주장했다.

2. 범균설

범균설은 아래에서 살펴볼 자연발생설이 갖는 문제점들에 더하여 어떻게 그 먼 행성에서 만들어진 생명체가 기나긴 여행을 통해 우주의 먼지에 불과한 지구에 도달하게 되었는지를 설명해야 하는 문제가 생긴다. 생명체가 지구에 도달하는 데는 다음 세 가지 장벽을 생각해 볼 수 있다.

① 우선 외계생명체가 존재한다고 해도 그것이 자신의 행성을 탈출할 수 있는 확률이 거의 제로에 가깝다는 점이다. 지구의 예를 생각해 보자. 현재 지구는 생명체로 가득 차 있다고 할 수 있지만, 생명체들이 중력을 이기고 지구를 스스로 벗어날 확률이 얼마나 되는가? 이것은 거의 제로라고 할 수 있다.

② 설사 생명체가 행성을 탈출했다고 해도 생명체가 살아가기에 지극히 적대적인 넓고 넓은 우주 공간을 살아있는 채 여행한다는 것은 확률적으로 더더욱 불가능에 가깝다. 아무리 생명력이 강한 포자라고 해도 어떻게 살아있는 포자가 머나먼 우주공간을 밀려오면서도 우주 방사선에 의해 해를 받지 않고 살아 있을 수 있는가? 현재 우주 공간은 거의 완벽한 진공이며, 흑체복사 파장으로부터 추정하는 우주의 온도는 -270℃에 이른다. 게다가 지구에서 가장 가까운 항성(恒星)이라도 4광년, 즉 40조(兆)km 이상 떨어져 있다. 그런데 그 먼 거리를 생명체가 수만 년, 수십만 년 걸려서 안전하게 도착할 수 있을까? 참고로 4광년의 거리라면 초속 50km의 속도로 달린다고 해도 25,000년 이상을 달려야 한다.

③ 마지막으로 지구 근처에 이르렀다고 해도 생명체가 지구 대기권(大氣圈)을 안전하게 통과하여 지상에 도착할 확률은 거의 제로라고 할 수 있다. 생명체가 운석 등에 실려서 지구에 온다고 해도 거의 대부분의 운석들은 지구 대기권에 진입하면서 발생하는 엄청난 고열 때문에 대부분 타서 사라진다. 생명체가 지구에 도달하려면 열전도율이 극히 낮은 석질운석(石質隕石), 그것도 대기권을 통과하면서 모두 타버리지 않을 정도

의 큰 운석 내부 깊숙한 곳에 실려서 지구에 떨어져야 한다. 그리고 떨어지고 난 후에는 운석이 식고 난 후에 갈라져서 그 속의 생명체가 손오공처럼(?) 나올 수 있어야 한다!

그림 2-2 범균설에 기초하여 지구의 생명이 외계로부터 왔으리라 추정하는 상상도. 지구의 생명체가 다른 우주로부터 왔다는 것도 단순한 추측일 뿐 구체적인 증거가 없다.

이처럼 범균설이 가진 문제가 심각해지자 아레니우스 이론의 단점을 보완하여 제시된 이론이 소위 정향적 범균설(定向的 汎菌說, directed panspermia)이었다. 이 이론은 왓슨(James D. Watson)과 함께 DNA의 이중나선구조를 밝힘으로 노벨상을 받은 영국의 크릭(Francis Crick)이 제시하였다.[8] 그는 지구상의 생명은 35억 년 전 고도로 발달된 문명을 가진 은하계의 어느 행성으로부터 무인 우주선에 의해 실려 보내진 원시 포자에 의해 시작되었을 것이라고 제안했다. 이 이론은 범균설과는 달리 고도로 발달된 문명으로부터 생명체들이 방향을 정해서 지구로 날아 왔다고 해서 정향적 범균설이라고 부른다. 물론 크릭은 미지의 행성에서의 생명은 화학진화의 과정을 통해서 자연발생 되었다고 믿었다. 그는 이

포자들이 지구의 원시 바다에 떨어져서 번식함으로 지구상에 최초의 생명이 시작되었다고 한다.[9]

그러나 이 이론 역시 구체적인 증거가 없기 때문에 단순한 추측일 뿐이다. 설사 최초의 지구상 생명체가 다른 우주 문명에서 왔다고 해도 그 우주 문명은 어떻게 생겨난 것인가라는 새로운 질문에 봉착하게 되므로 이야기는 다시 원점으로 돌아가고 만다. 다시 말해 외계기원론은 외계생명체 그 자체의 기원에 관한 설명을 할 수 없기 때문에 현재 우리의 논의의 대상이 될 수 없다. 그러므로 하버드 교수이자 노벨상 수상자인 왈드(George Wald)가 지적한 것처럼, 생명의 기원에 관해서는 "… 다만 두 가지 가능성밖에 없다. 생명이 자연적으로 발생했든지 … 아니면 초자연적으로 창조되었든지 … 제3의 입장은 없다."[10]

아직까지 생명의 외계기원론을 주장하는 소수의 사람들이 있지만, 생명의 기원에 대한 주요한 학설은 결국 자연발생설과 특수창조론으로 양분된다고 할 수 있다. 하지만 외계생명체에 대해서 사람들의 관심이 많고 또한 과학자들 중에도 이것의 존재 가능성을 염두에 두고 연구하는 사람들이 많으므로 뒷부분에서 좀 더 자세히 살펴보기로 하고 우선은 자연발생설에 대해 살펴보기로 하자.

3. 자연발생설의 역사

생명의 기원에 대한 사색은 고대 그리스인들의 자연철학에서부터 시작되었다고 할 수 있다. 윌리엄 데이비스(P. William Davis)와 솔로몬(Eldra P. Solomon)이 지적한 대로 "오늘날 우리들에게 별로 알려지지는 않지만, 고대 그리스 철학자들에게 있어서 진화론적 유추는 초자연적인 창조론 사상과 공존하고 있었다."[11] 하지만 17세기, 처음으로 살아있는 세포가 발견되기 전까지는 생명의 기원을 밝히기 위한 실험적인 노력이 거의 없었다고 할 수 있다.

자연철학의 일부로서 생명의 자연발생설은 그리스인들에 의해 처음 제안되었다. 그리스 이오니아 학파(Ionial school)의 탈레스(Thales)는 물이 모든 생명체와 세상을 구성하는 원물질이라고 주장하였다.[12] 그의 제자 아낙시만드로스(Anaximander)도 그의 스승과 비슷하게 생명체가 저절로 발생한다는 생각을 갖고 있었다. 그들은 생물은 신들이 창조한 것이 아니라 열과 공기와 태양에 의하여 진흙에서 우연히 발생하였다고 하였다.[13] 후에 그리스 철학자 엠페도클레스(Empedocles)는 우주의 근본 물질을 네 가지, 즉 흙, 물, 공기, 불로 확대하였다.

그 후 주전 4세기까지 만물의 원물질에 관한 심각한 논쟁이 데모크리투스(Democritus) 학파와 아리스토텔레스(Aristotle) 사이에 일어났다. 데모크리투스는 만물의 원물질은 원자라는, 더 이상 잘게 나눌 수 없는 작은 입자라고 주장했다. 그리고 생명이라는 것은 흙의 원자와 불의 원자가 결합하여 자연적으로 생겨났다고 주장하였다.

그림 2-3 데모크리투스와 아리스토텔레스

하지만 서구인들의 마음을 오랫동안 사로잡았던 아리스토텔레스는 원자설을 반대하면서 지구상에서 생명의 자연발생을 주장하였다. 그의 사상의 중심에는 물활론(物活論, hylozoism) 혹은 생기론(生氣論, vitalism)이 자리를 잡고 있었다. 생기론이란 모든 살아있는 생명체에는 '생명력'(life force)이 스며있기 때문에 생명이 없는 물체에 작용하는 힘과는 근본적으로 다르다고 주장하였다.

그러면서도 아리스토텔레스는 자신의 저서 『동물지』(Historia animalium)에서 "건조하면서도 축축하거나 축축하면서도 건조한 것"으로부터 생명이 저절로 발생한다고 했다.[14] 그는 무척추동물을 위시하여 뱀장어, 개구리, 쥐에 이르기까지 다양한 동물들이 자연발생 한다고 주장하였다. 그 후 그의 제자들은 아무런 실험이나 관찰의 근거도 없이 자연발생에 대한 스승의 신앙을 점점 더 공고(鞏固)하게 만들었다.

생명이 기존의 물질과 힘으로부터 저절로 발생했다는 것은 생명과 무생명의 본질적 차이가 없음을 의미한다. 이것은 마치 케플러나 뉴턴이 지상계나 천상계가 본질적으로 다르지 않다고 한 것처럼, 생명체와 무생명체 사이에 어떤 불연속도 존재하지 않음을 의미한다. 그는 생명체와 무생명체의 연속성에 대해 이렇게 말한다:[15]

> 자연이 생명 없는 물체로부터 동물적 생명으로 넘어가는 과정은 느끼지 못할 정도로 느리기 때문에 우리는 그 경계선이 어딘지를 정확하게 알 수 없으며, 중간지점이 어디 쯤 되는지를 확실히 말할 수 없다. … 자연은 생명 없는 물체로부터 동물로 끊어짐 없이 진행한다.

이러한 아리스토텔레스의 영향으로 근 2,000년 동안 기독교 문명을 꽃피웠다고 하는 유럽에서조차 간단한 생명체의 자연발생을 조금도 의심하지 않았으며, 그의 영향은 근대에도 끈질기게 남아있었다. 17세기에는 생명의 자연발생을 신학자들을 제외한 많은 사람들이 받아들이고 있었다. 근대 과학의 철학적 기초를 놓았다고 할 수 있는 데카르트(René Descartes)조차도 생물은 축축한 흙에 햇볕을 쬐든지 또는 부패시킬 때 우연히 발생한다고 주장하였다.[16] 네덜란드의 레에벤후크(Antonie van Leeuwenhoek)가 현미경을 발견하여 미생물 세계를 볼 수 있는 창이 열린 후에도 사람들은 여전히 자연발생의 환상을 버리지 못하고 있었다.[17] 그래서 용불용설(用不用說)을 주장했던 라마르크(Jean-Baptiste Lamarck)조차도[18] 현미경으로 보이는 무수한 '미세동물'(animalcule)은 자연발생된 것이라고 주장하였다.[19]

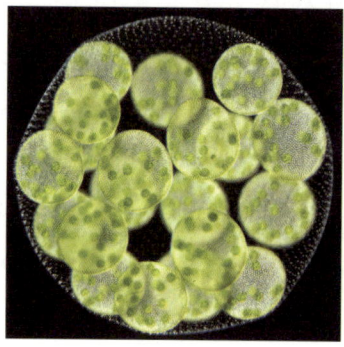

그림 2-4 현미경으로 관찰된 미생물(조류) 볼복스(volvox). 이러한 작은 미생물들도 자연적으로 발생한다는 증거는 없다.

4. 자연발생설에 대한 논쟁

그러나 이러한 자연발생설은 17세기에 이르러 일부 학자들로부터 도전을 받기 시작하였다. 자연발생설에 대한 공격을 처음으로 시작한 사람은 토스카나 공국의 의사(Tuscan physician)였던 레디(Francesco Redi)였다.[20] 이탈리아 과학원(Academia del Cimento)의 유명한 회원이기도 했던 레디는 1668년, 두개의 플라스크에 고기를 넣고 한쪽은 무명천으로 된 망을 씌우고 다른 쪽은 그대로 두었다.[21] 그랬더니 망을 친 플라스크에는 구더기가 안 생기고 망을 치지 않은 플라스크에는 구더기가 생겼다. 이것을 보고 레디는 생물은 반드시 생물로부터만 발생한다는 생물발생설(生物發生說, biogenesis)을 발표하였다. 그러나 레디의 주장이 구더기의 경우에는 맞을지 모르나 다른 모든 생물들에게까지 그 주장을 확대시킬 수 있을 지에 대한 구체적인 근거는 없었다.[22]

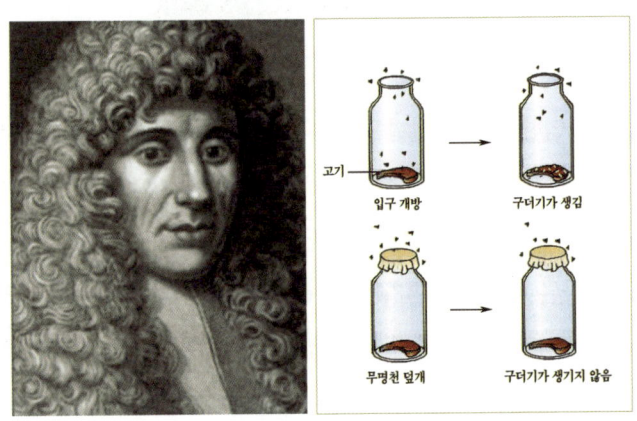

그림 2-5 레디는 고기를 넣은 두개의 플라스크의 하나에는 무명천으로 된 망을 씌우고 다른 한쪽은 그대로 두었다. 이 실험을 통해 그는 생명의 자연발생설을 부정하고 생물발생설을 주장하였다.

그러던 중 레에벤후크는 현미경으로 미생물에 대해 자세하게 관찰하였다. 레에벤후크가 유기 추출물들을 오랫동안 공기와 접촉시켜 두었다가 현미경으로 관찰을 하면 거기에는 항상 많은 새로운 미생물들이 존재했다. 그래서 그는 미생물들은 자연발생 한다고 믿었다. 그러나 레에벤후크는 자신이 관찰하는 새로운 미생물들이 자연발생한 것이 아니라 공기 중에서 새로 들어온 것인지에 대해 확실한 대답을 할 수 없었다.

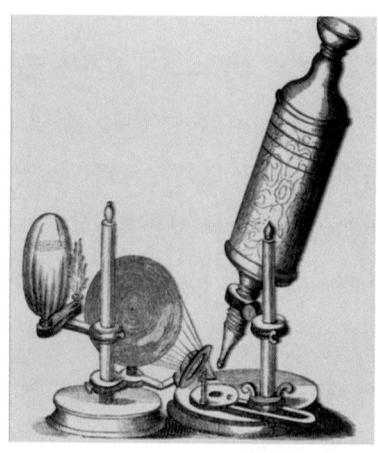

그림 2-6 레에벤후크의 현미경.

이것을 확인하기 위해 실험을 한 사람이 바로 조블로(Louis Joblot)였다.[23] 조블로는 1787년, 식물 추출물들을 몇 분 간 끓임으로 멸균시킨 후 이 멸균액을 두 개의 그릇에 나누어 담았다. 그런 다음 하나의 그릇은 열어 두었고 다른 하나는 양피지로 단단히 덮어두었다. 얼마 후 이 두 그릇을 현미경으로 조사해 보니 뚜껑을 덮어두지 않은 그릇에는 많은 미생물이 생겼으나 양피지로 덮어둔 그릇에는 전혀 미생물이 생기지 않았다. 이 실험으로부터 조블로는 미생물일지라도 자연발생하지 않는다는 결론을 내렸다.[24]

그러나 생물의 자연발생에 대한 논쟁은 쉽사리 해결되지 않았다. 조블로의 실험 후에도 영국의 니담(John T. Needham)은 다시 일련의 실험을 통해 자연발생설을 주장하였다.[25] 그는 신앙이 좋은 신부였음에도 불구하고 고온 처리를 한 밀폐 용기로 실험을 하여 다시 자연발생설을 주장

하였다.[26)]

여기에 대해 1765년, 이탈리아의 유명한 생리학자 스빨란짜니(Lazzaro Spallanzani)는 모데나(Modena)에서 발표한 논문을 통해 아리스토텔레스와 니담의 주장을 통쾌하게 반박하였다.[27)] 그는 니담이 뚜껑을 덮은 그릇을 충분히 멸균하지 않았기 때문이라고 비판하면서 좀 더 철저한 실험을 하였다. 그리고는 이 새로운 실험을 통해 그는 다시 자연발생설을 부정하는 실험결과를 얻었다. 여기에 대해 니담은 스빨란짜니가 플라스크를 너무 세게 가열하여 미생물이 자랄 수 있는 영양분이 없어서 미생물이 자라지 못했음을 조목조목 비판하였다.[28)]

니담의 비판에 대하여 스빨란짜니는 다시 연구에 전념하여 니담의 비판이 잘못이었음을 증명하였다. 그러나 당시의 기술로는 완전히 멸균된 용액을 얻는 일이 쉽지 않았을 뿐 아니라 더불어 당시 사람들이 워낙 자연발생설을 깊이 신뢰하고 있었던 터라 스빨란짜니의 탁월한 실험결과에도 불구하고 생물발생설과 자연발생설의 대립은 좀처럼 쉽게 해결되지 않았다.[29)]

그림 2-7 스빨란짜니와 그가 행했던 생명의 자연발생설 부정 실험.

5. 파스퇴르의 백조목 플라스크 실험

19세기까지 여러 실험들을 통해 쥐나 파리와 같은 큰 생물들의 자연발생은 불가하다는 것이 확인되었다. 하지만 미생물의 기원에 대해서는 여전히 논쟁이 계속되었다. 생명의 자연발생에 대한 논쟁이 좀처럼 해결될 기미가 보이지 않자 "프랑스 과학아카데미"(Académie des sciences)는 생명의 기원을 밝히는 가장 신빙성 있는 실험을 한 사람에게 상금을 주겠노라고 발표하였다. 이 상이 바로 그 유명한 알룅베르상(Prix Alhumbert)이다. 현상금이 걸리자 많은 학자들이 이 상에 도전하는 연구를 하였는데 프랑스 미생물학자 파스퇴르(Louis Pasteur)도 그 중 한 사람이었다.[30]

1850년대와 1860년대를 통해 파스퇴르는 생기론과 자연발생설을 폐기시키기 위해 멸균 용액을 가지고 일련의 실험을 했다. 경건한 가톨릭 신자였던 파스퇴르는 이전 실험들의 문제점들을 분석하고 이를 제거할 수 있도록 정교하고도 독창적인 실험을 고안하였는데, 이것이 바로 유명한 백조목(swan-necked) 플라스크 실험이었다.

파스퇴르는 영양분이 풍부한 설탕 용액을 몇 개의 플라스크에 부었다. 첫 번째 플라스크는 밀봉해서 공기와 접촉할 수 없게 하였다. 그리고 두 번째 플라스크는 공기 중에 두었지만 플라스크의 목을 S자 형으로 구부리거나 솜으로 막았다. 두 번째 플라스크의 설탕용액은 공기와 접촉은 할 수 있었지만 미생물이 구부러진 관을 통과해서, 혹은 솜을 가로질러서 들어갈 수는 없었다. 또한 세 번째 플라스크는 아예 공기와 직접 접촉하도록 열어놓거나 설탕용액을 일부러 먼지로 오염시켰다.

여러 해 동안 이 실험을 하면서 그는 끓인 물을 공기 중의 미생물을 들어올 수 없도록 차단해 두면 아무리 오랜 시간이 지나더라도 다른 미생물이 자라지 않는다는 것을 증명했다. 이 실험을 통해 그는 미생물로 오염된 플라스크에서 새로운 미생물이 발생한다는 결론을 내렸다. 다시 말해 세포는 결코 자연발생하지 않는다는 것을 증명했다. 아무리 온도, 습도, 공기 및 영양이 미생물 번식에 적당하더라도 밖으로부터 미생물이 들어가지 않는 한 미생물은 생기지 않음을 발견하였다. 또한 그는 같은 플라스크라도 백조목 부분을 잘라서 플라스크의 내용물이 공기와 직접 닿게 되면 곧 미생물이 생기는 것을 발견하였다.

또한 파스퇴르는 이 실험을 통해 생명을 발생시킬 수 있는 눈에 보이지 않는 생명력(life force)이 있다는 것도 부정했다. 만일 생명력이 있다면 공기와 접촉은 할 수 있지만, 미생물이 들어갈 수 없도록 만든 두 번째 플라스크에서는 생명체가 발생해야만 하는 것이다. 하지만 이 두 번째 플라스크는 아무리 공기 중에 오래 두어도 생명체가 발생하지 않았다. 파리에 있는 파스퇴르연구소(Pasteur Institute)에는 이 때의 플라스크가 아직도 보관되고 있는데, 150여년이 지난 지금까지 여전히 미생물이 자라지 않는 멸균상태를 유지하고 있다고 한다.[31]

파스퇴르의 이 실험은 생명의 자연발생설을 결정적으로 부정하였다. 이 실험으로 인해 자연발생설은 미생물 차원에서조차 완전히 폐기되었으며, 생물은 그 생물의 모체에서만 유래한다고 결론짓게 되었다. 파스퇴르는 1861년, 그의 나이 39세 때 이 실험 결과를 『자연발생설의 검토』라는 제목의 책으로 발표하였으며, 이로 인해 파스퇴르는 알룅베르상을 수상하였다.[32]

한글로도 번역되어 있는 『자연발생설의 검토』는 불과 100여 페이지 정도의 작은 책이었지만, 고대로부터 19세기까지 이어져 온 생명의 자연발생 신화에 대해 종지부를 찍은 듯이 보였다. 소르본느 대학 생리학 교수 다스뜨르(Albert Dastre)는 『생명과 죽음』이라는 자신의 저서에서 파스퇴르의 업적을 이렇게 평가하였다: "관찰과학의 역사는 자연발생설 퇴락의 역사에 지나지 않는다. 생물은 선행된 살아있는 생물이 존재할 때만 태어난다고 하는 보편적 법칙의 사례는 아주 간단한 미생물이라 하더라도 예외일 수 없다는 사실을 보여줌으로써 파스퇴르는 이 억설에 최후의 일격을 가하였다."33)

그림 2-8 파스퇴르와 생명의 자연발생 가능성을 부정한 백조목 플라스크 실험. S자 관은 공기는 자유로이 통과시키지만 공기 중의 미생물은 들어갈 수 없도록 설계되었다. 이 실험으로 파스퇴르는 생명은 미생물일지라도 오직 생명체로부터만 발생할 수 있음을 증명하였다.

6. 다윈과 생명의 자연발생

하지만 "자연발생설이라는 교리는 이 단순한 실험이 가한 치명적 타격으로부터 다시는 회복되지 못할 것이다"라는 파스퇴르의 예언과는 달리 자연발생설은 끈질기게 사람들의 마음속에 남아있었다. 그의 실험으로 모든 논쟁이 완전히 종지부를 찍은 것이 아니었다. 파스퇴르에 의해 생명의 자연발생설이 결정적으로 부정됨으로 생명의 기원에 대한 자연주의적인 사고의 진공이 만들어지게 되었다. 하지만 사람들은 최초의 생명체가 창조주에 의해 창조되거나 인간이 과학적으로 설명할 수 없는 방법에 의해 존재하게 되었음을 받아들일 수는 없었다. 이 점에 대해 하버드대학의 생화학자이자 노벨상 수상자인 왈드(George Wald)는 오래 전에 이렇게 표현했다:[34]

> 우리는 생명의 자연발생은 불가능하다고 시인하는 일의 중요성을 신중히 고려해야만 한다. 그러나 우리는 여기에 존재하고 있고 … 따라서 나는 자연발생을 믿는다.

생명의 발생에 대한 자연주의적 견해를 현대적인 용어로 제시한 사람은 놀랍게도 생물진화를 제창한 다윈(Charles R. Darwin)이었다. 다윈은 1871년 2월 1일, 그의 친구 후커(Joseph D. Hooker)에게 보낸 편지에서 적절한 환경 하에서 자연적인 화학반응은 복잡성을 증가시키고, 궁극적으로는 생명에 이르게도 할 수 있다고 했다:[35]

얼마나 클지는 모르겠지만(If and Oh! What a big if!) 어떤 따뜻하고 작은 연못에서 모든 종류의 암모니아와 인산염(phosphate), 빛과 열, 전기 등에 의해서 단백질은 화학적으로 형성되어 좀 더 복잡한 변화를 할 준비가 되었을 것이다.

다윈은 생명이 자연 발생하려면 적어도 세 가지 중요한 자원이 필요하다고 보았다. 첫째, 액체 물이었다. 이것은 살아있는 세포가 자라는데 필수적인 성장 매체가 된다. 둘째, 안정된 에너지원이었다. 태양의 복사 에너지는 생물들의 가장 분명한 에너지원이었다. 그러나 번개나 소행성 충돌, 그 외 여러 현상들은 생명이 탄생하는 방아쇠를 당기는 에너지를 제공한다고 보았다. 셋째, 다양한 화학물질이었다. 모든 생물들은 탄소, 산소, 수소, 질소, 그리고 다른 여러 미량 원소들로 이루어져 있다. 이러한 원소들이 결합하여 생명체를 구성하는 수많은 생체 분자를 이룬다.

하지만 다윈이 생명의 기원에 관해 많은 생각을 했지만, 이를 위해 실제로 실험을 했다는 증거는 없다. 당연히 그도 파스퇴르의 탁월한 실험에 대해서 알고 있었으리라 생각된다. 하지만 파스퇴르의 자연발생설 부정은 다윈의 신념을 꺾지 못했다. 다윈은 파스퇴르와 같은 실험으로 생명의 자연발생을 증명한다는 것은 불가능함을 일찍감치 알고 있었던 것으로 보인다. 그래서 그는 생명의 기원과 관련하여 이전 학자들이 관심을 가졌던 미생물 단계보다 그 아래의 화학적 진화 단계에 주목했다.

하지만 생화학이나 혹은 미생물학 분야의 훈련을 받지 않았던 다윈으로서는 실험 보다는 추측에 근거하여 자신의 이론을 제시할 수밖에 없었다. 그의 추측은 순전히 생명체의 화학적 기원에 대한 것이었지만, 과학자 공동체의 관심을 끌지는 못했다. 그의 추측은 신학적 논쟁의 대상이었을 뿐이다. 따라서 그의 이론은 과학자들보다는 신학자들의 관심을 끌었다.

 생명의 기원에 관한 추론이 다시 과학자들의 영역으로 돌아온 것은 다윈으로부터 근 50여년이 지난 1920년대의 일이었다. 다윈의 추측을 과학적 이론으로 제시한 가장 중요한 인물은 바로 볼쉐비키 혁명 치하의 러시아 화학자 오파린(Alexander I. Oparin)이었다.

토의와 질문

1. 하나의 사상은 그 시대의 정신을 반영한다고 할 수 있다. 고대 그리스인들의 견해로부터 시작하여 현대에 이르기까지 생명의 기원 논쟁을 개괄하면서 주요한 생명의 기원 주장들과 시대정신을 연관지어 보라.

2. 파스퇴르의 실험은 그 이전 사람들의 실험과 크게 달라 보이지 않는다. 그렇지만 다른 사람들의 실험에 비해 파스퇴르의 실험이 탁월했다고 평가 받는 이유는 무엇인가?

3. 생명이 자연발생 할 수 있다는 확신은 어떤 이데올로기의 영향을 받았는지 말해보자.

제3강

생명의 기원과 화학진화

"생명의 기원을 연구하는 우리 모두는 그것을 들여다보면 볼수록 점점 더 그것이 너무 복잡해서 아무데서도 진화되지 않았다는 느낌을 갖는다." - 유레이(Harold Urey)[1]

화학진화를 주장하는 사람들은 생명의 자연발생설의 현대적 가설을 세 단계로 나누어 제시한다. 첫째는 생명의 창조에 필요한 아미노산과 같은 간단한 물질을 만드는 단계, 둘째는 간단한 물질들을 합성하여 더 크고 복잡한 분자를 만드는 단계, 셋째는 DNA와 같은 고분자 화합물을 기초로 번식 메커니즘을 설명하는 단계이다. 이 세 단계들 중에서 흔히 사람들은 세 번째 단계를 설명하는 것이 가장 힘들다고 한다. 과연 그럴까? 처음 두 단계는 쉽게 설명할 수 있을까? 위의 세 단계들은 모두 생명체를 자연계에서 저절로 만드는 과정이 되기에는 불가능한 여러 단계들을 포함하고 있다.

하지만 창조주에 의한 생명의 초자연적 창조를 믿을 수 없는 사람들은 어떤 형태로든 창조주가 없는 생명 창조 모델을 만들지 않을 수 없었다. 다른 모든 진화론들도 그러하지만 특히 화학진화 가설 뒤에는 자연을 설명하는 과학의 영역에서 초자연적 존재를 배제하려는 유물론적, 무신론적 노력들이 두드러지게 나타난다. 아래에서는 구체적으로 자연주의적 과학을 만들기 위해 노력한 사람들의 연구들을 하나씩 살펴볼 것이다.

1. 오파린과 할데인

다윈의 자연발생설 추론은 그의 사후 40여년이 지난 후에 러시아에서 좀 더 정교한 이론적 형태를 갖추어 부활했다. 1920년대에 유물론 혁명이 진행되던 소련에서 화학자 오파린(Alexander I. Oparin)이 이 추론의 횃불을 들었다.[2] 1922년, 오파린은 현재와 같은 산화성 대기에서는 생명의 진화에 필요한 어떤 유기화합물도 합성될 수 없다고 생각했다. 그래서 그는 원시 지구에는 지금과는 전혀 다른 환원성 대기가 존재했으며, 바다에는 유기물 분자로 이루어진 '원시 수프'(primeval soup)가 태양광의 작용으로 만들어졌을 것이라고 추측했다. 그리고 여기에서부터 좀 더 복잡한 코아세르베이트(coacervate) 덩어리가 만들어지고, 이 덩어리들이 '성장하여'(grow) 원시적인 대사가 가능한 최초의 생명체가 탄생했다고 본다.[3] 그는 최초의 생명체는 '따뜻하고 작은 연못'(warm little pond)에서 자연발생 했을 것이라는 다윈의 추측을 좀 더 구체적인 이론으로 다듬었다.[4]

1929년, 이러한 오파린의 가설은 영국의 생화학자이자 유전학자였던

그림 3-1 오파린과 할데인

할데인(J.B.S. Haldane)에 의해서도 독립적으로 제시되었다. 그도 역시 최초의 생명체는 지구상에서 자연발생 하였다는 생명의 유기화합물설을 제시하였다. 그는 생물이 없던 원시 지구 바다(pre-biotic ocean)에서 강력한 태양의 자외선의 작용으로 탄소를 기초로 한 큰 분자가 만들어졌을 것이라고 추측했다. 물론 원시 바다는 현대의 바다와는 전혀 달랐으며, 유기화합물이 형성될 수 있는 '희석된 뜨거운 수프'(hot dilute soup)였다고 가정했다. 그도 역시 최초의 살아있는 존재는 원시 바다 속에서 자기 복제가 가능한 특별한 분자였다고 주장했다. 오파린과 같이 할데인도 다윈이 이전에 제시한 추론을 다듬었기 때문에 오늘날 이들의 이론을 오파린-할데인 가설(Oparin-Haldane hypothesis)이라고 부른다.[5]

그림 3-2 진화론자들이 말하는 '따뜻하고 작은 연못'. 생각하는 것은 자유지만 태초에 이런 연못으로부터 생명이 발생했을 가능성은 전무하다.

2. 종속영양체에서 독립영양체로?

오파린-할데인 가설에 의하면, 지구상에는 긴 세월에 걸쳐서 무기물로부터 유기물로의 진화(화학진화)가 일어났고, 이 유기물이 최초의 생물(원시생물)을 형성했다고 한다. 이들은 원시지구를 덮고 있던 대기는 질소, 산소, 이산화탄소 등으로 이루어진 오늘날의 산화성 대기와는 달리 산소가 없고 메탄(CH_4), 수소(H_2), 수증기(H_2O), 암모니아(NH_3), 네온(Ne), 헬륨(He), 아르곤(Ar) 등으로 된 환원성 대기였을 것이라고 가정하였다. 이들 환원성 대기는 태양으로부터 자외선(紫外線, ultraviolet ray)이나 번개와 같은 공중 방전 에너지를 흡수하므로 서로 반응하여 아미노산(amino acid)을 비롯한 여러 가지 간단한 유기물을 형성했다고 가정하였다. 그리고 이것이 비에 용해되어 바다로 흘러 들어가 교질상태(膠質狀態, colloid)로 되었다가 다른 종류의 교질과 반응하여 반액상(半液狀)의 코아세르베이트(coacervate)라는 작은 알맹이 형태로 만들어졌을 것이라고 가정하였다.[6]

코아세르베이트란 단백질 등의 교질입자가 결합하여 주위의 매질과 명확한 경계가 이루어진 분리 독립된 입상구조(粒狀構造)를 말한다. 화학진화론자들은 코아세르베이트의 내부 교질입자가 서로 정해진 위치에 붙어서 초기 구조를 이루며, 다른 한편으로는 여러 효소계가 형성되어 다른 유기물들을 분해함으로써 그 에너지에 의해 자신을 합성하여 성장해 간다고 가정했다. 그들은 이처럼 코아세르베이트가 성장한 것이 바로 최초의 생명체로 발전되었다고 주장하였다.

이 주장을 좀 더 자세히 살펴보면 다음과 같다. 만일 이들의 주장대로 원시생물이 유기물의 화학진화 과정에서 생겼다면 당연히 그것은 유기물에 의존하고 있는 종속영양체(從屬營養體, heterotroph)였을 것이다(종속영양 기원설). 오파린-할데인 가설에 따르면, 원시지구의 대양에는 유기물만이 녹아 있었고 대기에는 유리(遊離)된 산소가 존재하지 않았다. 그러므로 이와 같은 환경에서 최초로 나타난 생물은 바닷물 속에 있는 유기물을 받아들여 무기호흡을 한 결과 점차로 이산화탄소가 해수나 대기 중에 축적되고 유기물은 소비되어 소멸되었을 것이다. 이 때 코아세르베이트에서 성장한 최초의 생명체는 빛, 물, 이산화탄소를 이용해서 탄수화물을 만들고 산소를 방출하는, 독립영양체(獨立營養體, autotroph)로서 생활할 수 있는 일반적인 광합성형 생물로 발전되었다고 가정한다.

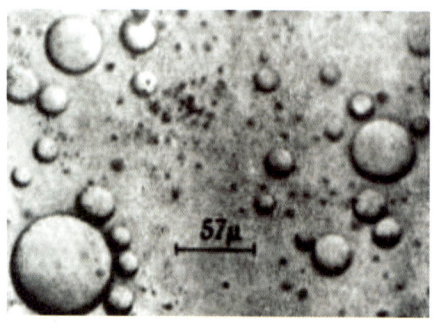

그림 3-3 코아세르베이트. 화학진화론자들은 단백질 등의 교질입자가 결합하여 주위의 매질과 명확한 경계가 이루어진 분리 독립된 입상구조를 코아세르베이트라고 부른다.[7]

3. 과연 '따뜻하고 작은 연못'이 있었을까?

결국 오파린이나 할데인은 다윈의 '따뜻하고 작은 연못'의 개념을 보다 정교하게 만든 것이라고 할 수 있다. 그러나 과연 태초의 지구상에 그런 '연못'이 있었을까? 왜 그런 '연못'을 가정하는가? 여기에 대해서는 미국 국립자연사박물관(National Museum of Natural History, Smithsonian Institution)의 생명의 기원 코너에 잘 요약되어 있다. 그것은 현재와 같은 지구의 상태로는 생명 형성의 가능성이 전혀 없기 때문이다:

생명이 현 지구와 같은 곳에서 자연발생 한 것 같지는 않다. 현재와 같은 환경에서는 생명의 원시적인 전생체(前生體, prebiotic system)를 닮은 어떤 것이라도 도처에 있는 미생물들(microbes)에 의해 잡아먹혔을 것이다. 원시지구의 조건은 [현재의 지구보다] 훨씬 더 생명이 형성되는 과정에 대해 우호적이었을 것이다.[8]

하지만 원시지구가 오늘날의 지구보다 생명체 형성에 우호적이었다는 증거가 있는가? 이것은 순전한 추측이요, 희망 사항일 뿐이다. 오히려 원시지구는 오늘날보다 훨씬 더 생명체에 대해서 적대적이었다는 증거가 많다. 원시지구에는 자외선을 차단해 주는 성층권의 오존층도 존재하지 않거나 얇았을 것으로 생각된다. 원시지구상에는 많은 화산들이 폭발하면서 산화성 대기를 형성하는 이산화탄소가 지금보다 훨씬 더 풍부했을 것으로 보인다. 대규모 소행성들이나 혜성들의 충돌도 빈번했을 것이며, 이로 인해 '소행성 겨울' 혹은 '혜성 겨울'도 더 잦았을 것이다.

또한 원시지구에 대한 과학자들의 생각도 계속해서 바뀌고 있다. 처음에 과학자들은 원시지구에 수소가 많았고 '유기물 수프'로 가득 찬 바다가 있었을 것이라고 가정했지만, 지구의 중력은 대기 중에 풍부한 수소를 붙들어 둘 정도로 강하지 않다. 또한 대양에 누적되는 유기물들의 농도도 생명체를 형성할 만큼 높지 않았을 것으로 보인다:

> [그렇다면] 이런 조건들은 무엇인가? 이에 대한 과학자들의 생각도 또한 진화하였다. 지금은 원시지구에 수소가 풍부한 대기와 부글거리는 '유기물 수프'로 가득 찬 대양이 있었다는 초기의 개념에 미심쩍어 한다. 실험 결과를 보면 아미노산이나 다른 유기화합물들은 수소가 풍부한 대기에

서 가장 잘 형성되는데, 그런 대기를 구성하는 가벼운 기체들은 지구 역사 초기에 [중력이 충분하지 않아서] 우주공간으로 빠져나갔을 것으로 보인다. 그리고 유기화합물들이 원시대양에 누적되고 있었다고 해도 그들의 농도가 희박해서 생명을 형성하는 반응은, 일어난다고 해도, 천천히 일어났을 것으로 생각된다.[9]

이것은 무엇을 말하는가? 생명의 기원과 관련된 원시지구의 상황에 대해서는 아무도 정확하게 말할 수 없다는 것이다. 그리고 우리가 간접적으로나마 확인할 수 있는 원시지구의 상태는 생명체가 자연적으로 발생할 수 있는 환경이 아니었음이 분명한 것으로 보인다. 그러므로 화학진화를 통한 생명의 기원은 자연주의적 신념에 근거한 것이지 과학적 증거에 기초한 것이 아니다.

대기 중에 수소가 풍부했을 것이라는 가정은 지구의 중력, 다시 말해

그림 3-4 진화론자들이 그리는 35억 년 전의 지구. 화산활동이 활발했고, 침식이 빠른 속도로 일어났으며, 얕은 물에는 녹조류(綠藻類)의 활동에 의해 생긴 스트로마톨라이트(stromatolite)들이 점점이 있었을 것이며, 또한 여러 해조류들의 영향으로 인해 온천수는 녹색을 띠었을 것으로 상상한다.

지구의 질량이 현재보다 훨씬 크지 않는 한 상상할 수가 없다. 그리고 대양에는 생명체를 합성할 수 있을 정도로 유기화합물의 농도가 높을 수 없었음이 분명하다면 남은 선택은 무엇일까? 대기 중에는 생명의 합성을 방해하는 이산화탄소 등이 포함되어 있으므로 진화론자들은 어쨌든 생명 합성은 물에서 일어났을 것이라고 가정한다. 그리고 그것은 대양이어서는 안 되기 때문에 작은 연못일 수밖에 없다. 그래서 진화론자들은 이렇게 설명한다:

> 생명을 형성하는 화학적 단위들은 해저온천 부근의 수중에서 형성되었을 것이다. 또 다르게는 이런 화합물들이 운석이나 혜성과 함께 초기 지구에 도달하였을 가능성도 있다. … 아마 생명을 구성하는 최초의 거대 분자와 첫 생명의 움직임이 있었던 곳은 대양보다는 작은 물이었을 것이다. 생명을 위해 중요한 분자 사슬이 형성되려면 그런 성분들로부터 주기적인 탈수반응이 일어나야 하는데, 이것은 건조할 때 '따뜻하고 작은 연못' 가에서 가장 잘 일어날 수 있을 것이다.[10]

이상에서 살펴본 바와 같이 '따뜻하고 작은 연못' 가정은 결국 과학적 증거가 있어서가 아니라 자연발생을 기정사실화 했을 때 다른 대안이 없기 때문에 제안된 것임을 알 수 있다. 요키(Hubert P. Yockey)는 이것을 정확하게 지적하고 있다:

> '따뜻하고 작은 연못' 시나리오는 생명의 기원에 대한 유물론적이고 환원주의적인 설명을 위한 특별한(ad hoc) 목적으로 만들어졌다. 이것은 어떤 다른 증거에 의해 지지되지 않으며 그런 증거가 발견될 때까지만

부가적으로(ad hoc) 남아있을 것이다. 잘 알려진 오늘날의 지식과는 반대로 지구에서의 생명의 발생을 우연과 자연적 원인으로만 기술하려는 시나리오는 사실의 기초 위에서만 받아들여질 수 있으며 신앙적인 요소가 개재되어서는 안 된다고 결론지어야 한다.[11]

자연발생에 대한 안경만 벗어버리면 이 '따뜻하고 작은 연못'에 대한 가설은 터무니없는 것임을 금방 알 수가 있다. 그러나 이 안경을 쓰고 있는 한 아무리 탁월한 과학자들이 많이 연구를 한다고 해도 진리에 이를 가능성은 거의 없어 보인다!

4. 유레이와 밀러의 연구

생명의 기원을 연구하는 사람들은 생명체가 없던 지구화학적 세계와 생명체로 넘치는 세계 사이의 거대한 간격을 메울 적절한 방법이 없었다. 가장 간단한 세포라도 수백만 개의 분자들이 서로 긴밀하게 연결되어 있으며, 이들이 수백 가지의 서로 다른, 독립적인 화학반응을 한다는 것을 어떻게 설명할 수 있을까? 그래서 학자들은 실험실에서 이 거대한 간격을 메울 수 있는 방법은 한 차례의 반응이 아니라 여러 차례의 단계를 거쳤다고 생각하게 되었다. 다시 말해 생물학적 복잡성은 여러 차례의 단순한 화학적 과정을 통해 이루어졌을 것이라는 것이다.

그렇게 생각한 과학자들 가운데 생명의 자연발생에 대한 현대적 가설을 제시한 사람이 앞서 말한 오파린과 할데인이었다. 오파린-할데인 가설은 단순한 가설로만 남아있지 않았다. 이들이 가설을 제안한 후에 많은 사람들은 자연계에서 생체분자의 합성이 생각보다 단순함을 알게 되었다. 생체분자들은 소행성 충돌이나 혜성 충돌 때도 생성된다는 것이 알려졌다. 심지어 생체분자는 고온 고압의 지구 내부의 깊은 곳에서도 만들어진다. 몇 십 년이 지나면서 오파린-할데인의 가설은 점점 더 많은 사람들에 의해 받아들여졌고, 이들과 동일한 안경을 쓰고 이들의 가설을 실험적으로 증명해 보려고 기다리는 많은 학자들이 있었는데, 그 중 한 사람이 바로 시카고대학(University of Chicago)의 유레이(Harold C. Urey)였다.[12]

유레이는 1934년, 수소의 동위원소인 중수소(deutrium)를 발견함으로써 노벨화학상을 수상한, 이미 미국 과학계의 거목 중의 한 사람이었다. 유레이의 중수소 분리 성공은 최초의 원자탄 제조 프로젝트인 맨하탄 프로젝트(Manhattan Project)에서 가장 핵심적인 기술이었다. 원자탄을 만들기 위해서는 우라늄 동위원소인 U-235를 U-238로부터 분리하는 것이 필수적이었기 때문이다.

하지만 2차 대전 후에 유레이는 지구의 초기 대양과 대기를 모델링 하

그림 3-5 유레이. 중수소 분리로 노벨화학상을 받았다.

는데 집중했다. 그리고 40억 년 전 지구는 지금과는 전혀 달랐다는 결론을 내렸다. 그 때는 지금과 같이 산소와 질소 중심의 대기가 아니라 수소와 메탄, 암모니아 기체 등이 지배적이었다고 생각했다. 이러한 그의 가설은 부분적으로 우주의 성간물질(星間物質)이 주로 수소로 이루어져 있다는 사실에 근거한 것이었다.

이러한 유레이의 대기 모델에 감명을 받았던 많은 화학자들 중 한 사람이 바로 당시 시카고대학 박사과정 2년차였던 23세의 밀러(Stanley L. Miller)였다.[13] 밀러-유레이 실험의 뒷 얘기는 1960년대에 밀러의 학생이었으며, 스승의 생각을 전폭적으로 지지했던 바다(Jeffrey Bada)와 그와 공저자였던 윌스(Christopher J. Wills, 1938-)가 쓴 『생명의 불꽃』(The Spark of Life)에 자세히 소개되어 있다.[14]

밀러-유레이 실험장치

밀러-유레이 실험의 기본적인 구상은 1951년 밀러가 참석한 한 세미나에서 유레이가 제시했다. 유레이는 강의와 관련 논문에서 생체분자가 수소와 메탄, 그리고 다른 비교적 쉽게 반응하는 다른 기체들이 풍부한 원시대기에서 합성되었을 것이라고 제안하였다.

당시 밀러는 화학과 대학원 학생으로서 박사논문 주제를 찾고 있었다. 원래 밀러는 자신의 전공 분야가 아닌 핵물리 이론에 끌렸으나 1년 정도 공부한 후에 아무런 성과가 없자 유레이에게 그가 제안한 원시대기 모델을 따라 아미노산을 합성해 보면 어떻겠냐고 제안했다. 윌과 바다에 의하면, 유레이는 처음에는 밀러의 제안에 선뜻 찬성하지 않고 좀 더 쉽고 안전한 프로젝트를 하라고 권했다. 사실 대학원 논문 지도교수로서는 학생이 많은 시간을 보낸 후에 아미노산을 합성하지 못하면 난감하기 때문이었다. 그러나 밀러가 계속 우기자 나중에는 1년간 시간을 주고 진척 상황을 보고 계속할지를 결정하자고 하면서 허락했다.

밀러와 유레이는 책상 위에 올려둘 정도의 유리 기구를 제작하였다. 우선 물을 끓이기 위해 직경 10cm의 둥근 플라스크(약 0.5 리터)를 만들고 원시 지구의 바다를 모의(模擬, simulate)하기 위해 여기에 2/3 정도 물을 채웠다. 그리고 이것을 튜브와 냉각기를 사용하여 혼합기체가 들어 있는 직경 25cm의 더 큰 플라스크(약 8리터)에 연결했다. 원시대기를 모의하기 위해 큰 플라스크에는 시중에서 파는 메탄가스와 암모니아, 수소를 혼합하여 넣었으며, 작은 플라스크보다 좀 더 위쪽에 두었다. 그리고 큰 플라스크에는 끝이 뾰족한 두 개의 텅스텐 전극을 넣었다. 이제 모든 실험 준비가 끝났다.

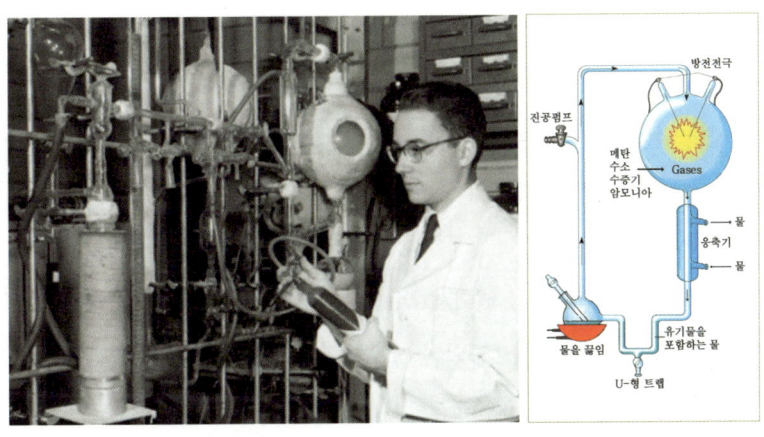

그림 3-6 시카고대학 대학원 시절의 밀러와 밀러-유레이 실험 장치.

실험과 결과

실험은 1952년이 끝나갈 무렵에 시작되었다. 유레이는 학교의 다른 여러 가지 일들로 바빴기 때문에 실험은 밀러 혼자 했다. 우선 밀러는 대기 중의 산소를 제거하기 위해 진공펌프로 공기를 뽑아냈다. 작은 플라스크에는 물을 채웠고, 장치 전체는 메탄, 암모니아, 수소 기체를 각각 2:2:1의 비율로 혼합해 주입했다. 증발하는 원시 대양을 모의하기 위해 작은 플라스크는 버너로 가열했고, 큰 플라스크의 전극에는 원시대기에서 번개 치는 것을 모의하기 위해 전기방전을 시키면서 기다렸다. 메탄, 암모니아, 수소 등의 기체가 모두 폭발성의 기체였기 때문에 이것은 위험천만한 실험이었지만, 밀러는 아무런 차폐막도 없이 이 실험을 수행하였다.

실험을 시작할 때 냉각장치(cold trap)에 들어있는 물은 깨끗하고 투명했다. 그러나 이틀 정도 지나면서 누렇게 변하면서 전극 가까이에 검은 물질이 생기기 시작했다. 불과 수 일 만에 무기물인 기체가 유기물질을 생성한 것이었다. 그는 이 실험을 통해 방전 에너지에 의해 화합물이 생기고, 이 화합물은 냉각장치를 통하여 냉각수에 모여 농축되었음을 확인하였다.

밀러는 장치의 밸브를 열어서 누렇게 변한 용액을 끄집어냈다. 혹시라도 공기 중의 미생물이 오염되어 결과가 오도되지 않도록 박테리아를 죽이는 염화수은(mercury chloride, $HgCl_2$)을 첨가하였다. 그리고는 용액을 건조시켜 농도를 진하게 만든 후 누렇게 된 용액을 색층분석기 흡착지 귀퉁이에 한 방울씩 떨어뜨리면서 아미노산 생성 여부를 조사했다.

밀러는 이 물질을 분석하기 위해 지금은 사용하지 않는 종이 색층분석법(-色層分析法, paper chromatography)이라는 방법을 사용했다. 이 방법은 한 변이 수 인치 정도 되는 흡착지 위에서 서로 다른 분자는 서로 다른 색점을 내게 해서 판별하는 방법이었다. 당시의 표준적인 방법을 사용한 밀러는 이 방법으로 아미노산의 하나인 글리신(glycine)을 나타내는 자주색 점이 선명하게 나타나는 것을 발견했다! 글리신은 생명체를 구성하는 아미노산들 중에서도 가장 작고 단순한 것이었다.

결과는 분명했지만 밀러는 이 중요한 실험을 한 차례만의 결과로 발표할 수는 없었다. 그는 이 실험의 전 과정을 반복했다. 이번에는 일주일 동안 방전을 시켰고, 버너도 좀 더 뜨겁게 해서 물이 약간 끓는 정도까지 가열했다. 그러자 물은 이전과 달리 재빨리 누런색으로 변했다가 다음에는 핑크색으로 변하고 마지막에는 검붉고 탁하게 변했다. 밀러는 냉각장치에 들어있는 물이 실험을 시작한 "그 주 주말까지 검붉고 탁하게(deep red and turbid) 되었다"고 보고했으며, 이 액체의 일부를 끄집어내어 분석하였다.

이전에 비해 더 오랫동안, 더 높은 온도로 물을 데웠기 때문에 더 풍부한 유기물질이 생성되었다. 그는 다시 방전된 물질을 농축시킨 후 그 농축물을 분석한 결과 필수 아미노산들 중 6가지 이상을 확인하였다. 그 후 더 많은 실험을 통해 밀러는 아미노산과 더불어 아스파르트산(aspartic acid), 글루탐산(glutamic acid) 등 핵산의 합성에 쓰이는 염기 등의 유기물도 얻었다.[15]

유레이는 밀러에게 즉각 논문을 써서 발표하라고 했고, 밀러는 1953년 2월 중순, 저명한 과학 학술지 「사이언스」(*Science*)에 "가능한 원시지구 조건에서 아미노산 생성"이라는 제목으로 짧은 논문을 보냈다. 이것은 이 실험을 구상한 지 불과 5개월 후의 일이었다. 논문은 그로부터 3개월 후인 1953년 5월 15일자로 발표되었다. 놀라운 것은 이 때 유레이는 이 중요한 논문에서 자기 이름을 뺐다. 그렇지 않을 경우 노벨상수상자인 자신에게 사람들의 모든 관심이 쏠리고, 젊은 대학원 학생에게는 별로 주목하지 않을 것 같았기 때문이다![16]

예상대로 밀러의 논문에 대한 반응은 뜨거웠다. 과학계 뿐 아니라 일반 언론들에게도 빅 뉴스였다. 1953년 5월 17일자 「뉴욕타임즈」(*The New York Times*)는 "생명과 유리 지구"(Life and Glass Earth)라는 제목으로 대서특필 했고, 다른 많은 주요 언론들도 비슷한 논조로 보도했다. 늘 그렇듯이 삼류 타블로이드 신문들은 곧 시험관으로부터 합성된 생명체가 걸어 나올 듯이 과장, 추측 보도를 했다. 이 실험으로 밀러는 일약 생명의 기원 연구에서 최고의 지도자가 되었음은 물론 생명의 기원 연구를 위한 연구비가 쏟아지기 시작했다. 밀러만큼 대학원 학생으로서 일약 대중적 명사가 된 경우도 드물었다!

5. 밀러-유레이 실험의 문제

밀러와 유레이는 자신들의 실험이 원시지구에서 일어난 상황을 잘 모의한(simulate) 것이며, 유기물질이 합성되었다는 것은 곧 원시지구에서 생명체가 탄생할 수 있음을 증명하는 것이라고 생각하였다. 과연 밀러-유레이의 실험은 원시지구에서 일어난 생명의 탄생 시나리오를 잘 모의한 것일까? 이들의 실험은 방전 에너지를 이용하여 무기물질인 메탄, 암모니아, 수소, 수증기 등으로부터 유기물질을 인공적으로 합성한 훌륭한 실험이었다. 그러나 밀러-유레이의 실험에서 얻어진 유기물질들은 생체 내에서 합성되는 것들과는 무관한 유기물들이었다. 무기물질로부터 간단한 유기물질이 생겼다는 것이 원시지구에서 무기물로부터 최초의 생명이 자연발생 했음을 증명한다고 주장하는 것은 논리적인 비약이라고 할 수 있다.[17]

원시 대기가 환원성 대기였다는 증거가 없다.

이 논리적인 비약에서 가장 먼저 짚고 넘어가야 할 사실은 밀러-유레이 실험에서 사용한 혼합기체이다. 이 혼합기체는 1950년대 초, 유레이의 원시대기 모델에 기초한 것이었다. 그런데 혼합물의 조성이 원시지구의 대기 조성과 같음을 증명할 수는 없는 일이다. 이러한 비판은 이미 1960년대 지구화학자들에 의해 제기되었다. 그들은 밀러-유레이 실험에서 사용한 혼합가스의 조성이 원시지구의 대기 조성과 같다는 것을 증명할 수 없다고 지적하였다. 도리어 지구화학적 계산이나 초기 암석으로부터 얻은 데이터들은 원시대기가 질소와 이산화탄소를 포함하는, 반응성이 작은 기체들로 이루어져 있음을 보여준다.

사실 원시 대기가 수소를 많이 포함하고 있는 환원성 대기였다는 주장은 어디까지나 가설이지 증명된 것이 아니다. 만일 대기의 조성이 현재와 같이 질소와 산소를 많이 포함하고 있는 산화성 대기라면 이들을 아무리 오랫동안 방전시킨다 해도 유기물은 절대 합성되지 않는다. 만일 산소가 존재한다면, 유기물질의 합성 속도보다 분해 속도가 더 빠를 것이며, 특히 메탄가스와 산소가 공존하는 상태에서는 조그마한 전기방전이라도 곧 폭발을 일으키게 된다.[18]

현재의 대기가 산화성인데도 불구하고 원시지구상의 대기를 현재와는 전혀 다른 환원성 대기로 가정하는 것은 유기물 합성을 가능하게 하기 위해 거꾸로 가정한 것이다. 밀러-유레이 실험 결과 만들어진 물질이 생체 분자라는 것만이 환원성 대기에 대한 유일한 근거이다. 즉, 결론을 정해놓고 그것에 맞추어 원시지구상의 조건을 만들어낸 것이다. 밀러 자신과 오르겔(Leslie E. Orgel)도 이 점을 인정했다:[19]

> 생물학적으로 관심 있는 화합물들의 합성은 환원성 조건에서만 가능하기 때문에, 우리는 지구의 대기가 환원성이었던 때가 틀림없이 있었을 것으로 믿는다. 그러나 약간의 지질학적, 지구물리학적 증거들이 실제로 그러하였음을 암시하고 있기는 하지만, 결정적인 증거는 하나도 없다.[20]

그림 3-7 생명의 기원에 관한 많은 연구를 한 오르겔.

유레이 역시 이 점을 인정했다: "만일 하나님이 이 방법[밀러-유레이 실험법]으로 그것[생명체]을 만들지 않았다면, 그는 좋은 한 방법(a good bet)을 놓친 것이다." 이것은 밀러와 유레이가 하나님이 창조한 실제 방법을 발견한 것이 아니라, 하나님이 자신들의 모델에 맞추어 창조해주기를 바라는 희망사항이었을 뿐임을 의미한다![21]

호상철광층은 원시지구에 산소가 적었다는 증거인가?

진화론에서 원시지구의 대기에는 현재와 같이 산소가 풍부하지 않았다는 증거로 제시하는 것은 호상철광층(縞狀鐵鑛層, banded iron formation)이다. 호상철광층이란 철과 산소의 결합 비율이 달라서 색깔이 다른 철광층이 교대로 호층(互層)을 이루고 있는 것을 말한다. 그런데 전체적으로 호상철광층의 산소 함유량이 다른 암석들보다 적다. 오늘날 대부분의 철광층들, 즉 선캄브리아기(Precambrian) 이후의 철광층들이 산소와 결합된 채로 존재하는데 비해, 선캄브리아기 이전 지층들은 산소가 적게 포함된 지층이 중간에 포함되어 호상철광층을 이루는 경우가 많다.[22]

아래 그림은 각각 캐나다 온타리오(Ontario)에서 발굴한 호상철광석(a)과, 미국 슈피리어 호수(Lake Superior) 지역에서 발굴한 호상철광석(b)을 보여주고 있다. 그림 (a)에서는 붉은색의 벽옥(碧玉, jasper)과 자철석(磁鐵石, magnetite, Fe_3O_4)이 교대로 나타나고 있으며, 그림 (b)에서는 벽옥과 거의 순수한 회색의 적철석(赤鐵石, hematite, Fe_2O_3)이 교대로 나타난다. 붉은색의 벽옥 부분은 미량의 산화철이 규질암(硅質岩, silica chert)에 첨가된 것으로서 산소가 적게 함유되어 있다. 그러나 그 사이에 있는 순수한 산화철은 산소가 많이 함유되어 있다.

그렇다면 과연 이런 호상철광층의 존재가 원시대기에 산소가 없거나 부족했다는 것을 증명하는가? 이러한 암석은 과연 지구가 산소가 적었

그림 3-8 (a) 캐나다 온타리오에서 발견된 호상철광석; (b) 미국 수피리어호 지방에서 발견된 호상철광석. ⓒ양승훈

던 시대에서 산소가 많은 시대로 이행하는 것을 보여주는가? 하지만 정말 이 암석이 형성되던 시기에 지구 대기 중 산소가 적었다고 말하려면, 철이나 규소가 산소와 결합된 산화 정도가 달라야 한다. 그러나 호상철광층에 교대로 쌓여있는 산화철이나 자철석 등은 다른 철광석들과 산화 정도, 즉 산소의 함유량이 동일하다. 게다가 이러한 산화철 층이 교대로 나타난다는 사실은 무엇을 의미하는가? 이것은 이 광석이 형성될 당시 지구 대기의 산소 함량이 지금과 별로 다르지 않았음을 나타낸다. 그리고 산소가 적은 벽옥층이 중간에 교대로 나타난다는 사실은 벽옥층에 산소가 결합될 수 있는 시간적인 여유가 없이 빠른 속도로, 즉 어떤 형태의 격변(激變)에 의해 매우 급격히 형성되었음을 의미한다. 결국 호상철광층의 존재는 원시지구의 대기 중 산소가 적었다는 것과는 무관하다고 할 수 있다.

이 외에도 원시지구의 대기가 환원성이었을 것이라는 증거보다는 오히려 처음부터 산화성이었다는 증거가 많다. 지층 조사 결과에 의하면,

가장 오래된 지층에도 항상 산화물은 존재하므로 원시지구 대기에는 처음부터 산소가 있었던 것으로 보인다. 가장 오래된 것으로 알려진 암석의 산소 함량을 조사한 결과는 생각보다 원시 대기 속에 산소가 많았음을 보여 준다:

> 지질학자들은 알려진 가장 오래된 암석의 분석으로부터 초기 지구의 산소 함량이 이전에 계산했던 것보다 훨씬 더 높았다는 것을 알고 있다. 약 35억 년 이상 되었다고 추정되는 암석들을 분석한 결과 산화철이 발견되었는데, 그것은 흔히 받아들여지고 있는 것보다 대기 중 산소함량이 적어도 110배에서 많게는 10억 배에 이르렀을 때의 가능한 양이었다.[23]

미국 국립자연사박물관 전시물에도 "… 초기 지구의 대기에는 이산화탄소와 수증기가 풍부하였을 것"임을 지적하고 있다. 말할 필요도 없이 이산화탄소나 수증기에는 산소가 포함되어 있기 때문에 이 기체들이 많이 포함된 대기는 산화성 기체로 작용한다.[24]

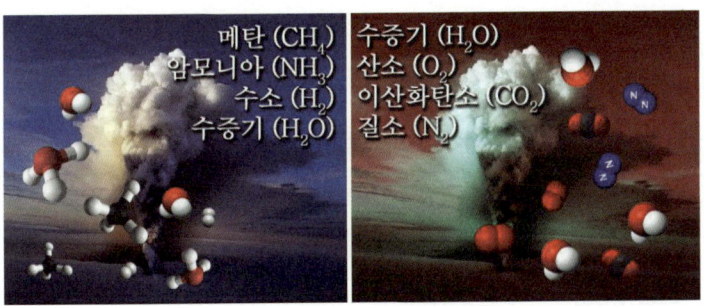

그림 3-9 환원성 대기(좌측)와 산소를 포함한 대기(우측). 지구의 대기가 처음부터 환원성이라는 증거는 없다. 오히려 처음부터 산소가 존재했음을 보여주는 증거가 많다.

제3강 생명의 기원과 화학진화

산소가 없다면 오존층도 존재할 수 없다.

현재 지구 대기권의 성층권(成層圈, stratosphere)에는 오존(ozone, O_3)이 모여 있는 오존층(ozone layer)이 있다. 지표면에도 오존은 존재하지만 고도가 증가함에 따라 그 양이 점점 증가하여 지표면에서 20-30km 부근에서 최대에 이른다. 지구에 존재하는 오존의 전체량을 0℃, 1기압으로 환산하여 전체 지구를 덮는다고 가정하면 불과 3mm 내외에 불과하지만, 이 오존층은 태양열을 흡수하여 성층권 상부의 온도를 높이고 태양광선 중에서 자외선을 흡수하여 지상 생명체들을 보호하는 중요한 보호막 구실을 한다. 특히 오존층은 태양광선 중 파장이 200nm 이하 자외선의 대부분과, 200-240nm 사이의 자외선의 일부를 차단한다.[25]

태양광선 중 파장이 200-290nm인 자외선(UV-C)은 미생물을 죽이고 핵산과 단백질을 파괴시키는데, 다행히 오존층에 의해 대부분 차단된다. 파장이 290-320nm인 자외선(UV-B)은 오존층 변화에 매우 민감하여 오존이 1% 감소하면 자외선은 2% 증가하고 피부암 발생률은 3% 증가한다고 보고되고 있다. 근래 들어 냉장고나 자동차 에어컨 등에 사용되는 프레온 가스(freon gas)에 의해 남극 상공의 오존층이 파괴됨으로써 호주와 뉴질랜드 등 남극에 가까운 나라들의 피부암 발생이 급격히 증가하는 것이 이의 한 예라고 할 수 있다.[26] 이 외에도 자외선은 인체의 면역 기능 약화, 백내장 발생, 농작물의 생산력 감소, 플랑크톤이나 얕은 곳에 사는 물고기를 죽이는 등 생태계의 균형을 파괴하는 것으로 알려져 있다.[27]

그러면 이러한 오존층은 어떻게 형성되는가? 대부분의 사람들은 대기 중의 산소분자가 태양광선 중 자외선에 의해 두개의 산소원자로 분해된 후에 이것이 다른 산소분자들과 결합함으로써 오존층을 만들었다고 본다:

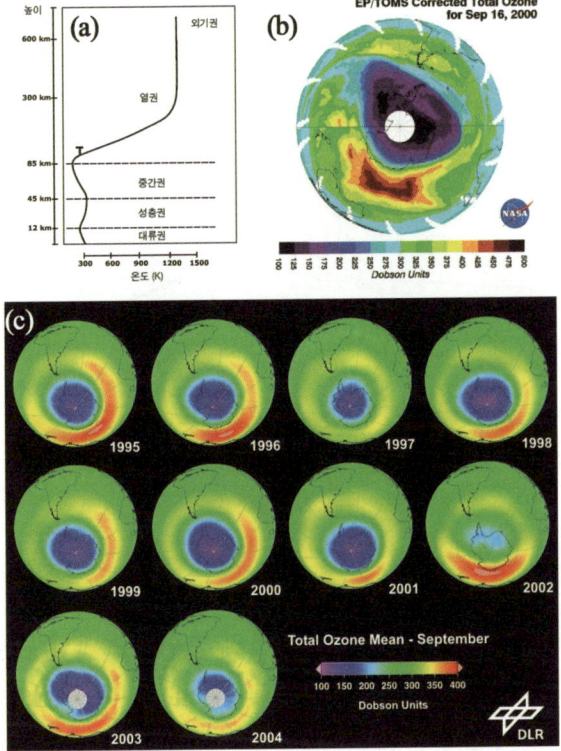

그림 3-10 성층권에 존재하는 오존층(위 왼쪽)과 1991년 10월에 측정한 남극 대륙 상공의 오존층 구멍(위 오른쪽). TOMS(Total Ozone Mapping Spectrometer) 스펙트럼이 보라색 쪽으로 올수록 오존의 밀도가 점점 낮아진다. 여기서 1DU(Dobson Unit)는 표준상태(1기압, 0℃)로 압축했을 때 오존층의 두께가 0.1mm가 되는 양을 말한다; (c) 냉장고나 에어컨 등에 사용되는 프레온가스로 인해 오존층이 해마다 점점 더 파괴되고 있다는 경고가 계속되고 있다.[28]

어떻게, 그리고 언제 오존층이 형성되었는지는 해결되지 않은 의문이다. 오늘날 오존은 대기층 상부에 있는 산소에 자외선이 작용하여 생성되고, 그리고 많은 과학자들은 이 층은 [식물의] 광합성(光合成, photosynthesis)을 통해 산소가 축적되기 시작한 후에 비로소 형성되었을 것이라고 추측한다.[29]

물론 오존은 다시 자외선에 의해 산소분자와 산소원자로 분해되기도 한다. 결국 오존의 생성과 분해가 동적인 평형(dynamic equilibrium)을 이루고 있다고 할 수 있다. 이것을 간단하게 표현하자면 다음과 같다.

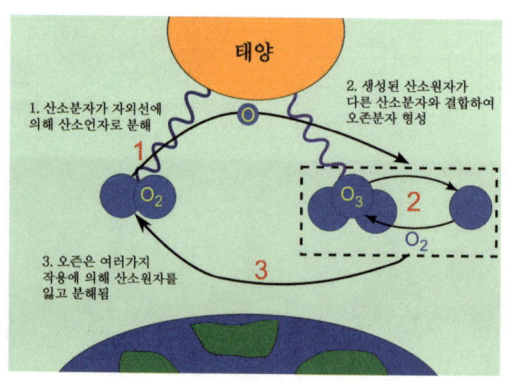

그림 3-11 대기 중의 오존은 산소로부터 생성되고, 오존은 다시 산소로 분해되기도 한다.

이것은 결국 지구에 산소가 없다면 현재 성층권에 있는 오존층도 존재할 수가 없음을 의미한다. 게다가 진화론자들은 원시 태양에서 방출되는 자외선은 지금보다 훨씬 더 강했다고 생각한다. 그렇다면 더더욱 오존층의 역할이 중요하다.[30] 그러므로 만일 원시 대기에 산소가 있었다면 화학진화는 처음부터 틀린 가설 위에 세워져 있는 셈이 되며, 반대로 원시 대기에 산소가 없었다면 오존층이 생길 수 없으므로 원시지구에 생명체가 존재할 수 없게 된다!

초기 생명체는 어떤 방법으로 보호되었을까?

이런 난점을 해결하기 위해 어떤 사람들은 오존층이 없었을 때는 생명체들을 보호하는 다른 방법이 있었을 것이라고 주장한다: "이 시점까지의 화학진화와 초기 생명체는 다른 방법으로 보호되었거나 오늘날의 생명체들이 견딜 수 있는 것보다 훨씬 더 치명적인 자외선 조사를 어떻게든 견딜 수 있었을 것이다."[31] 그러나 이러한 주장은 어디까지 기대 사항이고 추측일 뿐 사실에 근거한 것은 아니다.

또 어떤 사람들은 광합성 하는 식물이 탄생하기 전에는 다른 방법으로 산소를 발생시키는 방법이 있었을 것이라고 추측하기도 한다:

> 다른 과학자들은 … 다른 소스로부터 적은 양의 산소가 대기 중에 존재했다면 산소를 생산하는 생명체들이 도래하기 전에 오존층(ozone screen)이 형성되었을 것이라고 생각한다. 대기 중의 수증기(H_2O)가 그런 소스가 되었을 수도 있다. 자외선이 이런 분자들로부터 충분한 산소를 분해시켜 오존층을 형성시켰을 것이다.[32]

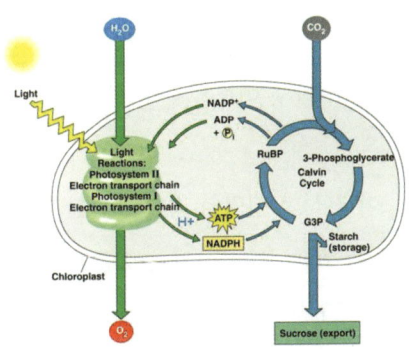

그림 3-12 광합성은 에너지가 태양광으로부터 포도당(glucose, $C_6H_{12}O_6$)으로 이동하는 것이다. 광합성은 두 단계로 일어나는데, 첫 단계는 태양광 에너지가 물 분자를 산소와 수소로 분해하는 단계이다. 이 때 분해된 산소는 대기 중으로 방출되고, 수소는 제2단계에서 사용되는 고에너지 화합물을 만드는데 사용된다. 이 제2단계에서는 태양광이 필요하지 않다. 바로 이 화합물이 갖고 있는 에너지가 이산화탄소를 에너지가 풍부하면서도 기초 음식물 분자인 포도당으로 변환시키는데 사용된다.

그러나 자외선에 의해 수증기가 분해되어 산소를 발생시켰을 것이라는 주장 역시 별 근거가 없다. 결국 생명체가 존재하기 위해서는 오존층이 있어야 하고, 또한 오존층이 존재하기 위해서는 먼저 생명체(특히 광합성 하는 식물)가 있어야 한다는 모순에 이르게 된다. 그러므로 화학진화 모델은 이러나저러나 생명을 발생시키는 메커니즘이 될 수 없다.

환원성 대기 가설은 '도그마'에 불과

그렇다면 왜 진화론자들은 환원성 대기에 그처럼 목을 매고 있는가? 화학진화학자인 폭스(Sidney W. Fox)와 도스(Klaus Dose)는 지구의 원시 대기에 산소가 포함되어 있지 않다고 믿는 주요한 이유로서 "실험 결과로 미루어볼 때 현재와 같은 화학진화 모델은 산소가 있어서는 불가능하기 때문"이라고 지적하였다.[33] 워커(James C.G. Walker) 역시 원시 대기의 조성에 관한 "가장 강력한 증거는 생명의 기원을 위한 조건에 의해 제시된다. 환원성 대기는 필수조건이다"라고 했다.[34] 결국 '환원성 대기'라는 가정은 생명의 자연발생 이론을 만들기 위해서 만들어진 것이라는 말이 된다.

1982년, 밀러 등이 참석한 생명의 기원에 관한 학회에서는 원시 대기에 유리산소(遊離酸素, free oxygen)가 없었을 것이라는데 학자들이 의견을 같이하였다. 그리고 "이는 생명의 발생에 필요한 유기화합물의 합성을 위해서는 환원성 대기가 필수적이기 때문"임을 지적하였다.[35] 이 주장은 생명의 화학적 자연발생을 위해서는 산소가 없어야 하기 때문에 제기된 것이지, 과학적 근거에 기초한 주장이 아니었다.

하지만 초기 지구의 암석을 연구하는 학자들은 이와는 다른 주장을 한다. 같은 해 영국의 지질학자 클렘미(Harry Clemmey)와 배드햄(Nick Badham)은 "진화론자들이 요구하는 것과 같은 산소가 없는 대기가 지구에 존재한 적이 있었다는 과학적인 증거는 없다. 지구상에서 가장 오래된 암석조차 산소가 있는 대기에서 형성되었다는 증거를 내포한다"고 했다. 그들은 "가장 오래된 37억 년 전의 암석시대에서부터 이미 지구는 산화성 대기를 가지고 있었다"고 지적했다. 그들은 지구의 원시 대기에 산소가 없었다고 주장하는 것은 단순한 '도그마'에 불과하다고 지적했다.[36]

또한 지구 인근에 있는 금성과 화성의 대기를 지구의 대기와 비교해 본 영국의 몇몇 학자들은 초기 이들 행성의 환원성 대기가 어떻게 산화성 대기로 바뀌었는지를 설명할 수 없음을 인정했다. 그러면서 그들은 이제는 원시지구가 환원성 대기를 가졌을 것이라는 가설을 포기해야 할 때가 되었다고 주장하였다:

> 이제는 이 세 개의 행성의 초기 대기가 산화성 대기였다는 생각을 새로운 정통(new orthodoxy)으로 받아들일 때가 되었다. 아직도 메탄/암모니아에 대한 전기 방전과 태양으로부터 오는 자외선으로 인해 지구상의 생명체가 시작되었다고 기술하고 있는 생물학 서적들은 다시 써야 할 필요가 있다.[37]

결국 원시지구의 대기가 환원성이었을 것이라는 가정은 생명이 무기물로부터 자연발생 되었을 것이라는 가설을 주장하기 위해 거꾸로 만들어진 것일 뿐, 실제 상황과는 무관하다. 현대의 지질학과 천문학의 여러 발견들은 원시지구의 환원성 대기 가설과 상반된 증거를 보여준다.

이 외에도…

위에서 제기한 문제 외에도 밀러-유레이 실험을 원시대기에서 일어난 생명체 합성 실험으로 볼 수 없는 여러 가지 증거들이 있다.

그 중 하나는 밀러-유레이 실험의 문제는 생명체에 필수적인 소위 '거대분자들'(macromolecules)은 번개와 같은 전기방전이나 자외선 조사 등에 노출되면 쉽게 분해된다는 점이다. 이러한 형태의 에너지들은 분자들의 화학적 결합을 파괴하여 더 작은, 반응성이 강한(reactive) 분자를 만든다. 예를 들어, DNA와 같은 거대 분자들을 번개나 자외선으로 조사하면 쉽게 분해되어 아미노산과 같은 분자로 쪼개진다. 합성이 아니라 분해되는 것이다! 도대체 생명체에 치명적인 자외선이 작열하고, 기존의 생명체조차 분해해 버리는 번개가 내리치는 원시 바다에서 누가, 혹은 무엇이 생명체를 탄생하게 했을까? 생명체가 만들어지기 위해서는 에너지가 필요하지만, 지나친 에너지는 도리어 생명체를 파괴한다는 점을 생각해야 한다.

또한 밀러-유레이 실험에서 생성된 유기물질들은 생명체가 만들어지기까지의 기나긴 화학적 여정 중에서 첫 출발에 불과하다는 점도 생각해야 한다. 이렇게 생성된 분자들은 주의 깊게 선택되고 결합되어 아주 복잡하고 정교한 세포막이나 단백질, DNA나 RNA 등 거대분자들이 되어야 한다. 하지만 화학진화론자들이 가정하는 생명체 탄생 이전 원시 지구의 바닷물은 극히 묽은 용액이며, 수천 가지 서로 다른 유기분자들이 임의적으로 섞여있는 상태이다. 그리고 이들 분자들의 대부분은 생명체와는 무관한 것들이다. 그렇다면 누가, 혹은 무엇이 생명체를 만드는데 필요한 분자들만 선택해서 질서 있는 생명체가 되게 했을까? 생명의 자연발생설은 곳곳에 도사리고 있는 장벽을 단 한 가지라도 넘어가기가 어렵다!

6. 원시 대기는 화산 기체?

원시지구의 환원성 대기 가설에 대한 비판과 더불어 원시 대기는 화산 기체로 이루어졌을 것이라는 주장도 제기되었다. 화산 기체는 주로 수증기, 이산화탄소, 질소, 미량의 수소 등으로 이루어져 있다. 이 가운데 수소(H_2)는 가벼워서 쉽게 대기권 밖으로 탈출할 것이므로 이산화탄소를 환원시켜 메탄가스로,[38] 질소를 환원시켜 암모니아로[39] 만드는데 별 기여를 하지 못했을 것으로 생각된다.[40]

설사 원시 대기에 암모니아가 존재했다고 해도 암모니아는 태양으로부터 자외선을 흡수하여 재빨리 파괴되기 때문에 절대로 대량으로는 존재할 수 없다. 수십억 년 전의 젊은 태양으로부터는 지금보다 훨씬 더 강한 자외선이 방출되었을 것이라는 진화론자들의 주장을 고려한다면, 화학진화에 필요한 암모니아가 대기 중에 존재할 여지는 더더욱 없어진다. 근래의 연구에 의하면, "젊은 태양으로부터 지구에 쏟아진 자외선은 오늘날보다 10만 배 이상 더 강했을 것이다"라고 한다.[41] 만일 이렇게 강한 자외선이 존재했다면, 그리고 자외선을 차폐하는 오존층도 없었다면(산소가 없었다는 가정 하에), 대기 중의 암모니아는 순식간에 파괴되었을 것이다.

또한 원시 대기 속에 메탄가스가 많이 포함되어 있었다면, 초기 암석에 유기분자들이 많이 포함되어 있었을 것이다. 그러나 원시지층 어디에도 메탄가스가 많이 존재했다는 증거는 없다. 아벨슨(Philip H. Abelson)은 "원시지구의 대기가 메탄-암모니아 가스로 이루어졌다는 증거가 무엇인가? 이에 대한 증거는 전혀 없으며, 도리어 그에 반대되는 증거들이 많다"고 말한다.[42] 그러므로 이제는 "환원성 원시 대기에 대한 개념은 폐기 처분하고" 밀러-유레이 실험은 "지질학적으로 부적절한 것"임을 선언해야 한다.[43] 심지어 원시 대기에 산소가 없었다고 주장하는 폭스와 도스조차도 "환원성 대기 가설은 지질학적으로 비현실적으로 보이는데 이는 … 대부분의 유리수소(遊離水素, free hydrogen)가 대기권 밖으로 사라져버리고 남아있는 메탄과 암모니아는 산화되었을 것이기 때문"이라고 시인했다.[44] 특히 지구화학자들은 1977년 이래 거의 만장일치로 "원시 대기가 밀러-유레이 모의실험과 전혀 같은 점이 없다"고 지적하였다.[45]

현재의 산화성 대기	화산 기체로 이루어진 중성 대기	오파린-할데인이 가정한 환원성 대기	
질소	수증기 (산소+수소)	메탄 (탄소+수소)	아래로 내려갈수록 대기 중 함량이 적음
산소	이산화탄소 (탄소+산소)	암모니아 (질소+수소)	
이산화탄소 (탄소+산소)	질소	수소	
수증기 (수소+산소)	수소(외계로 사라지고 미량만 남음)	수증기 (산소+수소)	

표 3-1 현재의 산화성 대기와 화산 활동으로 이루어졌으리라고 생각되는 중성 대기, 그리고 오파린-할데인 가설에서 가정하는 환원성 대기.[46]

하지만 대기가 화산에서 나온 중성 기체로 이루어졌다고 해도 문제는 해결되지 않는다. 폭스와 도스는 그런 기체를 가지고는 아무리 전기 방전을 해도 아미노산이 합성되지 않음을 지적했다.[47] 이것은 다른 학자들에 의해서도 지적되었다.[48] 1983년에 밀러와 그의 동료들은 메탄가스 대신 일산화탄소와 이산화탄소만 가지고 전기 방전을 시키더라도 유리수소만 있다면 가장 간단한 아미노산인 글리신이 형성될 수 있다고 보고했다. 그러나 메탄가스를 섞지 않는 한 그들이 만들 수 있는 것은 그야말로 글리신뿐이었다.[49]

이 모든 것을 고려할 때 우리가 내릴 수 있는 가장 합리적인 결론은 오파린-할데인의 원시지구 가설은 틀렸으며, 따라서 이에 근거하여 이루어진 밀러-유레이 실험은 원시지구에서 일어난 일과는 무관하다는 것이다. 샤피로(Robert Shapiro)가 말한 것처럼, 이것은 "과학이라기보다는 신화"이다.[50] 사람들은 과학의 이름으로 포장된 신화를 학교에서 가르치기 위해 그처럼 귀중한 과학 시간을 소비하고 있는 것이다!

7. 밀러-유레이 실험의 비현실성

그러면 원시지구의 대기가 환원성이었다고 한다면, 정말 생명체가 자연발생 할 수 있을까? 사실 원시 대기가 환원성 대기였다고 해도 화학진화의 문제가 해결되는 것은 아니다. 밀러-유레이 실험에서는 단백질의 합성에 필요한 아미노산이 합성되기는 했지만, 그렇다고 모든 아미노산이 다 생명체와 관련된 것은 아니기 때문이다.

현재까지 알려진 아미노산의 종류는 약 2,000종 정도 되지만, 이 중 생명체 내에서 사용되는 아미노산은 20종에 불과하다. 이는 생명체가 아미노산을 사용하는 데 있어서 매우 선택적임을 보여준다. 생명체가 합성하는 아미노산은 100% L-형 아미노산인데 비해, 실험실에서 인공적으로 합성한 아미노산은 광학적 활성(optical activity)이 다른 L-형 아미노산과 D-형 아미노산이 50% 정도씩 섞여있는 소위 라세미 혼합물

(racemic mixture) 혹은 라세미체(racemate)이다.[51]

라세미체란 빛을 비추었을 때 "우회전성(右回轉性)을 갖는 광학 이성질체(光學異性質體, optical isomer)와 좌회전성(左回轉性)을 가지는 광학 이성질체가 같은 양으로 이루어진 광학 비활성의 물질"을 말한다. 일반적으로 각각의 화합물은 광학적 활성을 갖지만, 이들을 섞어놓으면 한 쪽이 우회전성이면 다른 쪽은 좌회전성이어서 광학적 활성을 소멸시킬 수 있기 때문에 라세미체는 광학적으로 비활성이다. 이는 광학적 방법으로는 두 아미노산을 분리할 수가 없다는 말이다.

그렇다면 도대체 누가 아미노산을 분리하였을까?

밀러-유레이의 실험에서는 라세미체, 즉 L-형 아미노산도 생겼지만 생명합성에 불필요하고 오히려 방해가 되는 D-형 아미노산도 함께 생성되었다. 이 두 아미노산은 질량도, 분자식도 같고 다만 광학적 활성만 다르기 때문에 분리하는 것이 매우 어렵다. "실험실에서 합성된 아미노산은 좌회전성과 우회전성을 갖는 아미노산의 혼합물이며, 이들은 열역학적으로는 거의 구별할 수 없다"는 것은 이미 잘 알려진 사실이다.[52]

만일 생명체가 자연에서 저절로 생성되었다고 주장하려면, 먼저 라세미 혼합물에서 어떻게 자연적으로 L-형 아미노산만이 분리될 수 있는지, 그리고 다음에는 분리된 L-형 아미노산이 어떻게 펩티드 결합(peptide bond)을 만들며 적절하게 연결될 수 있는지에 대한 메커니즘을 제시할 수 있어야 한다.[53] 그런데 자연계에서 누가 그 일을 할 수 있는가? 그런 일이 자연계에서 저절로 일어나기에는 확률적 가능성이 너무 낮다. 오랜 지구의 역사를 가정한다고 해도 그런 일은 일어날 수가 없다. 그래서 스탠포드대학의 유기화학자 보너(William Bonner)는 1995년, UCLA에서 열린 생명의 기원에 관한 학회에서 라세미 혼합물로부터 최초의 생명체를 만든 한 종류의 아미노산을 지상에서 분리는 것은 불가능하다고 못 박았다.[54]

물론 현대과학은 라세미 혼합물에서 L-형과 D-형 아미노산을 정밀한 실험 장치를 통해 분리할 수 있다. 그러나 현재까지 L-형과 D-형 아미노산이 자연적으로 분리되는 메커니즘은 알려져 있지 않다. 어떤 사람들은 과거 원시지구상에는 L-형 아미노산만을 생성하는 조건이 있었을 것이라고 주장하지만, 구체적으로 그것이 어떤 조건인지는 말하지 못한다. 또 어떤 사람들은 물이나 달, 혹은 결정표면에서 반사된 빛에 의해 L-형 아미노산만 선택적으로 형성되었을 것이라고 상상하지만, 역시 구체적인 과정을 제시하지는 못한다. 이것은 아미노산의 분리가 얼마나 어려운지를 모르고 하는 말이다.[55]

최초의 화학진화 가설을 제창한 오파린은 L-형 아미노산이 결정화되어 용액으로부터 분리된 후 바람에 의해 다른 곳으로 이동하여 다시 용해되어 L-형 아미노산만을 포함하는 용액을 만들었다고 가정한다. 그러나 이 주장도 아무런 근거가 없다.[56] 바람은 제 멋대로 불지 화학진화론자들의 기대대로 불지 않는다. 이런 것들은 모두 그런 일이 일어났기를

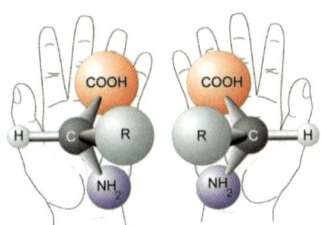

그림 3-13 L-형과 D-형 아미노산.

바라는 개인적인 기대일 뿐이다. 화학진화론자들은 아무도 밀러-유레이의 실험으로 생긴 혼합 유기물질을 다음 단계의 고분자 합성 원료로 사용하지 않는다. 하지만 진화론자들은 여전히 그런 종류의 과정에 의해 최초의 생명체가 발생했다고 믿고 있다.

라세미 혼합물을 분리하기 위한 최근 연구

라세미 혼합물의 분리가 얼마나 어려운지는 근래 한 재미 한인과학자가 라세미 혼합물(이성질체) 분리 기술을 개발한 것을 두고 해당 학계가 떠들썩한 것을 봐도 잘 알 수 있다. 미국 플로리다 대학(University of Florida) 화학과 찰스 마틴(Charles R. Martin) 교수 연구실의 이상복 박사는 자체 개발한 새로운 나노-바이오 기술을 합성박막에 적용하여 고순도의 약 제조에 사용될 수 있는 획기적 이성질체(異性質體, isomer) 분리기술을 개발했다.[57] 이 연구결과는 「사이언스」(Science)에 실렸으며, 「사이언티픽 아메리칸」(Scientific American)과 「케미컬 엔지니어링 뉴스」(Chemical Engineering News) 등의 유수 학술지들도 기사를 통해 이것을 "획기적 연구성과"라고 칭찬했다.[58]

광학 이성질체는 사람의 오른손이 거울에 비치면 왼손처럼 보이듯이, 한 화합물질 안에서 물리적, 화학적 특성은 같지만 약으로 함께 사용될 경우 '악성' 과 '양성' 으로 상반되게 반응하여 약의 효능을 크게 떨어뜨릴 수 있는 물질이다. 그래서 제약업계에서는 화합물질을 이용한 약을 만들 때, 인체에 유해한 이성질체를 분리해 냄으로써 순도가 높은 약을 개발할 수 있을 것으로 보고 있다. 특히 2001년에는 이처럼 몸에 좋은 이성질체만 골라 항생제 등 각종 인체 치료물질을 인공합성 하는 길을

튼 미국과 일본의 유기화학자 3명이 노벨 화학상을 받기도 했다.

이상복 박사가 미첼(David T. Mitchell) 등과 함께 개발한 이 기술은 그 동안 색층분석법(色層分析法, chromatography)과 함께 이성질체 분리에 사용돼 온 분리막 이용기술에 나노-바이오 기술을 적용, 화합물질의 2가지 이성질체 형태를 구별할 수 있는 "실리카 나노 튜브 박막(薄膜)"에 기초한 것이 가장 큰 특징이다. 연구진은 우선 핀란드 연구진과 함께 특정 이성질체만 인식하는 항체(抗體, antigen)를 개발했으며, 이를 나노 튜브 안쪽에 붙인 뒤 폭이 35nm(3.5×10^{-8}m)에 불과한 박막 구멍에 집어넣었다. 이 결과 혼합물 속의 특정한 약(藥) 분자는 자신을 인식하는 나노 튜브 내부의 항체와 결합과 이탈을 반복하며, 마치 "사람이 줄을 서서 물통을 나르는 것처럼" 나노 튜브를 따라 이동했으며, 이동 속도는 자신의 반대 거울상 물질에 비해 5배나 빨랐다.

그러나 이 기술에 대하여 라세미 혼합물의 완벽한 분리에 어려움이 있었던 기존 방법을 대체할 수 있는 획기적 결과로 평가하면서도 학자들은 이 기술의 상업적 가능성을 평가하기 위해서는 적어도 5년 이상의 연구가 더 필요한 것으로 예상했다. 이상복 박사도 "이번 연구의 핵심은 이성질체를 인식하는 항체를 분리막에 고정시켜 이성질체를 분리하는 데 쓴 것"이라며 "이 기술을 생화학 물질의 분리에도 적용하기 위한 노력을 계속하고 있다"고 말했다.

이처럼 전 세계적으로 수많은 최고급 인력들이 엄청난 예산을 들여 개발하려고 해도 힘든 L-형과 D-형 광학 이성질체 분리가 어떻게 자연에서 저절로 일어날 수 있다는 말인가? 사실 위 연구에서 나노 튜브를 만드는 것은 물론, 이성질체를 선별적으로 인식하는 항체 개발이나 이를 나노 튜브 속에 붙이는 과정 하나하나가 모두 첨단 기술에 속하는 고난도 기술이다. 그러나 이렇게 해서 이성질체를 분리하더라도 자연에서 생명의 자연발생 가능성은 까마득하다. 도대체 누가 자연에서 그 일을 했다는 말인가?

누가 자연계에 이런 정교한 '장치'를?

마지막으로 환원성 대기 가설에 대한 비판을 해결하고, 자연계에서 저절로 L-형 아미노산과 D-형 아미노산의 분리가 이루어졌다고 해도 피할 수 없는 비판은 바로 밀러-유레이 실험 장치 그 자체이다. 어떻게 그와 같은 장치가 자연계에 존재할 수 있는가 하는 문제이다.

캘리포니아 대학 산디에고 분교(University of California, San Diego)에 근무하던 시절 밀러는 자신의 실험에 대해서 "일단 그 장치만 갖게 되면 그것[실험]은 매우 쉽다"고 말했다.[59] 그러나 밀러-유레이의 실험 장치는 원리는 간단하지만 매우 정교한 장치로서 이 실험을 했던 밀러는 세계 최고의 대학인 시카고 대학에서 박사학위를 받은 수재였다. 이 실험은 기껏해야 환원성 기체들을 전기 방전 시켜 유기물을 만드는 간단한 실험이지만, 이 정도라도 실험실에서 이루어지기 위해서는 탁월한 과학자의 아이디어와 정교한 실험 장치의 설계, 실험 계획이 있어야 한다. 누가 자연계에서 이러한 과정이 일어나도록 할 수 있는가?

밀러-유레이의 실험에서는 합성된 후 방사선이나 방전 에너지에 의하여 합성된 유기물질이 다시 분해되지 않도록 즉시 냉각시킬 수 있는 냉각장치가 사용되었다. 만일 재빨리 냉각되지 않으면 합성되었던 유기물은 방전 에너지에 의하여 다시 분해, 파괴되어 버리기 때문이다. 그러나 자연계에서 이와 같은 급속한 냉각장치가 어떻게 존재할 수 있는지 설명할 방법이 없다. 화학진화론자들은 번개와 같은 방전으로 대기 중에 생성된 유기물질은 빗물에 씻겨 바다 속에 갇힌다고 하지만, 이 속도는 실험실의 인위적인 순환속도처럼 빠를 수가 없다.

또한 밀러-유레이의 실험은 실험실에서의 장비이기 때문에 근본적으로 원시 대기에서의 사건을 정확하게 반영하지 못한다. 실험하는 동안 밀러-유레이 장치에는 수소가 축적되어 혼합물의 76%까지 이른다.[60] 그러나 자연계에서는 수소가 이렇게 많이 축적되면 대기권 바깥으로 수소가 방출되어 방전에 사용되지 못한다. 원시지구의 질량이 지금보다 훨씬 더 무거웠을 것이라는 있을 법하지 않은 가정을 하지 않는 한 밀러-유레이의 실험에서 수소가 축적되는 것을 원시지구에서의 상황과 동일시 할 방법이 없다.

결론적으로 밀러-유레이 실험은 원시 대기와는 무관한 물질로, 원시지구의 조건과 무관한 조건 하에서 실시되어 생명체 발생과는 무관한 결과를 산출한 실험이었다. 밀러가 언급한 것과 같이, 그의 실험은 "일단 실험장치만 만들면 이것은 대단히 간단한 실험이다."[61] 하지만 그의 실험은 최초의 생명체 발생과는 무관한 하나의 화학 실험이었을 뿐이다.

독일의 백터스호이저(Günter Wächtershäuser)는 밀러-유레이 실험에서 원시수프 모델 자체를 부정한다. 그는 처음 탄생한 생명의 특성에 대해 말하면서 네 가지 가정을 제시하는데, 그 첫 번째가 바로 원시수프의 부정이었다.[62]

> 임의적인 전생체 합성(prebiotic synthesis)은 생명의 기원에서 중요한 역할을 하지 않았을 것이다. 왜냐하면 원시수프는 너무 묽고, 생명체 탄생에서 중요치 않은 분자들이 압도적으로 많이 포함되어 있기 때문이다.

케오시안(John Keosian) 역시 "단지 한 가지 총괄적인 논지, 즉 생명이 탄생하기 전에 먼저 무생명체가 합성되었다는 점에 대해서는 일반적으로 의견이 일치하지만 … 원시 대기의 조성이나 유기화합물이 합성된 메커니즘 등에 관해서는 전체적인 의견의 일치가 없다"고 했다. 결국 원시 대기의 조성도, 생명체 합성 메커니즘도 모르면서 생명이 원시지구에서 저절로 만들어졌다고 주장하는 것은 비과학적인 신념에서 나온 것이라고밖에 할 수 없다![63]

8. 오래 전에, 어디서나 이루어진 실험

흥미로운 것은 밀러-유레이 실험과 동일한 실험이 이미 근 반 세기 전에 독일 화학자 뢉(Walter Löb)에 의해 이루어졌다는 점이다. 뢉은 혼합기체 내에서 전기방전을 일으켜 아미노산을 합성하였다. 그런데 밀러의 실험과 똑같은 실험을 했는데, 왜 뢉의 논문은 역사적인 논문으로 사람들의 주목을 받지 못했을까? 이에 대해 헤이즌(Robert M. Hazen)은 세 가지 이유를 제시하고 있다.[64]

가장 중요한 이유로는 뢉의 연구가 원시지구의 환경을 모의하여 생명의 기원을 연구하기 위한 것이 아니라는 점이다. 뢉의 실험은 단순히 화학적 합성을 위한 것이었을 뿐 다른 특별한 점이 없었다. 두 번째 이유는 뢉이 일찍 죽었기 때문에 밀러와 같이 자신의 업적을 선전할 시간적인 여유가 없었다는 점이다. 세 번째는 뢉이 독일인이었고, 그의 논문도 독일어로 발표되었다는 점이다. 2차 대전 후 1950년대에는 미국에 여전히 반독일 정서가 강했기 때문에 대부분의 사람들이 뢉의 연구를 무시했다.[65]

내가 보기에는 밀러의 실험도 룁의 실험과 동일한 의미가 있다고 생각된다. 지난 60여 년 동안 수천 번의 비슷한 실험들이 수많은 사람들에 의해 수행되었다. 약간씩 실험 조건들을 변화시키면서 많은 실험들이 이루어지기도 했다. 때로는 전기방전 대신 자외선을 조사하기도 하고, 때로는 다른 종류의 혼합기체나 분말 광물질들을 사용하기도 했다. 심지어 지금은 비슷한 실험을 중고등학교 과학실에서도 얼마든지 할 수 있다.

흥미로운 점은 이러한 다양한 실험들이 거의 항상 생명의 근본이 되는 유기물질들을 합성했다는 점이다. 다양한 아미노산이 만들어지는가 하면, 세포막을 형성하는 탄화수소(hydrocarbon), 에너지가 풍부한 당, 다양한 탄수화물(carbohydrate), 불휘발산(nonvolatile acid) 등이 만들어지기도 하였다. 때로는 DNA(deoxyribonucleic acid), RNA(ribonucleic acid)를 구성하는 물질들도 형성되었다. 사실 오탄당(五炭糖, pentose)인 리보스(ribose)와 DNA와 RNA에 필수적인 아데닌(adenine)과 구아닌(guanine)을 제외한 대부분의 중요한 물질들이 방전을 통해 생성되었다.[66]

왜 밀러-유레이 실험을 통해 이렇게 다양한 유기물 분자들이 잘 만들어지는가? 이것은 화학적으로 쉽게 설명이 된다. 전기방전이나 자외선 조사를 하면 혼합기체 분자들은 시안화 수소(hydrogen cyanide, HCN)와 포름알데히드(formaldehyde, CH_2O) 등을 비롯하여 매우 쉽게 반응을 일으키는 물질들이 만들어지는데 이들이 다른 분자들과 쉽게 결합하여 다양한 유기물질들을 만드는 것이다.[67]

다양한 혼합기체와 같은 무기물질을 전기방전 시켜서 유기물질을 합성하는 것은 화학실험실에서 흔히 볼 수 있는 현상이다. 밀러-유레이의 실험에 사람들이 주목한 것은 이 실험이 원시지구를 모의한다는, 별로 근거가 없는 가정 때문이었다고 볼 수 있다.

9. 폭스 실험과 문제점들

밀러 실험 다음 단계의 화학진화 실험은 수년 후인 1959년, 폭스(S.W. Fox)에 의해 이루어졌다.[68] 그는 원시지구 상에서 단백질과 같은 복잡한 유기분자가 생성되는 한 모델을 제시하였다. 폭스는 원시지구 위에서 가장 얻기 쉬운 에너지원은 화산이 폭발할 때 용암에서 나오는 열이라고 가정하고 다음과 같은 실험을 하였다.

폭스 실험

폭스는 여러 가지 다른 L-형 아미노산들을 혼합하여 150-180℃에서 4-6시간 동안 가열함으로써 단백질 같은 고분자 화합물인 프로티노이드(proteinoid)를 만들었다. 그리고 프로티노이드를 따뜻한 물에 녹였다가 용액을 냉각시킴으로 미소구체(微小球體, microsphere)라는 2㎛ 정도의 작은 입자를 만들었다.[69] 폭스는 이 미소구체가 최초의 생명체를 만드는 전생체(前生體, prebiological system)가 되었을 것이라고 하였다. 그는

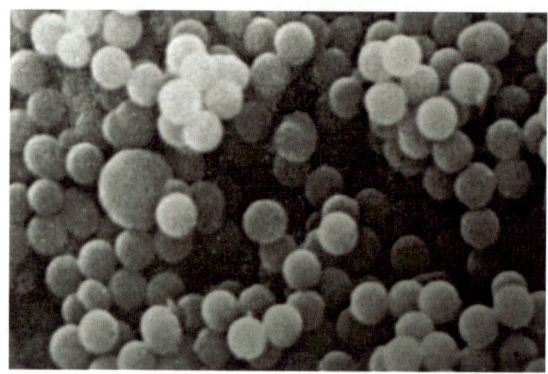

그림 3-14 프로티노이드의 주사전자현미경 사진

이 실험이 단백질 뿐 아니라 세포와 비슷한 것이 자연적으로 합성될 수 있음을 보여주는 모델이라고 제안하였다. 즉, 그는 습한 대기 중에서 생성된 아미노산들이 화산 둘레의 뜨겁고 건조한 곳에 정착하여 고분자화 되고, 이들이 비에 의해 씻겨 내려가 연못 같은 곳에 모여 미소구체로 변한 후, 궁극적으로 생명세포로 되었을 것이라고 가정하였다.[70]

폭스 실험의 문제점들

그러면 이런 폭스 실험의 문제점은 무엇인가? 첫째는 반응이 일어나는 동안 물의 존재이다. 즉, 처음 아미노산이 생성되는 것은 중합반응(重合反應, polymerization)이므로 물이 있어야 되고, 그 다음 프로티노이드가 합성될 때는 축합반응(縮合反應, condensation)이므로 물이 없어야 하며, 그 다음 미소구체가 합성될 때는 중합반응이므로 다시 물이 있어야 한다.[71] 이런 연속적인 반응조건은 실험실에서 인위적인 조작에 의해서는 가능하나, 원시지구에서 일어날 가능성은 거의 없다. 그래서 밀러와 유레이, 그리고 발렌타인(J. Vallentyne)도 폭스의 모델은 원시지구에서 일어나는 조건과는 무관하다고 말한다.[72]

둘째는 프로티노이드의 종류다. 설사 프로티노이드가 자연적으로 합성된다고 해도 그 농도는 매우 낮을 뿐만 아니라, 생명체 내에서 합성되는 L-형 아미노산만으로 된 프로티노이드는 저절로 합성되지 않는다.[73]

셋째는 온도와 시간의 문제이다. 폭스의 실험 조건 중에서 온도가 아주 높아지거나, 반응 시간이 길게 되면 아미노산은 중합반응보다 분해되는 역반응이 일어나게 된다. 만일 화산이 이러한 반응을 일으키는 열원이라고 가정할 때 누가 정해진 온도를 정해진 시간만큼 유지하도록 할 것인가 라는 문제가 생긴다. 분해반응이 일어나는 온도 범위는 중합반응이 일어나는 온도 범위보다 훨씬 더 넓다는 사실을 염두에 둘 경우 더더욱 그러하다.[74]

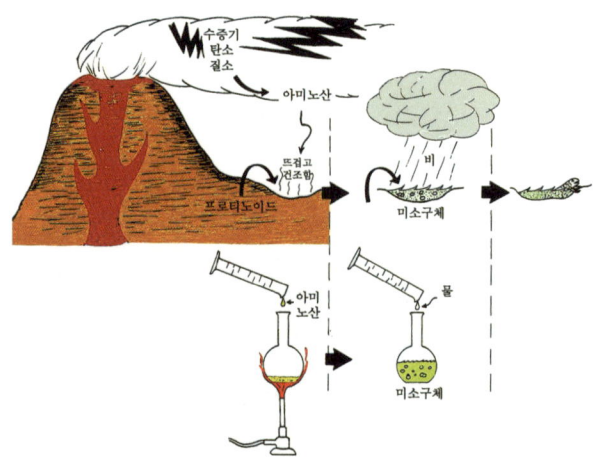

그림 3-15 폭스의 실험과 유사 자연모델. 폭스의 실험 역시 원시지구에서 실제로 일어난 과정이라기보다 가상적 과정에 대한 실험실에서의 재현일 뿐이다.

미소구체와 프로티노이드

폭스 실험의 근원적 문제는 앞의 밀러-유레이의 실험에서 제기된 것과 같다. 설사 폭스가 제시한 과정이 자연계에서 일어나서 미소구체가 만들어졌다고 해도 도대체 그것이 생명의 발생과 무슨 관련이 있단 말인가! 아마 폭스가 만들었던 것과 같은 미소구체는 다른 방법으로도 얼마든지 만들 수 있을 것이다. 그러나 그 단순한 미소구체는 생명체와는 아무런 관계가 없다. 가장 간단한 생명체라고 할지라도 인간이 만든 어떤 화학공장 보다도 더 정교한 구조를 갖고 있음을 생각한다면, 사람이 만든 인위적인 실험실의 환경에서 주변과 밀도가 약간 다른 미소구체가 형성되었다는 것을 생명체 형성에 결부시키는 것은 터무니없는 일이다.[75]

더군다나 폭스가 합성한 프로티노이드의 성분을 살펴봐도 생명체와는 거리가 멀다. 폭스가 솔직히 밝힌 것처럼, 자신이 합성한 "프로티노이드는 오늘날의 단백질과는 같지 않다."[76] 프로티노이드에는 생체 단백질에 비해 아스파르트산(aspartic acid)이나 글루탐산(glutamic acid)과 같은 아미노산들이 훨씬 많은 반면, 생체 단백질에 풍부한 시스틴(cystine), 세린(serine), 트레오닌(threonine) 등은 프로티노이드에서 겨우 흔적만 찾아볼 수 있을 뿐이다.[77] 그러므로 오파린이 말한 코아세르베이트와 마찬가지로 폭스가 말한 미소구체 역시 생명의 기원과는 아무런 관계가 없는 단순한 유기화학 합성물에 불과하다. 결국 오클랜드(Roger Oakland)가 말한 것처럼, "분자들이 세포가 될 수 있다는 생각은 공상과학 소설 이상의 아무 것도 아니다."[78]

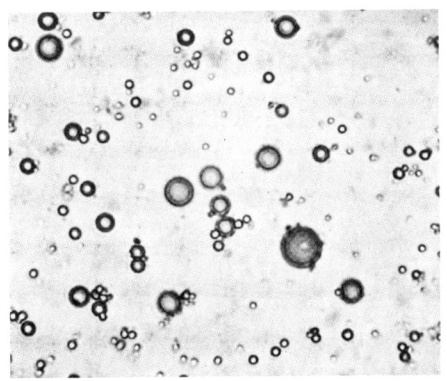

그림 3-16 미소구체를 450배로 확대한 현미경 사진.

지금까지의 논의는 독일 요하네스 구텐베르크 대학(Johannes Gutenberg University)의 생화학연구소(Institute for Biochemistry) 소

장이자 진화론자인 도스(Klaus Dose)의 말로 요약할 수 있다:

> 화학진화 및 분자진화 분야에서 생명의 기원에 관해 지난 30년 이상 실험한 결과는 지구상에서 생명의 기원에 관한 해답보다는 도리어 문제만 더 엄청나다는 것을 잘 인식시켜 주었을 뿐이다. 현재로서는 그 분야에서의 주요 이론과 실험들에 관한 모든 논의가 막다른 골목에 있다고 말하거나 무지를 고백하는 것으로 결론낼 수밖에 없다.[79]

10. 단백질의 기원

이처럼 생명의 기원에 대한 논의가 막다른 골목에 다다르더라도 생명체가 자연발생 했다는 진화론자들의 확신이 막다른 골목에 이른 것은 아니다. 진화론에서는 생명체 발생을 위해 필요한 L-형 아미노산이 자연에서 생성되었다는 것은 증명할 수 없지만, 단백질의 생성은 증명할 수 있지 않을까 생각한다. 즉, 최초의 생명의 발생에 대한 메커니즘은 규명할 수 없더라도, 세포의 기본 재료가 되는 단백질의 자연적 생성 메커니즘은 충분히 규명할 수 있으리라고 보는 것이다.

그러면 왜 생명의 기원을 연구하는 사람들은 단백질을 합성하기 위해 그토록 노력하는가? 이는 단백질의 생성 메커니즘을 밝히지 않고는 생명의 기원을 논할 수 없기 때문이다. 생명체의 기본 단위는 세포이며, 세포의 기본 구성물질은 단백질이기 때문에 단백질 없이는 생명체가 존재할 수 없다. 현존하는 생물체에는 약 1,012종류의 단백질이 있고, 사람의 체내에만도 약 10만 종류나 되는 단백질이 있다. 그리고 길이 2-4㎛,

나비 0.4-0.7㎛의 가장 간단한 단세포 박테리아인 대장균(Escherichia coli)조차도 2,800여 종류의 단백질로 되어 있다.

이제까지 알려진 생물들 중 가장 간단하면서도 번식 가능한 세포는 가축의 호흡기관에 붙어 폐렴을 유발하는 PPLO(Pleuropneumonia-like organism, Mycoplasma)라는 균이다. "폐렴과 같은 병을 유발하는 미생물"이란 의미의 PPLO는 세균 중 크기가 가장 작은데, 어떤 종은 지름이 0.2㎛보다 작다. 이렇게 작은 PPLO지만 이것도 625종류의 단백질을 갖고 있다.[80] 그런데도 과연 단백질이나 DNA 등 생명체를 구성하는 기본 단위 물질들이 자연적으로 형성될 수 있을까?

L-형 아미노산과 D-형 아미노산

세포는 단백질로 이루어져 있으며, 단백질은 아미노산이라고 하는 분자들의 사슬로 이루어져 있다. 아미노산에는 20여 종류가 있으며, 아래 표에서 보여주는 것처럼, 글리신(glycine)만을 제외한 나머지 19개의 주요 아미노산은 L-형과 D-형의 광학 이성질체를 가질 수 있다.[81] 두 개의 광학 이성질체는 동일한 원자들로 구성되어 있으나, 원자들의 배열 모양이 다르며 서로 다른 광학적 활성을 갖는다. 즉, 이들은 오른손과 왼손이 서로 거울상(enantiomorph)의 관계에 있듯이, 서로가 서로에 대한 3차원 입체이성질체(立體異性質體, stereoisomer)로서 서로 중첩되지 않는다.

앞에서 지적한 것과 같이, 거의 모든 생물체에 있는 아미노산은 L-형 아미노산이다.[82] 이에 반해 실험실이나 화학진화 조건에서 합성된 아미노산들은 L-형과 D-형 아미노산들이 절반씩 혼합된 소위 라세미 혼합물을 이루고 있다.[83] 예를 들어, 근육을 이루고 있는 단백질은

| L-Valine | L-Alanine | L-Threonine | L-Alanine | L-Valine | ··· |

의 형태를 가지며 절대로

| D-Valine | L-Alanine | L-Threonine | D-Alanine | L-Valine | ··· |

와 같은 형태는 갖지 않는다.[84]

Glycine		L-Isoleucine	D-Isoleucine
L-Alanine	D-Alanine	L-Lysine	D-Lysine
L-Phenylalanine	D-Phenylalanine	L-Methionine	D-Methionine
L-Arginine	D-Arginine	L-Proline	D-Proline
L-Aspartic Acid	D-Aspartic Acid	L-Hydroxyproline	D-Hydroxyproline
L-Cysteine	D-Cysteine	L-Serine	D-Serine
L-Cystine	D-Cystine	L-Threonine	D-Threonine
L-Glutamic Acid	D-Glutamic Acid	L-Tryptophan	D-Tryptophan
L-Histidine	D-Histidine	L-Tyrosine	D-Tyrosine
L-Leucine	D-Leucine	L-Valine	D-Valine

표 3-2 20종의 아미노산. 글리신만을 제외한 나머지 아미노산들은 L형과 D형의 광학 이성질체를 갖는다.

단백질과 펩티드 결합

한편 단백질은 적게는 51개로부터 많게는 5만여 개의 아미노산이 모여서 만들어지며, 보통 단백질은 500개 정도의 아미노산으로 이루어져 있다. 그러나 아미노산을 임의적으로 섞어놓는다고 저절로 단백질이 되는 것은 아니다. 단백질 내의 아미노산들은 일정한 순서로 배열되어 있는 것은 물론, 또한 일정하게 접혀있어야 비로소 단백질의 기능, 즉 생물학적 활성을 갖게 된다. 과연 이러한 단백질은 어떻게 존재하게 되었으며, 이들이 아미노산의 자연적인 조합에 의해 발생할 확률은 얼마나 되는가? 이러한 단백질은 어디서 왔을까?

진화론에서는 이러한 단백질이 화학진화의 과정을 통해 만들어졌다고 한다. 화학진화론자들은 앞 장에서 언급한 바와 같이, 오파린의 가설에 근거한 밀러-유레이의 실험에서 아미노산이 중합된 것과 같이 자연에서도 이러한 반응이 일어났다고 믿는다. 그리고 이렇게 생성된 아미노산들이 서로 결합하여 생명의 기본 물질인 단백질을 형성하였다고 믿는다. 화학진화에서는 자연적으로 만들어진 아미노산들이 원시지구상의 연못이나 바다에 계속 녹아 들어가서 '수프'의 밀도가 점점 진해졌으며, 결국에는 아미노산들끼리 서로 축합과 중합의 반응을 거듭하면서 결합하여 저절로 단백질이 만들어졌다고 생각한다.

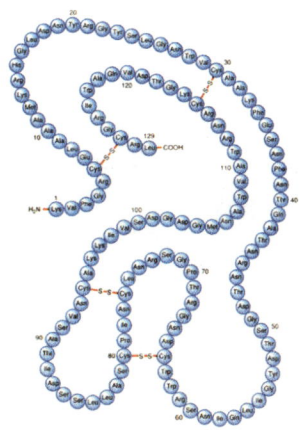

그림 3-17 계란의 라이소자임(lysozyme) 단백질의 아미노산 서열. 20종류의 아미노산이 일정한 순서로 배열되어야만 기능한다.

그러나 이와 같은 가정에는 치명적인 문제점이 있다. 먼저 아무리 많은 전자부품을 기판 위에 두더라도 이들을 회로도에 따라 땜질하여 연결시켜 주지 않으면 전자기기가 될 수 없는 것과 같이, 아무리 많은 아미노산이 있더라도 이들을 적당한 '설계도'에 따라 펩티드 결합이라는 특수한 화학결합으로 연결해 주지 않으면 단백질은 만들어질 수 없다.[85] 여기서 '설계도'란 유전자(실제는 핵산)에 있는 정보를 말하며 단백질 합성은 생체 내의 에너지 통화(通貨)로 비유되는 ATP(adenosine triphosphate, 아데노신 삼인산)라는 물질을 소비함으로 만들어진다. ATP는 "동식물과 미생물에서 일어나는 효소(酵素, enzyme)를 촉매로 하는 많은 반응에서 조효소(助酵素, coenzyme, 효소의 작용을 도와주는 물질)로 작용하는 물질"로서 "에너지를 풍부하게 갖고 있어서 섭취한 식품이 산화되어 생기는 화학 에너지를 에너지가 필요한 세포로 전달하는 운반자 역할"을 한다. 그런데 무생명체(자연)에는 어디에도 이러한 과정이 존재하지 않는다.[86]

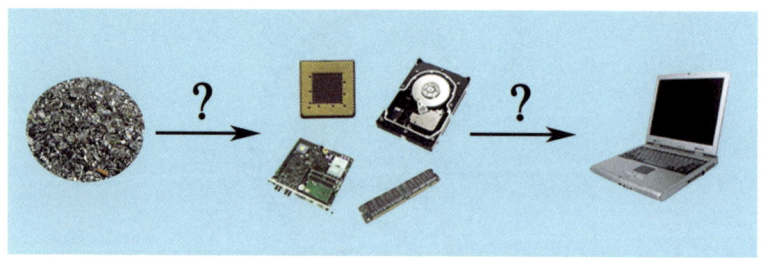

그림 3-18 생명의 부품이라고 할 수 있는 아미노산, 당, 염기로부터 생명이 만들어지는 과정은 트랜지스터나 저항, 콘덴서로부터 텔레비전이 만들어지는 것과 같다.[87]

11. RNA가 최초의 생명 발생 물질?

밀러-유레이 실험이 지구상에서 최초의 단백질이 형성되는 과정을 설명할 수 없게 되자 진화론자들은 단백질이 아닌 다른 물질이 최초의 생명체를 탄생시키지 않았을까 하는 생각을 하게 되었다. 적어도 이들에게 있어서 진화는 단지 과정과 방법을 모를 뿐이지 틀릴 수 없는 명제이기 때문이었다.

흔히 생명을 만든 첫 번째 후보 물질로서 DNA를 상상한다. 그러나 DNA가 스스로를 복제하기 위해서는 단백질 복합체들이 필요하기 때문에 후보가 될 수 없다. 즉, DNA가 존재하려면 단백질이 먼저 존재해야 하므로 DNA는 생명의 기원에서 첫 단계의 물질이 될 수 없다.[88]

그래서 다음으로 생각한 후보가 화학적으로 DNA와 가까우면서도 생체 세포가 단백질을 만드는 과정에 사용하는 RNA였다. 이미 1980년대에 분자생물학자들은 RNA가 효소처럼, 즉 단백질처럼 기능할 수 있음을 발견했다.[89] 또한 이들은 RNA는 단백질이 없이도 스스로를 합성할 수도 있을 것이며, 따라서 원시지구에서 단백질이나 DNA가 존재하기 전이라도 RNA는 존재할 수 있었을 것이라고 유추하였다. 그래서 RNA로 이루어진 세계에서 최초의 생명체가 출현했을 것이라고 생각했다.[90]

그러나 이런 시나리오는 언론의 자유가 보장된 국가에서는 누구나 제안할 수 있는 것이기는 하지만, 아무도 최초의 생명체 이전에 RNA만 존재했던 때가 있었음을 증명하지는 못했다.[91] 이에 대해 어떤 사람들은 RNA는 존재할 수 있다고 해도 "원시지구에서 대량으로 만들어질 수 없기 때문에" 최초의 생명체를 만드는 성분은 될 수 없다고 말한다. 설령 RNA가 만들어질 수 있다고 해도 자외선이나 우주선과 같은 고에너지 입사선이 쏟아지는 원시지구에서는 오래 버틸 수 없기 때문에 최초의 생명 구성 물질로서 자격이 없다고 할 수 있다.[92]

결국 라호야(La Jolla)에 있는 스크립스연구소(Scripps Research

Institute)의 조이스(Gerald F. Joyce)가 말한 것처럼, 'RNA가 생존 가능한 최초의 생체 분자라는 지점까지 이르기 위해서는 허수아비 위에 허수아비를 쌓아올려야 한다."[93]

12. 최초의 생명은 심해 열수구에서?

최초의 생명체가 원시 수프에서 시작했을 것이라는 오파린-할데인 가설은 근래의 많은 학자들에 의해 부정되고 있다. 근래 런던 유니버시티 칼리지(University College London, UCL) 연구팀은 원시 수프 이론은 실현 불가능한 것임이 자신들의 연구로 입증됐으며, 실제로 생명체를 탄생시킨 것은 심해 열수구에서 나온 지구의 화학에너지라고 「바이오 에세이즈」(*BioEssays*) 최신호에서 주장했다.[94]

UCL 연구팀은 "교과서에 따르면 최초의 생명체는 유기물 수프에서 탄생했으며, 최초의 세포는 이런 유기물이 발효되면서 ATP 형태의 에너지를 만들어낸 것으로 되어 있지만, 이는 일어날 수 없는 일"이라고 지적했다. 이들은 실제로 최초의 생명체는 수소(H_2), 이산화탄소(CO_2), 질소(N_2), 황화수소(H_2S)와 같은 기체로부터 태어났으며, 여기에 소요된 에너지는 미세한 구멍들이 서로 연결돼 있는 특수한 종류의 심해 열수구에서 일어난 지구화학적인 물질대사를 활용한 것이라고 주장했다.

연구팀은 심해 열수구(深海 熱水口, hydrothermal vent)에 벌집 모양으로 연결돼 있는 미세한 구멍들에서 일어나는 지구화학 변화가 최초의 생명체 탄생에 필요한 에너지를 공급했을 것으로 보고 연구를 집중한 결과 이런 미세한 구멍이 지질(脂質)과 단백질, 뉴클레오티드(핵산의 구성

성분) 등 최초의 세포를 탄생시켰을지 모르는 성분들을 만들어낸다는 사실을 발견했다. 이들은 오늘날 단순한 화학 성분에서 자라나는 모든 유기물, 또는 어쩌면 독자적으로 살 수 있는 최초의 세포들의 탄소 및 에너지 대사에는 화학적 삼투가 반드시 필요한 것으로 나타났으며, 이것은 유기물이 열수공으로부터 달아나는 것을 막는 유일한 메커니즘이라고 지적했다.

연구진은 "생물에너지학과 열역학적으로 입증되지 않았음에도 '원시 수프' 가설은 80년 동안이나 생명체 기원에 관한 주류 논리의 중추 역할을 해 왔다"고 지적했다. 독일의 뒤셀도르프 식물학연구소(Insitute of Botany III in Düsseldorf)의 윌리엄 마틴(William Martin)도 "생물에너지와 열역학적 설명의 실패에도 불구하고 80년이나 된 원시 수프 개념이 생명의 기원 연구에서 주류 사고의 중심에 있다"고 비판하면서 "수프는 생

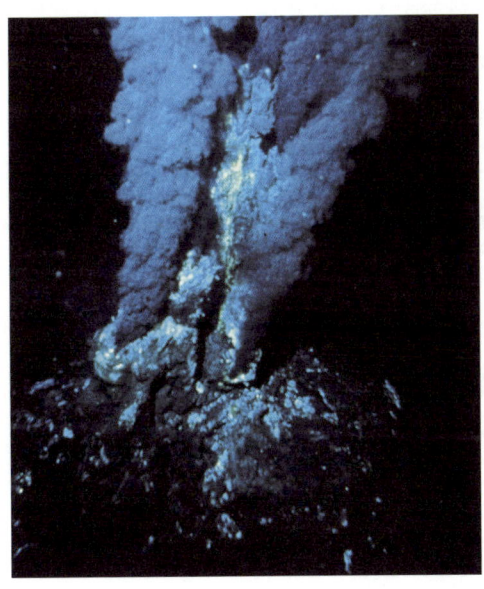

그림 3-19 심해 열수구(NOAA 제공).

명을 위해 필수적인 에너지를 생산할 수 있는 능력이 없다"고 주장했다.

UCL 연구팀은 기존의 원시 수프 이론을 부정하면서 심해 열수구 인근에서 일어나고 있는 지구화학적 과정이 지구상에 나타난 첫 생명체의 에너지원이 되었을 것이라고 했다. 심해 열수구에 있는 벌집처럼 생긴 미세한 동굴들에서 최초의 지질, 단백질, 핵산 등이 형성되었으며, 여기에서 최초의 진정한 살아있는 세포가 만들어졌다는 것이다. 그러면서 이제 원시 수프의 발효라는 해묵은 족쇄를 벗어던질 때가 됐다고 강조했다.

이 연구팀은 지구화학자 마이클 러셀(Michael J. Russell)이 제안한 알칼리성의 심해 열수구에서 화학적 경사(chemical gradient) 개념에 주목했다. 이 화학적 경사는 오늘날 살아있는 대부분의 유기체들이 사용하고 있는 것과 매우 비슷한 것으로서, 이들은 이 화학적 경사를 따라 일어나는 "화학적 삼투작용(chemiosmosis)은 최초의 생명체를 탄생시키는 데 없어서는 안 되는 과정"이라고 주장했다. 런던대학(University of London)의 생화학자이자 공동연구자인 존 알렌(John Allen)도 "현대의 살아있는 세포는 같은 크기의 양성자 경사(proton gradient)를 갖고 있으며, 중요한 것은 [생명체들이] 생겨난 무기화학적 소낭들(小囊, inorganic vesicles)의 방향 – 바깥은 플러스, 안쪽은 마이너스 – 이 같다는 점이다"라고 했다.

하지만 UCL 연구팀의 주장이 최초의 생명이 지구에서 나타난 것을 만족스럽게 설명했다고 할 수 있을까? 이들이 생명체가 자연발생 했다는 원시지구가 오늘날의 심해 열수구 환경과 유사하다는 것도 증명되지 않은 하나의 가설일 뿐이다. 심해 열수구 환경이 원시지구 환경과 비슷하다고 해도 여기에서 생명이 자연발생 할 것인지는 전혀 다른 문제이다. 생명의 기원에 관한 모든 이론들은 증명되지 않은 자연주의적 신념

위에서 증명되지 않은 가설들을 논의하는 것뿐이다. 아직까지 생명에 대한 정의도 분명하지 않을뿐더러 어느 누구도 생명체를 실험실에서 만들지도, 자연에서 만들어지는 것을 보지도 못했다. 증명되지 않은 주장들에 대해서는 증명될 때까지 결론을 보류하는 최소한의 겸손이 필요하다!

13. 세포를 합성했다고?

실험실에서는 자연에서 원시지구 조건을 모방하여 최초의 생명체를 만드는 것이 불가하자 아예 최첨단 유전공학적 기법으로 살아있는 세포를 만들려는 시도가 꾸준히 이루어지고 있다. 일부에서 마치 세포를 인공적으로 만든 것처럼 주장하는 것이 한 예이다. 실제로 근래 미국의 몇몇 과학자들은 세계 최초로 인공 유전자(DNA)를 이용해 살아있는 세포(living cell)를 만드는데 성공했다고 AP통신과 BBC방송 등이 보도했다.[95]

미국의 벤터(J. Craig Venter) 박사팀은 「사이언스」에 게재한 논문에서 "박테리아 '미코플라스마 미코이데스'(*Mycoplasma mycoides*)의 게놈(genome, 생물의 유전정보)을 이용해 새로운 합성세포(synthetic cell)를 만드는 데 성공했다"고 밝혔다. 미코플라스마는 세균과 바이러스의 중간적 형질을 가진 미생물로, 세포벽이 거의 없고 단일 염색체를 가지고 있다.[96]

연구진은 박테리아의 게놈에서 유전자 정보를 읽어낸 뒤, 이를 조합해 새로운 형질의 '합성 DNA'를 만들어냈다. 이를 다른 박테리아 세포에 이식하자, 세포가 이 DNA의 유전정보에 반응해 전혀 새로운 형질의 세포가 된 것이다. 벤터 박사는 "이것이 인위적으로 만들어진 첫 인공 세포"라며 "10억 번 이상 복제될 수 있다"고 말했다.

그렇다면 과연 이들이 세포 혹은 생명체를 만든 것일까? 이들은 말 그대로 박테리아의 게놈에서 유전자 정보를 읽어서 동일한 DNA를 만들고, 이를 동종의 다른 박테리아에 이식하였는데 박테리아가 주입된 인공 DNA에 반응했다는 것일 뿐이다. 이것은 엄격히 말하면 인공 세포를 합성한 것이 아니라, 미생물이 반응할 수 있는 인공 DNA를 만든 것이라고 말할 수 있다.

14. 생명은 생명체로부터만…

지금까지 우리는 생명체를 구성하는 화학물질들이 자연에서 저절로 합성될 수 있는지를 살펴보았다. 지금까지 살펴본 바로는 생명체를 구성하는 유기물질이 자연에서 저절로 생성되었을 가능성은 전무하다고 할 수 있다. 이러한 결론에도 불구하고 여전히 진화론자들은 자연에서 저절로 생명이 진화되었을 것이라고 가정한다:

> 유기물 분자들이 우연히 서로 수없이 만난 후에 우주를 창조한 것과 같은 기적적인 사건이 심해에서 일어났다. 약 35억 년 전에 일단의 유기분자들이 모여서 살아있는 세포들을 형성했고, 이들로부터 결국 모든 생물들이 유래하게 되었다.[97]

그러면 최초의 생명체를 구성하는 화학물질을 발견하거나 실험실에서 합성할 수 있다고 해서 생명의 기원에 대한 수수께끼가 풀릴 수 있는가?

그렇지 않다. 최초의 생명 구성 물질을 발견하는 것은 단지 수수께끼의 시작일 뿐이다. 생명을 구성하는 물질을 합성한다고 해도 그것으로 생명을 만들 수 있는가는 또 다른 문제이기 때문이다. 지금까지 화학진화론자들이 노력한 것은 생명을 구성하는 물질이 자연에서 합성될 가능성이 있는가에 대한 논쟁이었지, 그 물질이 실제로 생명을 만들 수 있는가의 논쟁은 아니었다.[98]

고식물학의 연구

생명의 자연발생 가능성에 대한 부정은 현대 지질학에서도 밝혀지고 있다. 1970년대, 하버드대학의 바군(Elso S. Barghoorn, 1915-1984)과 그의 동료들은 최초의 생명의 흔적은 30억 년 이전으로 거슬러 올라간다고 보고했다.[99] 그는 남아프리카에서 34억 년 전의 미화석(微化石, microfossil)들을 발견했으며, 후에 주사전자현미경(Scanning Electron Microscope)으로 오래된 암석 표면을 조사하다가 36억 년 전의 바위에서 완전히 발달된 박테리아 화석을 발견하였다. 또한 발광법과 방사능 연대측정법(radioactive dating)으로 지구에 첫 생명이 나타난 것은 38억 년 전이라고 보고했다. 이것은 현대 지질학에서 지구 생성의 초기에 해당하는 시기이다.[100]

바군 등의 발견으로 인해 생명이 탄생하기 위해서는 수십억 년 동안 화학물질이 풍성한 태고의 '작고 따뜻한 연못'에서 무작위적인 반응을 일으켰으리라고 믿었던 환상은 여지없이 무너지고 말았다. 바군 역시 이 세상에서 가장 복잡한 시스템인 생명체가 지질학적으로 눈 깜빡할 사이에 생겨났다는 사실로 인해 당황했다. 그래서 노벨상 수상자이자 생화학자이며 생명의 기원 연구의 권위자인 드뒤브(Christian de Duve)는 『생명 세포로의 여행』(A guided tour of a living cell)에서 "만일 당신이 원자들의 우연한 조합으로 박테리아 세포가 생겨날 수 있다고 생각한다면, 하나를 만들어내기에 영원이라는 시간도 충분치 않을 것이다"라고 했다.[101]

오리무중의 수수께끼

이미 오래 전에 미국 프린스턴 고등연구소(Institute for Advanced Study, Princeton, NJ) 교수이자 미국과학한림원(NAS) 회원인 다이슨(Freeman J. Dyson)은 이런 상황을 솔직하게 지적했다:

> 우리는 아직도 생명의 기원을 이해하는 데 있어서 매우 초보적인 단계에 있을 뿐이다. 우리는 아직도 전생체 진화가 극복해야 할 장애물의 특성에 대한 대략적인 그림도 갖고 있지 못하다. 우리는 생명의 기원에 관한 어떤 주어진 이론이 합당한지 아닌지를 판단할 수 있는 잘 정립된 기준조차 갖고 있지 못하다.[102]

근래에도 다이슨은 이 점을 거듭 지적하고 있다:

> 환원성 대기 속에서 용해된 아미노산으로 가득 찬 연못이라는 밀러의 기만하는 설명(beguiling picture)은 부정되었기(discredited) 때문에 새로운 기만하는 설명이 등장하게 되었다. 그 새로운 설명이란 생명체가 대양 밑바닥에 있는 뜨겁고, 깊고, 깜깜한 작은 구멍(hot, deep, dark little

hole)에서 발생했다는 것이다.[103]

독일의 도스도 이런 점을 잘 지적하고 있다. 그에 의하면, 화학진화에 대한 현재의 이론은 "무지한 탁상공론(scheme of ignorance)일 뿐이다. 진화 과정에 대한 근본적으로 새로운 통찰력이 없이는 이 무지가 계속될 것이다."[104] 캘리포니아 라호야(La Jolla)에 있는 솔크연구소(Salk Institute)에서 연구했던 화학진화 연구의 선구자 중 한 사람이었던 오르겔도 생명의 기원을 찾으려는 연구를 추리소설(whodunit)에 비유하면서 사람들이 '정답'으로부터 매우 멀리 떨어져 있음을 시인했다.[105] 「뉴욕타임즈」의 과학 기자인 웨이드는 "지구상의 생명의 기원에 관한 모든 것은 미스터리이다. 알려지는 것이 많으면 많을수록 수수께끼는 점점 더 어려워진다"고 지적하였다.[106]

그나마 생명체에 대한 성분 분석 정도에서는 뭔가를 알 수 있을 것 같았다. 실제로 생명의 현상은 비교적 정확하게 기술할 수 있었다. 그러나 생명 그 자체에 대한 질문으로 들어가게 되면 인간은 아무 것도 알 수가 없게 된다. 리더(John Reader)의 지적과 같이, "유기체의 화학적 성분은 알려져 있으며, 유기체를 살아있게 하는 생화학적 과정도 자세히 알려져 있으나, 그러나 생명을 시작하게 하는 생명 그 자체의 스파크가 무엇인지에 대해서는 아직 정확한 정의를 내리지 못하고 있다. 생명, 너무 분명하고 간단하면서도 설명하기에는 너무나 어려운 현상이다."[107]

생명은 생명체로부터만…

과연 화학진화 가설이 생명을 발생시킬 수 있는 하나의 방법이 될 수 있을까? 지금까지 살펴본 바와 같이, 그것은 다만 진화론자들의 희망사항일 뿐 아무리 살펴봐도 생명은 자연적으로는 발생될 가능성이 전혀 없다. 이 점은 많은 진화론자들도 동의하는 바이다: "우리에게는 지금 '이것이야말로 생명이 발생했던 방법이다' 라는 말로 논의를 마칠 수 있는 가능성이 별로 없다; 우리가 희망하는 최선의 것은 '이것이 생명이 발생했을 수도 있는 방법들의 하나일 것이다' 라는 말이다."[108] 오파린 역시 "원시적 생명발생의 문제에서는 화학이나 물리학에서 생각하는 의미의 증명이란 얻을 수 없다"는 점을 시인했다.[109]

생명체는 복잡할 뿐만 아니라 신비하다. "생명은 박테리아조차 너무 복잡해서 우연히 발생할 수 없다."[110] 생명에는 물질적인 요소만으로는 도무지 설명할 수 없는 부분도 있다. 가장 간단한 대장균조차 정교한 메커니즘에 의해 분열, 번식하는데, 하물며 보다 더 복잡한 생물들은 말해서 무엇하겠는가. 대장균은 가장 간단한 생명체 중 하나지만, 그것의 유전자 수는 4,288개, 염기쌍 수는 464만 개로 알려져 있다. 물론 이것은 유전자 수가 대략 4만 개, 염기쌍 수가 30억 개에 이르는 사람의 것보다

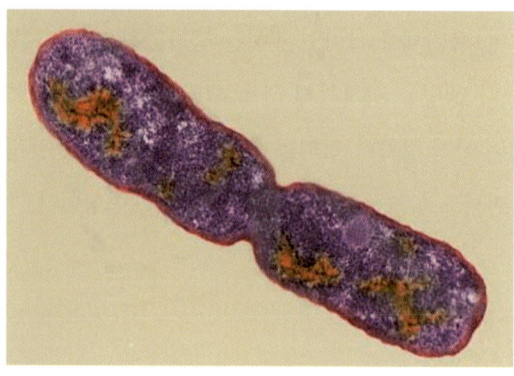

그림 3-20 분열하는 대장균 세포의 모습. 간단한 미생물인 대장균도 저절로 발생할 수 없으며 모(母)대장균 세포로부터만 생성된다.

는 적지만, 인간이 만든 그 어떤 장치보다 더 정교하고 복잡한 구조임이 틀림없다.

생명이 자연발생 할 수 없다는 것은 이미 진화론자들 사이에서도 잘 알려져 있다. 다만 과학 외적인 이유로 공표하지 않을 뿐이다. 이에 관해서 우리나라에도 여러 저서들을 통해 잘 알려진 호주 물리학자이자 진화론자인 폴 데이비스(Paul Davis)는 이렇게 말한다:

> 많은 연구자들이 문을 닫아놓고는 거리낌 없이 생명의 기원 연구가 실패했다고 말하지만, 공개적으로는 생명의 기원이 수수께끼라고 말하는 것을 꺼린다. 그들은 솔직하게 무지함을 인정하게 되면, 연구비가 줄어들 것을 염려한다.[111]

어쩌면 폴 데이비스가 너무 솔직하게 말했는지도 모른다. 일반인들이 생각한다면 기가 막히는 일이다. 그러나 한 가지 분명한 것은 생명의 자연발생, 다시 말해 화학진화는 애초부터 과학적인 이유가 아니라 신앙적 확신, 즉 유물론적이고 자연주의적인 세계관으로부터 출발했다는 점이다. 처음으로 화학진화 가설을 제시했던 구 소련의 오파린으로부터 시작해서 지금까지 명시적으로 표현하지는 않지만, 생명의 자연발생 연구는 특정 이데올로기가 강하게 영향을 미쳤던 분야였다!

생명이 자연적으로 발생할 수 없다면 남아있는 유일한 대안은 생물발생설, 즉 생명은 생명체로부터만 나올 수 있다는 주장뿐이다. 생명체가 다른 생명체로부터만 나올 수 있다면, 최초의 생명체는 어디에서 왔을까? 모라(Peter T. Mora)의 고백처럼, "… 어떻게 생명이 생겨났든지 염려스러운 것은 파스퇴르 이래로 이 의문은 과학적 영역 안에 있지 않다."[112]

우주에서 온 것도, 자연에서 저절로 발생된 것도 아니라면 결론은 간단하다. 갠지(Robert Gange)가 말한 것처럼, "생명이 화학적으로 우연한 사건을 통해 발생했을 가능성은 사실상 제로"라고 한다면, 생명은 누군가에 의해 창조된 것이다! 혹자는 자연발생 되지 않았다고 해서 반드시 창조되었다고 할 수 있느냐고 항의할지 모른다. 그러나 논리적으로 볼 때 스스로 존재하게 되지 않았다면 누군가에 의해 창조되었다는 선택 밖에는 존재하지 않는다. 정직하고 객관적인 사고를 하는 사람이라면 누구나 가시적 자연계 뒤에 이 모든 생명세계를 존재하게 한 창조주가 있다는 것을 받아들이지 않을 수 없다.[113]

토의와 질문

1. 오파린이 생명의 기원에 대한 유물론적 가설을 제시한 것이 볼쉐비키(Bolsheviki) 혁명이 일어난 지 불과 몇 년 뒤였고, 소련 천지는 유물론과 무신론의 광기에 휩싸여있을 때였다. 이런 점을 고려하여 어떤 세계관이 오파린과 그 시대의 사람들의 마음을 사로잡고 있었는지를 논의해 보라. 인터넷 등에서 오파린의 전기(傳記)를 찾아보고 오파린의 이론의 시대적, 개인적 배경을 살펴보라.

2. 화학진화 가설은 근거가 별로 없는 순수한 가설임에도 불구하고 여전히 많은 사람들이 연구하고 있다. 그 이유는 무엇이라고 생각하는가? 이것으로부터 과학적 연구의 가치중립성에 대한 전통적 과학관(흔히 귀납주의적 과학관이라고도 말하는)을 비판해보라.

제4강

생명의 기원과 열역학[1]

"무(無)에서는 아무 것도 창조될 수 없다." - 루크레티우스(Lucretius)[2]

본서의 첫 부분에서 생명의 기원에 관한 연구는 간학문적(interdisciplinary)이어서 생물학이나 유기화학의 영역에만 머물지 않고 열역학(熱力學, thermodynamics)을 통해 물리학과도 관련된다고 했다. 열역학은 우주에 존재하는 모든 물질과 반응에 관련된 에너지의 양과 형태의 변화 및 일의 상호관계를 다루는 학문이다. 이러한 열역학은 열역학 법칙들로 대표되며, 열역학 법칙들은 19세기까지 인류가 발견한 많은 과학 법칙들 중 가장 폭넓게 적용되는 법칙이다. 그래서 "… 물리학자들은 열역학의 두 법칙을 경험으로부터 가장 확실하게 일반화시킨 것으로 받아들이고 있다. 물리학자들은 자연이 결코 실망시키지 않으리라는 확신을 가지고 이 두 법칙을 어떤 물리적 상황에라도 적용시키는 것을 주저하지 않는다."[3] 그러므로 열역학에 근거하여 어떤 반응의 에너지 변화를 따져 보면, 그 반응이 실제로 일어날 수 있는지 여부를 판정할 수가 있다. 본 장에서는 열역학의 중요한 두 가지 법칙을 소개하고 열역학적으로 생명이 자연발생 할 수 있는지, 열역학과 생명의 기원의 관계를 살펴본다.

1. 열역학 제1법칙과 창조주

열역학 제1법칙은 흔히 에너지 보존법칙이라고도 불린다. 이 법칙은 에너지는 저절로 생성되거나 소멸될 수 없으며 다만 그 형태만 변할 뿐이라는 것이 그 요점이다. 열역학 제1법칙에 의하면, 에너지의 형태는 변환될 수 있지만 그 총량은 항상 불변한다. 아인슈타인(Albert Einstein)의 상대성이론의 결과인 질량-에너지 등가원리(mass-energy equivalence)가 발견된 후에는 에너지 보존법칙의 적용범위가 더욱 넓어졌다. 질량-에너지 등가원리가 시사하는 바와 같이, 어떤 물질이 보유한 에너지(E)는 그 물질의 질량(m)에 빛의 속도(c)의 제곱을 곱한 것과 같다($E=mc^2$). 즉, 이것은 에너지와 물질은 근본적으로 같은 것이며, 물질은 곧 에너지에 해당함을 의미한다.

제2차 세계대전 중 미국이 일본에 투하한 원자폭탄(atomic bomb)은 원자의 핵이 분열하면서 생긴 질량 결손이 에너지로 전환되는 것을 이용한 것으로서 물질 자체가 에너지라는 사실을 생생하게 증명하였다. 그러면 이러한 열역학 제1법칙을 어떻게 기원 논의에 적용할 수 있는가?

진화론에 의하면, 사람의 조상은 원숭이이며 포유동물의 조상은 파충류, 파충류의 조상은 양서류, 어류, 원생동물 등으로 거슬러 올라가게 되고 결국 무기물질로부터 유전자(DNA)와 단백질 등이 자연적으로 결합, 조직되어 생명이 발생된 것으로 가정한다. 단백질의 구성단위인 아미노산(amino acid)은 탄소, 수소, 질소 등의 원자로 되어 있는데, 이 원자들이 어디에서 만들어졌겠는가를 생각해 볼 때, 화학진화 가설에서는 궁극적으로 무(無)에서 유(有)가 만들어지는 단계가 필요하다.

그러나 상대성이론에 의하면, 우주에 있는 어떤 물질도 결국 에너지이며 따라서 무(無)에서 물질, 즉 에너지가 생성된다는 것은 열역학 제1법칙에 정면으로 위배된다. 열역학 제1법칙에 의하면, 이들 물질과 다양한 형태의 에너지는 저절로 생겨날 수 없기 때문에 반드시 누군가에 의해서 창조되었을 수밖에 없다. 현재 우리가 살아가고 있는 이 물질계가 허상이 아니라면….

대폭발 이론에서 가정하고 있는 바 태초에 대폭발을 일으킨 원 물질도 (존재했다면) 결국 누군가에 의해 창조된 것일 수밖에 없다. 왜냐하면 에너지는 저절로 만들어지거나 소멸되지 않기 때문이다. 결국 열역학 제1법칙에 의하면, 필연적으로 이 물질(에너지) 세계를 만든 창조주가 있을 수밖에 없다는 결론에 이르게 된다.

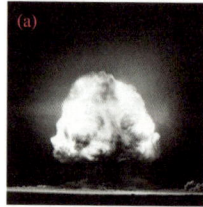

그림 4-1 원자폭탄은 질량도 에너지의 일종이라는 아인슈타인의 이론을 증명하였다. (a) 1945년 7월 16일, 미국 뉴멕시코주에서 이루어진 최초의 원자폭탄 실험; (b) 일본 히로시마에 투하한 원자폭탄 리틀보이(Little Boy); (c) 1945년 8월 6일, 실제로 이 폭탄이 폭발하는 모습.[4]

2. 열역학 제2법칙

열역학 제1법칙이 에너지의 양적인 보존을 다룬 것이라면, 제2법칙은 에너지의 질적인 쇠퇴 현상을 다룬 것이다. 엔트로피 증가의 법칙이라고도 불리는 열역학 제2법칙에 의하면, 에너지와 물질의 출입이 없는 고립계(孤立系, isolated system)에서는 모든 과정이 엔트로피(entropy)가 점점 더 증가하는 방향으로 진행된다고 말한다. 열역학의 법칙들 중에서도 생명의 기원과 관련하여 가장 중요한 법칙은 열역학 제2법칙이라고 할 수 있으며, 이 법칙에서 가장 핵심적인 개념은 엔트로피이다.

엔트로피

엔트로피란 용어는 1850년 클라우지우스(Rudolf Clausius)가 처음 도입하였다.[5] 이 말은 에너지(energy)란 말의 첫 음절과 '변화'를 의미하는 그리스어 '트로포스'(tropos)를 결합시켜 만든 합성어이다. 엔트로피는 용어가 탄생할 때부터 그 개념을 이해하는 것이 어려웠다. 로쓰만(Tony Rothman)이 지적한 것과 같이, "물리학에서 아마 엔트로피만큼 이해에 대한 혼돈의 비율이 높고 머리를 아프게 했던 개념은 일찍이 없었을 것이다."[6] 사실 엔트로피의 의미를 분명하게 확립시켜나가는 과정이 곧 열역학 제2법칙이 다듬어져 가는 과정이었다고도 할 수 있다. 엔트로피는 어떤 물리계 내에서 일하는 데 사용할 수 없는 에너지, 즉 있기는 있는데 사용할 수 없는 에너지를 나타내는 척도이다.

우리 주변에서 쉽게 경험할 수 있는 온도와 에너지를 가지고 엔트로피를 설명할 경우, 온도 T인 계가 주변에서 열에너지를 Q만큼 흡수했다면 그 계는 Q/T만큼 엔트로피가 증가했다고 말한다.[7] 열량 Q도, 온도 T도 모두 쉽게 이해할 수 있는 개념이지만, 열량을 온도로 나눈 엔트로피는 선뜻 개념이 잡히질 않는다. 현재 엔트로피는 통계역학적으로는 계의 무질서, 혹은 무작위(無作爲)의 정도(disorderliness)를, 열역학적으로는 에너지의 무용성(無用性)의 정도(uselessness)를 나타낸다고 해석한다.

자유에너지와 엔트로피

엔트로피가 증가한다는 열역학 제2법칙을 자유에너지(free energy) 개념을 사용하여 표현하면 다음과 같다. 즉, 자연적으로 발생하는 모든 현상은 자유에너지를 가장 낮은 상태로 유지하는 쪽으로 진행한다. 이것은

$$G(\text{자유에너지}) = H(\text{내부에너지}) - T(\text{절대온도}) \times S(\text{엔트로피})$$

로 나타낼 수 있다. 내부에너지가 일정하다고 보면, 자연에서 일어나는 모든 반응은 항상 엔트로피가 증가하는 방향, 즉 자유에너지가 최소로 되어서 더 이상 일할 수 없는 에너지 상태로 진행한다. 모든 반응은 무용한 에너지 상태가 커지는 방향으로 진행하며, 이것이 바로 열역학 제2법칙의 예측이다.

한 예로 팽이를 생각해 보자. 팽이가 돌면서 꼿꼿이 서 있게 하려면 팽이채로 팽이를 계속 쳐 주어야 한다. 이때 팽이는 팽이채로 쳐 준 일의 일정 부분에 해당하는 운동에너지를 받게 됨으로 돌아간다. 그러나 팽이가 계속 돌 경우 회전운동에너지는 마찰에 의해 열에너지(회전운동에너지보다 엔트로피가 높은) 등으로 형태가 바뀌어 가면서 점점 낮은 운동에너지 상태가 된다. 그리고 결국에는 가장 안정한 상태, 즉 가장 낮은 자유에너지 상태가 되어 넘어지게 된다. 이것은 회전운동에너지와 같이 '품질'이 높은(엔트로피가 낮은) 에너지가 마찰 등에 의해 '품질'이 낮은(엔트로피가 높은) 열에너지 등으로 변화해 간 것이다. 팽이가 돌 때나 넘어져 가만히 있을 때나 에너지의 총량은 불변이지만, 일을 할 수 있는 에너지의 '품질'은 떨어진 것이다.

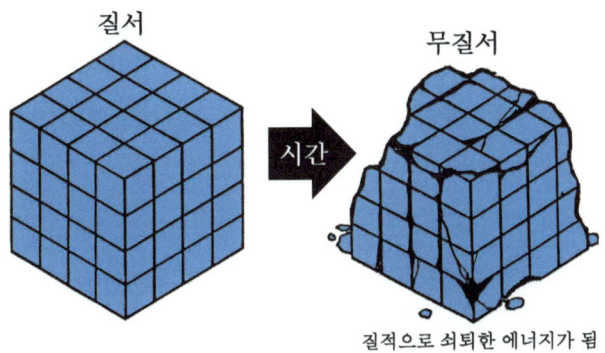

그림 4-2 열역학 제2법칙에 의하면, 질서 있는 계는 시간이 지나면서 점점 무질서한 상태로 변한다.[8]

열역학 제2법칙이 다루는 에너지의 질적인 쇠퇴 현상은 무질서도의 척도인 '엔트로피' 개념을 사용하여 설명할 수도 있다. 자연적인 모든 반응은 항상 그 계를 구성하는 요소들의 배열이 시간이 흐름에 따라 점점 무질서해지는 쪽으로 진행된다. 즉, 앞에서 언급한 에너지 상태와 비교한다면, 무질서하게 될수록 자유에너지는 점점 더 낮아져서 계는 더욱더 안정된다.

한 예로 물에 잉크 한 방울을 떨어뜨리면, 처음에는 잉크방울이 한 곳에 모여 있다. 즉, 물이 차지하는 부분과 잉크가 차지하는 부분이 뚜렷이 구별되며, 우리는 이 경우를 질서도가 높다고 말할 수 있다. 그러나 시간이 지남에 따라서 잉크는 확산되어 잉크 분자는 점점 물속에 고르게 분포된다. 즉, 무질서한 상태로 된다. 자연적으로 확산되어 있던 잉크가 한 곳에 모이는 일은, 즉 엔트로피가 감소하는 일은 일어나지 않는다.

이 외에도 우리 주변에서 무질서도가 증가하는 현상은 얼마든지 볼 수 있다. 새 자동차를 사더라도 시간이 지남에 따라 점점 헌 차가 되어가고, 새 옷을 사서 입더라도 입을수록 점점 헌 옷이 되어 가는 것은 열역학 제

2법칙이 보편적으로 성립되는 것을 말해 준다. 어떤 경우에도 쓰레기통에서 주어온 남루한 옷이 입을수록 점점 새 옷이 되거나, 폐차장에서 끌고 온 자동차가 탈수록 새 자동차가 되는, 즉 무질서도(엔트로피)가 감소하는 일이 저절로 일어나는 경우는 없는 것이다.

엔트로피가 증가하는 것은 무질서도가 증가한다는 것이며, 엔트로피가 증가할수록 유용한 에너지가 줄어든다는 의미이다. 이는 결국 에너지의 질적인 쇠퇴를 뜻한다. 열역학 제2법칙에 의하면, 물질 및 에너지 출입이 가능한 개방계(開放系, open system)에서는 외부의 에너지가 가해지지 않는 한 항상 무질서도가 증가되는 방향으로 반응이 일어나게 된다. 또한 외부에서 에너지가 가해지더라도 그 에너지를 질서도를 높이는 데 효과적으로 사용할 수 있는 장치가 없으면 질서도는 증가될 수 없다. 즉, 무질서한 계가 질서 있는 계로 바뀌려면, 외부에서 에너지가 의도적인 목적과 설계에 따른 변환장치를 통해 계속해서 공급되어야 한다.

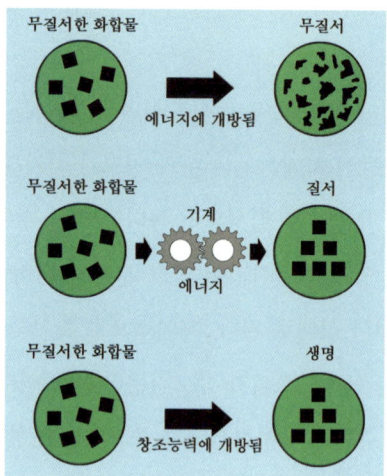

그림 4-3 에너지에 개방된 계는 시간의 경과에 따라 더욱 더 무질서하게 된다. 무질서한 계를 질서 있게 만들려면 반드시 에너지와 에너지를 받아 유용한 일을 할 수 있는 기계가 필요하다. 태초에 무엇이 무질서한 무기물들로 이루어진 계를 질서 있는 생명체가 되게 했을까?[9]

3. 열역학 제2법칙과 화학진화

그러면 열역학 제2법칙은 생명의 기원에 관하여 무엇을 말하고 있는가? 열역학 제2법칙은 적어도 무생명체에서는 예외 없이 성립하는 것으로 알려져 있다. 무기물로부터 최초의 세포까지의 물질은 아직 생명체가 아니므로 엄격히 고전적인 열역학 제2법칙에 따라야 한다.

열역학 제2법칙과 충돌하는 화학진화

앞에서 살펴본 것과 같이, 무기물에서 생명의 최소단위인 세포가 이루어지는 과정을 화학진화라고 한다. 화학진화론자들은 질소, 탄소, 수소 등의 무기물들이 저절로 모여 더 복잡한 유기 복합물인 간단한 코아세르베이트(coacervate)를 형성한다고 한다. 그 다음에는 간단한 코아세르베이트가 복잡한 코아세르베이트가 된다고 한다. 그리고 마지막으로 자기 번식과 복제를 할 수 있는 생명의 최소 단위인 세포가 된다고 가정한다. 즉, 질소, 탄소, 수소 등이 특정한 배열로 결합하여 질서도가 높은 아미노산이 되고, 그 다음에는 더 질서도가 높은 단백질이나 핵산(核酸, nucleic acid)이 되며, 그 후에도 매우 복잡하면서도 질서도가 더 높은 특별한 배열의 결합물로 성장되어 가서, 마지막으로 최초의 단세포 생명체가 된다는 것이 화학진화 가설이다.

그러나 이러한 화학진화 가설은 열역학 제2법칙과 정면으로 충돌한다. 열역학 제2법칙에 의하면, 시간이 흐르면서 고립계의 질서도가 감소(즉, 무질서도가 증가)하게 되는데, 화학진화 가설에 따르면 이 질서도가 증가해야 되기 때문이다. "질서도를 증가시키는 복잡성의 증가가 실제적으로 진화의 정의"라고 볼 경우, 화학진화 가설은 계가 질서 있는 상태에서 무질서한 상태로 진행된다는 열역학 제2법칙의 예측과 상치된다.[10]

이러한 사실은 최초로 화학진화의 가설을 세운 소련의 생화학자 오파린(A.I. Oparin)도 시인한 바 있다. 그는 "진화론의 한 단계에서 다음 단계로의 변천 과정은 복잡하고 조직된 기관으로 발달되는 과정이다. 열역학 제2법칙으로 볼 때, 화학진화의 반응이 고분자로 합성되는 방향으로 진행되기보다는, 거꾸로 분해의 방향으로 진행되는 가능성이 더 크다"고 했다. 그러므로 오파린은 화학진화론에서 점점 질서정연한 상태로 되어간다는 가설이 열역학 제2법칙과는 부합하지 않는다고 말했다.[11]

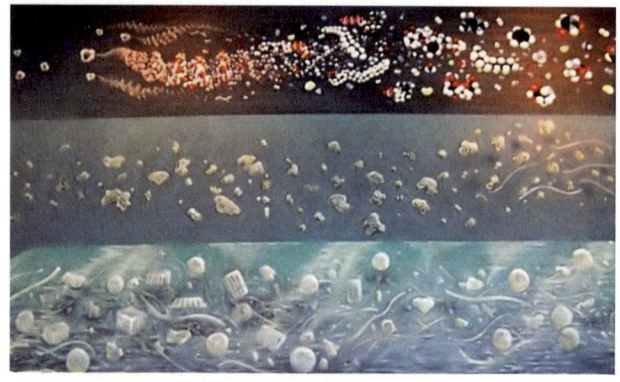

그림 4-4 유기물이 간단한 코아세르베이트, 복잡한 코아세르베이트를 거쳐 최초의 생명세포로 진화하였다는 화학진화 가설은 질서도의 자연적 증가를 가정하고 있으며, 이는 명백하게 열역학 제2법칙에 위배된다.[12]

생명체와 열역학 제2법칙

무생물에서 생명이 이루어지는 첫 단계 즉, 화학진화 가설을 냉장고에서 물이 어는 것과 비교해 보자. 물이 얼면 물은 무질서한 액체 상태에서 질서 있는 고체 결정 상태로 된다. 어떤 이들은 0℃ 이하에서 얼음이 어는 현상을 보고 열역학적 개방계에서는 간단한 유기분자들이 복합물로 되는 화학진화 반응도 자연적으로 일어날 수 있다고 본다.

하지만 이 두 반응은 근본적으로 다르다. 물이 얼음으로 될 때는 열을 방출하며, 따라서 반응열의 값이 음수인 반면, 생명체 형성에 필요한 유기분자들의 결합반응은 반응열의 값이 양수이다. 즉, 유기분자들의 결합이 일어나려면 외부에서 에너지를 가해주어야 하기 때문에 두 현상이 열역학적으로 동일하다고 할 수 없다. 실제로 화학진화론자들은 원시 지구에서 번개와 같은 전기에너지, 자외선과 같은 태양광 복사 에너지, 화산 폭발로 인한 열에너지 등이 생명체 형성의 에너지로 사용되었다고 본다.

식물과 동물 등은 씨나 알 같은 것의 세포에서 시작하여 태양 에너지나 양분 같은 것을 흡수하여 성장하다가 결국 죽게 된다. 열역학적으로 볼 때, 동식물의 성장은 개방계에 속한다. 그러나 생명체가 성장, 생존하기 위해서는 외부로부터 태양에너지나 양분, 물 등이 끊임없이 생명체에 들어와야 한다. 그러므로 생명체는 열역학적으로 볼 때 비평형 상태(non-equilibrium state)이다. 생명체가 비평형 상태를 유지하기 위해서는 계속적으로 에너지가 공급되어야 한다. 실제로 식물은 태양에너지를 받아 광합성 작용을 하며 물, 탄산가스 등을 흡수해 필요한 유기물질을 합성하여 생명을 유지한다. 또 동물은 높은 에너지 물질을 섭취, 소화시켜 에너지를 얻고 성장한다. 그러나 계속적인 에너지와 물질의 공급이 없다면 생명체는 유지되거나 성장할 수 없기 때문에, 결국 생명체도 열역학 제2법칙을 따르는 셈이다.

그러나 생명체가 성장하는 것과는 달리 생명체가 진화한다는 주장은 열역학적 논의와 상반된다. 생명체의 진화는 무질서에서 질서로, 끊임없이 복잡성이 증가하는 것이기 때문이다. 이런 사실은 이미 오래 전부터 열역학을 연구하는 사람들에게 알려져 있었다. 카프라(Fritjof Capra)는 "우주진화의 엄연한 사실은 19세기 생물학자들 중에서 진화론적 사고를 가진 사람들과 날카로운 대조를 보였다. 이들[진화론자들]은 살아있는 우주가 무질서에서 질서로, 끊임없이 복잡성이 증가하는 상태로 나아갈 것이라고 보았다"고 했다.[13]

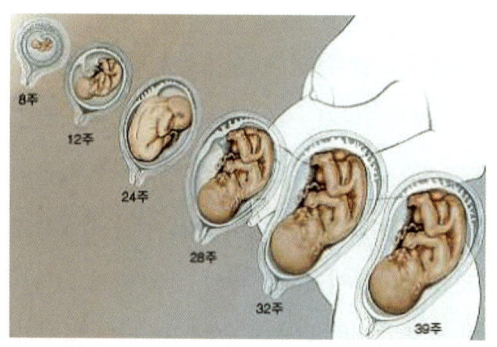

그림 4-5 태아의 성장. 생명의 성장에는 생명체 내의 질서도를 증가시키며 성장시킬 수 있는 설계된 메커니즘이 필요하다.

개방계와 에너지만으로는 충분하지 않다.

진화론자들은 창조론자들이 개방계에서는 국부적으로 엔트로피가 감소할 수 있는데 이것을 무시하고 있다고 주장한다. 진화론자이자 창조론 비판의 선봉에 있는 스트랄러(Arthur N. Strahler)는 "창조론자들은 개방된 에너지 계가 존재하는 것을 무시하는데, 이 개방계에서는 국부적으로, 일시적으로 엔트로피가 증가하고 무질서가 증가하는 우주적 경향을 거스를 수 있다"고 주장한다.[14] 그러나 스트랄러는 자연에서 '국부적으로, 일시적으로' 생명체와 같은 질서 있는 계를 만들 수 있는 정도의 엔트로피 감소가 일어날 확률에 대해서는 전혀 언급을 하지 않는다. 그는 그것이 수학적으로 0이라고 표현하지 않았을 뿐, 실제로는 0이라는 사실을 잘 알고 있었기 때문이다.

개방계라고 해서, 그래서 에너지와 물질의 출입이 가능하다고 해서 모든 계가 작동되는 것은 아니다. 자동차 엔진의 예를 생각해 보자. 자동차에서는 휘발유가 엔진 안에서 산소와 함께 연소되어 탄산가스와 열 등을 방출하며, 그 열이 자동차를 움직이는 데 이용된다. 그런데 이러한 반응이 계속 일어나려면 에너지를 방출시켜 일을 할 수 있도록 하는 기계가 있어야 한다. 사람이 위나 창자 등을 떼 내고 계속 음식물을 먹는다면 살 수 없는 것과 같다. 로켓이 하늘로 올라갈 때도 설계된 엔진에 연료가 들어가 연소하여 추진력이 생길 때 중력을 이기고 공중으로 올라간다. 로켓이 하늘로 올라갈 수 있는 것은 연료 이외에도 설계된 엔진이 있기 때문이다. 만일 잘못 설계되거나 고장난 로켓이라면 아무리 좋은 연료가 많이 있어도 공중으로 올라갈 수가 없다. 마찬가지로 생명체도 밖에서 에너지가 가해지는 것만으로는 성장할 수 없으며, 그 내부에 설계된 '장치'가 먼저 있어야 한다.

그림 4-6 로켓이 하늘로 올라가기 위해서는 연료 외에도 설계된 엔진이 필요하다.

미리 설계된 장치를 고려하지 않을 경우, 생명체의 유지와 성장은 불가능하게 된다. 그러면 최초의 에너지와 설계된 장치는 누가 준 것인가? 최초 생명체의 출현은 이 창조세계에 속하지 않은 창조주의 설계와 섭리를 생각하지 않고는 상상할 수 없다.

또한 진화론자들은 창조론자들이 열역학에 대해서 잘 모르거나 사람들을 의도적으로 속이기 위해 열역학 법칙을 오용한다고 비난한다.

> 열역학 제2법칙은 직관적으로 알 수 있는 것이 아니고 또한 이를 깊이 공부한 사람들이 별로 없기 때문에 기독교 변증학자들(apologists)이 사람들을 속이는 데 사용하는(obscurantism) 이상적인 도구이다. 더욱이 제2법칙은 어떤 과정이 자연에서 불가능한 지를 결정하는 기준을 제공한다. 그러므로 무지해서든지, 속이기 위해 일부러 그렇게 하든지, 혹은 둘 다의 이유로 그렇게 하든지 간에 창조론자들은, 제2법칙을 잘못 해석함으로써 무지한 청중들로 하여금 진화는 불가능하다는 것을 설득시킬 수 있다.[15]

그러나 이런 말을 하는 사람들은 기본적인 개념이 별로 복잡하지 않은 열역학 법칙들을 복잡한 듯이 보이게 만들어 사람들을 혼돈에 빠뜨리고 있지는 않는지 생각해 봐야 한다. 나는 학부 시절부터 오랫동안 물리학의 훈련을 받았고, 그 후에도 대학에서 학생들에게 오랫동안 열역학 법칙을 가르쳤지만, 이 법칙의 기본 개념이 보통 사람들이 도무지 이해하지 못할 정도로 그렇게 복잡하다고 생각해 본 적은 없다.

4. 질량작용법칙과 화학진화

다음에는 질량작용법칙(質量作用法則, Law of mass action)의 입장에서 화학진화를 살펴보자. 화학평형의 법칙이라고도 알려져 있는 이 법칙은 1864-1879년에 노르웨이의 굴베르그(Cato M. Guldberg)와 보게(Peter Waage)가 공식화한, 화학반응속도에 관한 기본 법칙이다.[16] 아미노산과 같은 유기분자가 단백질과 같은 중합체가 되는 반응을 질량작용의 법칙으로 생각해보자. 먼저 이 반응을 식으로 나타내면,

$$\text{아미노산} + \text{아미노산} \rightleftarrows \text{단백질} + \text{물}$$

과 같다. 즉, 아미노산이 결합하여 단백질이 되는 과정은 축합반응(縮合反應, condensation)으로써 물이 생성물질로 나온다. 그런데 화학진화에서는 이러한 반응이 원시 지구의 호수나 바다 같은 물속에서 일어났다고 가정한다. 그러나 과잉의 물이 존재하는 환경에서는 화학진화 가설에

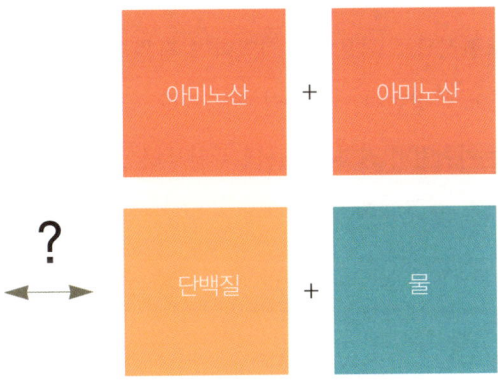

그림 4-7 아미노산이 단백질로 변환되는 과정은 물이 빠져나가는 축합반응으로, 물속에서는 축합반응이 일어나지 않는다.

서 예상하는 것과 같이 단백질이 합성되지 못하고 오히려 분해가 일어나게 된다. 아미노산이 단백질이 되는 반응 외에 DNA나 RNA가 합성되는 반응도 이와 비슷하기 때문에 자연적으로는 유기물 중합(重合, polymerization)이 이루어지지 않는다. 그러므로 무생명에서 생명이 만들어진다는 화학진화 가정은 질량작용법칙으로 볼 때, 자연에서는 일어날 수가 없다. 생명체가 자연적으로 생길 수 없다는 것은 태초에 생명을 창조한 창조주가 있어야 함을 말해준다.

5. 열역학과 화학진화[17]

이런 여러 가지 부정적인 증거에도 불구하고 진화론자들은 지구에서 열역학적으로 진화가 가능하다고 주장한다. 진화론자들은 "지구를 고립계로 생각, 지구에서는 무조건 엔트로피가 증가하기 때문에 질서 있는 상태가 생길 수 없다고 보고 진화 가능성을 부인한다면, 이는 이미 확립된 과학법칙을 잘못 적용하는 것이다"라고 말한다. 이에 비해 창조론자들은 "우주에 보편적으로 적용되는 열역학 법칙은 진화론 대신 창조론을 증거하고 있다"고 주장한다. 왜 동일한 열역학 제2법칙을 두고 이처럼 다르게 주장하는가? 먼저 진화론자들의 주장부터 살펴보자.[18]

열역학의 세 가지 계(系)

진화론자들은 창조론자들이 열역학 법칙으로 진화론을 비판하는 것은 창조론자들이 열역학 법칙 자체를 잘 이해하지 못해서 그렇다고 주장한다. 즉, "… 일부 창조론자들이 제기하고 있는 열역학 법칙에 의한 진화론에 대한 반론은 열역학 법칙 자체를 제대로 이해하지 못하는 데에서 생기는 오류일 뿐이라"고 한다. 그러면서 "지구는 거의 고립된 계라고 볼 수도 있으나 일부에서 태양에너지가 유입되므로 정확히 말하면 개방계"라고 한다.[19] 과연 지구를 개방계라고 할 수 있을까?

그림에서 보여주는 바와 같이, 열역학에서는 에너지만 출입하고 물질의 출입이 없는(혹은 무시할 수 있는) 계는 개방계(開放系, open system)라 하지 않고 폐쇄계(閉鎖系, closed system)라고 부르고, 에너지와 물질 모두의 출입이 없는 계는 폐쇄계와 구별하여 고립계(孤立系, isolated system)라고 한다. 이렇게 본다면 지구는 에너지의 출입은 있으나 물질의 출입이 없는 폐쇄계에 해당한다고 할 수 있다. 물론 운석이나 우주선을 이루고 있는 입자들의 유입이 있기는 하지만, 이들은 지구 전체의 질량에 비해서는 무시할 수 있는 양이다. 폐쇄계에서는 국부적으로 엔트로피가 낮아질 확률이 없는 것은 아니나 지극히 작으며, 그 작은 확률로 엔트로피가 감소한다 해도 폐쇄계에서는 화학진화에서 필수적인 유기물질의 중합은 일어나지 않는다.[20]

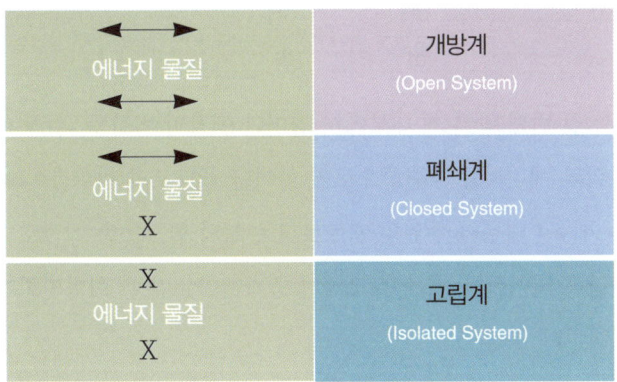

그림 4-8 세 종류의 열역학적 계(系)

폐쇄계에서의 화학진화

폐쇄계에서 화학진화가 가능한가? 지구를 폐쇄계라고 생각했을 때 어떤 일이 일어나는 지를 좀 더 자세히 살펴보기 위해 앞에서 언급한 식을 한 번 더 사용하자. T를 절대온도, 계의 엔트로피를 S, 내부에너지 혹은 엔탈피(enthalpy)를 H라 하면[21] 자유에너지(free energy) G는[22]

$$G (자유에너지) = H (내부에너지) - T (절대온도) \times S (엔트로피)$$

로 주어진다. 일반적으로 계(系)의 변화는 자유에너지가 감소하는 방향으로 진행되며, 열평형이란 자유에너지가 최소가 될 때이다. 그러므로 폐쇄계에서 화학진화에서 말하는 생명 진화의 자발적인 반응이 일어나려면, 시간에 따른 자유에너지 G의 변화, 즉

$$\frac{dG}{dt} \leq 0$$

이어야 한다. 이를 다시 쓰면,

$$\frac{dH}{dt} - T\frac{dH}{dt} \leq 0$$

으로서 첫 번째 항은 계 내부에서 일어난 엔탈피 변화를, 두 번째 항은 계가 주위와 에너지를 교환함으로써 일어난 엔트로피 변화를 나타낸다. 이 식은 계(系) 내부와 주위의 엔트로피 변화의 합, 즉 총 엔트로피는 증가해야 함을 의미한다. 총 엔트로피가 증가한다는 말은 화학진화가 불가함을 의미한다. 물론

$$\frac{dH}{dt} \geq T\frac{dS}{dt}$$

인 경우도 생각해 볼 수 있으나, 실제 유기물질의 중합에 있어서는 엔탈피 혹은 내부에너지의 변화량 dH가 항상 0보다 크므로 엔트로피 변화량 dS도 항상 0보다 커야 한다. 또한 온도가 매우 낮아 TdS가 매우 작은 경우도 생각할 수 있으나, 아미노산의 결합은 그처럼 낮은 온도에서는 절대로 일어나지 않으므로 폐쇄계에서는 화학진화가 일어나지 않는다. 확률적으로 위와 같은 경우가 일어날 가능성을 계산할 때도 그 확률은 수학적 표현에서 0이 아닐 뿐이지(대폭발 이론에서 예측하고 있는 우주의 나이 140억년, 즉 4.415×10^{17}초를 가정하더라도) 일어나지 않는다.

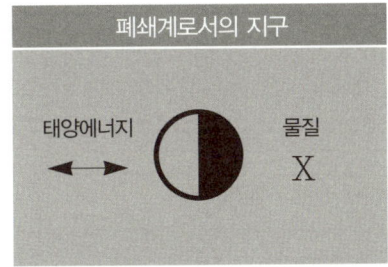

그림 4-9 폐쇄계로서의 지구. 지구에는 태양으로부터 엄청난 에너지가 유입되고 있지만, 물질의 출입은 거의 없다. 운석 등의 물질의 유입이 있으나 그 양은 미미하여 무시할 수 있다.

'화학퇴화'가 일어날 뿐

또한 혹자는 "… 자연법칙이라는 제약을 고려하지 않고 완전히 '마구잡이' 개념을 사용한 확률에 의해 진화론을 반박한다는 것은 그 근거가 희박하다고 하지 않을 수 없다"고 했다.[23] 그러나 화학진화에서 취급하는 것은 무생명체인 무기물이나 유기물이며, 이러한 무생명체의 숫자가 통계역학적인 취급을 할 수 있을 만큼 충분히 많을 때는 그 결과가 역학적 결과처럼 충분히 정확하다는 사실이 잘 알려져 있다. 이러한 통계역학의 결과를 고려한다면, 화학진화는 불가능하며 도리어 '화학퇴화'가 일어나야 한다. 엔트로피의 통계역학적 표현인

$$S = k \ln W$$

에 의하면 무생명체들로 이루어진 계에서 엔트로피가 증가하는 모든 과정은 '마구잡이' 개념에 근거한 확률의 지배를 받는다. 여기서 k는 볼츠만 상수(Boltzmann constant),[24] W는 주어진 상태에 대한 계의 배열방법의 수이다. 배열방법의 수가 많을수록 무작위의 정도, 즉 무질서의 정도가 증가하고, 따라서 엔트로피는 증가한다고 할 수 있다.

에너지 변환장치는 어디에…

또한 진화론자들은 "생명 진화는 단순한 상태에서 기능이 증대된 상태로 진행되었으므로 질서가 증대한 것이라 볼 수 있다. 언뜻 보면 무질서도가 증가한다는 열역학 제2법칙과 어긋나 보인다. 그러나 열역학 제2법칙에 따르면 고립된 계에서는 엔트로피가 반드시 증가하지만, 개방계에서는 엔트로피가 감소할 수도 있다. 즉, 진화의 가능성을 부정하지 않는다"고도 한다.[25] 그러나 진화론자들은 진화의 가능성만을 언급하고 그 가능성이 얼마인지에 대해서는 언급하지 않는다. 후에 다시 살펴보겠지만, 모로위쯔(Harold J. Morowitz)의 계산이 보여주는 바와 같이, 진화

의 가능성이 영(零, 0)과 다를 바 없이 작다는 사실을 기억해야 한다. 그 확률은 단백질의 기원을 다루면서 언급한 바와 같이, 전 우주의 역사를 통 털어도 아미노산으로부터 단백질 하나 합성할 수조차 없는 작은 확률이다. 따라서 그런 작은 확률로 무기물로부터 최초의 생명체가 탄생했다고 믿는 것보다 창조주가 있었고, 그가 이 모든 과정을 진행시켰다고 믿는 것이 훨씬 더 믿기 쉬운 것이라 하겠다.

또한 개방계라고 해도 진화가 되기 위해서는 (유용한) 에너지와 함께 에너지 변환장치가 있어야 한다. 이는 마치 물이 냉장고와 전기 둘 중 어느 하나라도 없으면 얼지 않는 것과 같다. 이 점에 대해서는 진화론자들도 인정한다. 그들은 "지구는 태양으로부터 끊임없이 에너지를 받고 있고 열복사를 통해 에너지를 발산하므로 결코 고립된 계가 아니다. 따라서 태양에너지의 흐름을 적절히 이용, 자신의 엔트로피를 감소시킬 수 있는 '작동체'가 있다면 질서 있는 상태를 유지하거나 생성시킬 수 있다"고 하였다. 그는 엔트로피를 감소시킬 수 있는 '작동체'에 대하여 "이 작동체는 반드시 인위적으로 만든 기계나 신이 특별히 창조한 생명체일 필요가 없다. 물과 공기가 태양에너지를 받아 역학적 법칙에 따라 운동해서 생긴 비와 바람 등이 엔트로피를 감소시키는 작동체가 될 수 있는 것이다"라고 했다.[26]

진화론자들은 비, 바람 등이 최초의 생명체를 탄생시키도록 엔트로피를 감소시키던 작동체가 될 수 있었다고 한다. 그러나 오늘날 우리들이 알고 있는 엔트로피를 감소시킬 수 있는 작동체는 비, 바람 정도로는 어림도 없다. 비, 바람 따위가 '신묘막측'한 조화에 의해 엔트로피를 감소시키는 작동체가 될 수 있다고 믿는 것보다는 차라리 창조주가 있었다고 믿는 것이 더 합리적이다. 엔트로피를 감소시키는 작동체를 무엇으로 보느냐는 순전히 신념의 문제이다. 아이러니컬하게도 화학진화를 믿는 사람들은 창조주의 개입과 간섭이 없이는 전혀 불가능한 메커니즘을 믿고 있는 것이다.

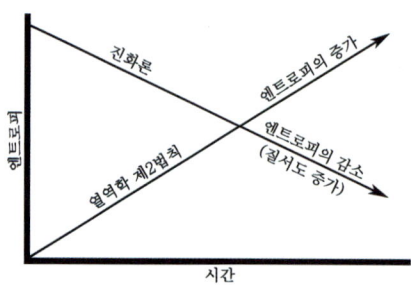

그림 4-10 열역학 제2법칙에 의하면, 엔트로피는 시간의 경과에 따라 증가하지만, 화학진화는 엔트로피가 감소할 때만 일어난다. 화학진화론은 인류역사상 열역학 제2법칙에 정면으로 위배되면서도 폐기되지 않는 유일한 이론이다.[27]

6. 생명의 기원과 자유에너지

전체 우주로 본다면 엔트로피는 증가한다. 이를 고전 열역학적 관점으로 보면, 유용한 에너지가 감소하는 것이고, 통계역학적 관점으로 보면 무질서도가 증가하는 것이고, 정보학적 관점으로 보면 의미 있는 정보의 감소라고 할 수 있다. 이는 원칙적으로 옳은 관점이라고 생각되나, 전체 우주가 아닌, 국부적인 반응에 대해서까지 바르다고 할 수 있을까? 그 동안 진화론자들은 국부적으로 엔트로피가 감소할 수 있는 가능성을 두고 창조론자들의 주장을 반박해 왔다. 하지만 엔트로피와 더불어 자유에너지(free energy) 개념을 활용하면, 실제로 어떤 반응이 일어날지를 좀 더 간편하게 예측할 수 있다. 자유에너지에는 헬름홀츠(Helmholtz) 자유에너지와 깁스(Gibbs) 자유에너지 등 두 가지가 있으며, 부피 변화에 따른 일을 고려한 깁스 자유에너지(Gibbs free energy)를 일반적으로 많이 사용한다.

자유에너지의 유용성

앞에서 열역학 제2법칙은

G (자유에너지) = H (내부에너지) − T (절대온도) × S (엔트로피)

표현할 수 있다고 했다. 자연계에 일어나는 모든 자발적인 반응은 자유에너지가 감소하는 방향으로 일어나기 때문에 반응 전후의 계의 자유에너지 값의 변화 ΔG는 반응이 일어날지 여부를 나타내주는 지표가 된다. 즉, 어떤 반응이든지 ΔG가 증가하는 방향으로는 일어나지 않는다는 것이 열역학 제2법칙의 또 다른 표현이기도 한다.[28]

　물의 예를 들어보자. 온도가 오르면 얼음이 녹고, 반대로 온도가 내려가면 물이 얼게 된다. 이러한 현상을 두고 얼음이 녹았으므로 무질서도, 즉 엔트로피가 증가했고, 반대로 물이 얼었으니까 엔트로피가 감소했다고 말하는 것이 무슨 의미가 있을까? 우리는 이미 주변에서 물이 얼었다 녹았다 하는 반응을 수없이 보고 있지 않은가! 실제로 물이 얼지, 얼음이 녹을지 결정하는 것은 물과 얼음의 온도에 따른 자유에너지 변화이다. 물이 상태변화를 하는 이유는 물과 얼음의 자유에너지가 0℃에서 같아지기 때문이다. 즉, 0℃ 이하에서는 얼음의 자유에너지가 낮고, 0℃ 이상에서는 물의 자유에너지가 낮기 때문이다.[29]

자유에너지는 특정조건 하에서 어떤 반응이 일어날 수 있는지 여부를 평가하는 좋은 지표이다. 실제로 자유에너지 개념은 물질들 간의 반응을 다루는 무기화학, 유기화학, 재료공학, 물리학뿐만 아니라, 생명체 내에서의 반응을 다루는 생화학, 원자 내의 반응을 다루는 핵물리학에 이르기까지 광범위하게 사용되고 있다. 물론 자유에너지는 반응이 일어날지 여부를 판단하는 기준이 될 뿐, 얼마나 빠르게 일어나는지에 대해서는 아무 것도 말해주지 않는다. 하지만 자유에너지가 증가하는 반응은 자연계에서는 일어날 수 없다. 그러므로 엔트로피만이 아니라, 내부에너지와 엔트로피를 모두 포함하는 자유에너지를 사용하여 창조-진화 논의를 하는 것이 적절하다고 생각된다.

라세미 혼합물의 자연적 분리?

자유에너지를 이용한 열역학 제2법칙을 라세미 혼합물의 분리 문제에 적용해 보자. 앞서 언급한 것처럼 일반적으로 자연계에서 합성되는 아미노산은 광학적 활성이 상이한 L-형 아미노산과 D-형 아미노산이 동시에 생성되며, 이를 라세미 혼합물이라 부른다. 생명체 내의 단백질은 L-형 아미노산만을 사용하므로 생명체가 자연발생하기 위해서는 우선 라세미 혼합물로부터 L-형 아미노산만을 분리해 내는 것이 필요하다. 가상의 실험을 위하여 아래와 같이 A와 B, 두 공간으로 나뉘어져 있고, 아미노산이 자유롭게 이동할 수 있는 격벽이 있는 상자를 상상해보자.

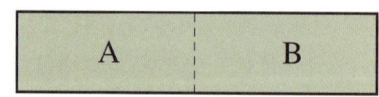

그림 4-11 아미노산이 자유롭게 이동할 수 있는 격벽이 있는 상자.

1,000개씩의 L-형 아미노산과 D-형 아미노산을 완전히 혼합된 상태에서 A에는 L-형 아미노산이, B에는 D-형 아미노산만이 위치하는 상태에 대한 자유에너지 변화를 계산해 보도록 하자. 한 종류의 아미노산의 광학이성질체는 광학적 활성을 제외한 물리적, 화학적 특성이 동일하므로, 두 상태 사이에서 아미노산 분자의 내부에너지 변화는 없을 것이고, 또 이들 사이에 반응이 없을 것이므로, 엔탈피 변화 ΔH와 열적 엔트로피 변화 ΔS_{th}도 없고, 배열에 따른 엔트로피 변화 ΔS_{conf}만 있을 것이다. 그에 따른 자유에너지 변화는 다음과 같이 나타낼 수 있다.

$$\Delta G = \Delta H - T(\Delta S_{th} + \Delta S_{conf}) = -T \Delta S_{conf}$$

그리고 여기서 배열에 따른 엔트로피 S_{conf}는 다음과 같이 나타낼 수 있다.

$$S_{conf} = k \ln W$$

여기서 볼츠만상수 $k=1.38 \times 10^{-23}$ J/K, W는 주어진 거시적 상태에 대응하는 미시적 상태의 수, 즉 배열 가능한 경우의 수이다. 그러면 아미노산의 분리에 따른 엔트로피 변화 ΔS_{conf}는 아래와 같이 쓸 수 있다.

$$\Delta S_{conf} = k(\ln W_{after} - \ln W_{before}) = k \ln \left(\frac{W_{after}}{W_{before}} \right)$$

이를 앞의 자유에너지를 계산하는 식에 대입하면, 아미노산 분리에 따른 자유에너지 변화는

$$\Delta G = -k \, T \ln \left(\frac{W_{after}}{W_{before}} \right)$$

로 주어진다. 분리 전, 즉 두 종류의 아미노산이 완전히 혼합되어 있는 경우에 각각의 아미노산은 방 A와 방 B에 있을 수 있는 두 가지 가능성이 있으므로, 배열 가능한 경우의 수

$$W_{before} = (2^{1,000})^2 = 2^{2,000}$$

이다. 반면에 완전히 분리가 되어 있는 상태에서는 L-형 아미노산은 방 A에, D-형 아미노산은 방 B에만 있어야 한다. 그러므로 이 경우 W_{after} = 1이다. 만일 아미노산의 분리가 상온인 27℃(300K)에서 일어난다면,

$$\Delta G = -1.38 \times 10^{-23} \times 300 \times \ln\left(\frac{1}{2^{2,000}}\right) 5.574 \times 10^{-18} \, J$$

이다. 이 수치는 작다고 생각될지 모르지만 중요한 것은 ΔG의 크기가 아니라 ΔG가 양의 값이라는 점이다.[30] ΔG가 양이라는 것은 아미노산의 자발적인 분리가 일어날 경우 계의 자유에너지가 증가한다는 말이며, 이는 원천적으로 일어날 가능성이 없음을 의미한다.

7. 비평형 열역학과 화학진화

이처럼 열역학 제2법칙은 생명의 자연발생을 다루는 화학진화를 지지

하지 않음에도 불구하고, 여전히 생물진화는 열역학 법칙과 상치하지 않는다고 주장하는 사람들이 있다. 이들의 가장 중요한 이론적 기초는 바로 벨기에의 노벨물리학상 수상자인 프리고진(Ilya Prigogine)이 제창한 비평형 열역학(non-equilibrium thermodynamics)이다.[31]

프리고진은 소위 '요동을 통한 질서'(order through fluctuations)라는 원리를 통해 평형상태로 환원되지 않는 새로운 질서 메커니즘을 제시하였다. 이러한 비평형계는 외부 세계로부터 연속적으로 에너지와 물질이 유입됨으로 형성된다. 이러한 비평형계가 되기 위해서는 평형상태로부터 임계거리(critical distance), 즉 에너지와 물질의 소산(消散, dissipation)의 최소수준을 유지해야 한다. 그래서 이런 비평형계를 소산구조(消散構造, dissipative structure)라고 부른다.[32]

그림 4-12 비평형 열역학의 기초를 놓은 프리고진..

프리고진 등은 이런 비평형, 비고립계에서는 충분히 온도가 낮으면 질서 있는, 낮은 엔트로피 구조가 만들어질 가능성이 있음을 발견했다. 이 새로운 질서 원리에 대한 구체적인 예로서 그는 상전이(phase transition) 현상이나 결정화(crystallization) 과정을 제시했다.[33] 그러면서 프리고진 등은 "거대 물리의 수준이든지, 요동(fluctuations)의 수준

제4강 생명의 기원과 열역학　159

이든지, 미시 수준이든지 모든 수준에서 비평형은 질서의 원천이다. 비평형은 '혼돈으로부터 질서'를 가져온다"고 했다.[34] 이러한 프리고진의 주장에 힘입어 일부 진화론자들은 생명체가 비평형계이며, 따라서 평형 상태의 열역학이 적용되지 않는다고 주장한다. 하지만 여기에 대해서는 두 가지를 고려해야 한다.

첫째, 생명체는 비평형 상태의 개방계이긴 하지만 물질과 에너지의 출입에 더하여 생명이라고 하는 신비한 현상이 첨가되어 있음을 기억해야 한다. 프리고진도 이 점을 지적하면서 비평형 열역학 원리를 생명체 형성에 적용할 수 없음을 지적하였다:

> 불행하게도 이 원리는 생물구조가 형성되는 것을 설명할 수는 없다. 일상의 온도에서 거대 분자들이 모여 고도의 질서를 가진, 살아있는 생물의 특징인 상합하는 기능을 가진 구조를 만들 확률은 제로라고 할 만큼 적다 (vanishingly small). 그러므로 현재와 같은 형태의 생명체가 자연발생 했다는 생각은 거의 일어날 가능성이 없는데, 이것은 전생진화(前生進化, prebiotic evolution)가 일어났다는 수십억 년의 기간에도 그렇다.[35]

자연의 어떤 계가 아무리 복잡하다고 해도 생명체와는 비길 수가 없다. 프리고진 등은 이런 점을 잘 알고 있었다:

> 우리는 착각을 하지 말아야 한다. 오늘날 우리가 생명과학과 놀라울 정도로 비슷한 상황을 연구한다고 해도, 심지어 생물계에서 평형상태에서 멀리 떨어진 어떤 작동을 발견했다고 해도 우리의 연구는 여전히 가장 간단한 생명체의 지극히 복잡함조차도 잘 이해할 수 없다.[36]

둘째, 이론적으로는 열역학 제2법칙이 고립계에 대해서만 적용된다고 하지만, 실제로는 고립계, 폐쇄계, 개방계 모두에 대해서 적용된다는 사실이다. 이 점에 대해서 하버드대학의 진화론자 로스(John Ross)는 "열역학 제2법칙에 위배되는 경우는 알려진 적이 없다. 통상적으로 제2법칙은 고립계에 대해서만 말하지만, 제2법칙은 개방계에 대해서도 동일하게 잘 적용이 된다"고 말한다.[37]

결국 비평형 열역학을 생명 진화의 열역학적 기초로 사용하려는 시도는 생명체의 복잡함, 생명의 신비로움, 물질계와 생명계의 차이를 간과한 것이며, 열역학 제2법칙에 대한 실제적 적용 가능성을 과소평가한 때문이라고 할 수 있다.

8. '법칙'에 위배되는 '이론'

지금까지 우리는 화학진화 및 생물진화 과정이 과연 자연에서 일어날 수 있는지를 열역학적 측면에서 살펴보았다. 이를 네 가지로 요약해 보자. 첫째, 지구를 개방계로 볼 경우 국부적으로 엔트로피가 낮아질 수 있음을 이론적으로는 인정할 수 있을 것이다. 둘째, 태양이 생명체 형성을 위한 에너지를 충분히 제공한다고도 할 수 있다. 그러나 셋째, 자연에 그 에너지를 받아서 저장할 수 있는 장치가 있는가? 마지막으로 자연에 저장된 에너지를 생명체를 발생시킬 수 있는 에너지로 변환하는 장치가 있는가? 모든 가능성을 최대한 인정한다고 해도 지구에서, 혹은 우주에서 생명체가 확률적 과정에 의해 저절로 탄생할 가능성은 없다.

물론 기원에 관한 대부분의 논의가 그렇듯이, 자연의 원리를 다루는 열역학적 논의 역시 어느 한쪽의 주장을 완전히 뒤엎을 수 있는 '결정적인 증거'는 아닐지 모른다. 그러나 현재까지 우리가 알고 있는 지식으로는 이 물질계에 속하지 않은 창조주가 존재하며, 그가 생명을 창조했다고 보는 것은 피할 수 없는 논리적 귀결이라고 할 수 있다.

에너지 보존법칙으로 알려진 열역학 제1법칙에 의하면, 에너지나 물질은 저절로 무에서 생겨날 수가 없다. 따라서 생명체를 만드는 물질이나 에너지의 존재가 저절로 존재했다고 하는 진화론의 주장은 열역학 제1법칙에 위배된다. 또한 임의적인 물질이 정교한 생명체로 진화했다는 화학진화 가설은 엔트로피 증가의 법칙으로 알려진 열역학 제2법칙에 정면으로 위배된다. 앞에서 언급한 바와 같이, 화학진화 가설을 최초로 주창한 오파린조차도 자신의 가설이 열역학 제2법칙에 어긋남을 시인하였다.[38]

화학진화만의 문제가 아니라 진화론 전체도 열역학 법칙과는 명백히 상치된다. 이 사실을 알고 있는 위켄(Jeffrey S. Wicken)은 "우주론적 화살은 무작위(randomness)와 무질서(disorder)를 만들어내는데 반해 진화론적 화살은 복잡성(complexity)을 만들어낸다. 완전한 환원주의적 진화론이라면, 진화론적 화살이 우주론적 화살로부터 유도될 수 있음을 증명해야 한다"고 지적했다.[39]

결론적으로 과학사에서 가장 잘 증명된 열역학 '법칙'은 진화 '론'과 상치된다고 할 수 있다. 아마 과학사에서 가장 잘 확립된 '법칙'과 명백히 상치되면서도 이처럼 끈덕지게 살아남을 수 있는 '이론'은 진화론뿐이지 않는가 생각된다. 이것은 진화론이 더 이상 반증이 불가능한 비과학임을 의미한다.

이 점에 대해 요키(Hubert P. Yockey)는 솔직하게 "유물론적 환원주의의 관점에서 생명의 기원이나 진화를 다루는 어떤 논의에서도 열역학적 엔트로피나 이것이 예측하는 우주의 '열적 죽음'(heat death)은 '반갑지 않은 손님'(uninvited guest) 역할을 한다"고 말했다.[40] 이것은 열역학적 관점에서 볼 때, 유물론적 진화론이 틀렸음을 간접적으로 시사한 것이라고 할 수 있다. 이제는 "진화가 일어난 것은 부인할 수 없는 사실이지만, 우리는 다만 그 구체적인 과정을 모를 뿐이다"라는 구차한 변명은 그만두어야 한다!

그림 4-13 무에서 저절로 에너지나 물질이 생겼다고 하는 주장은 열역학 제1법칙에 위배되고, 임의적이고 무질서한 물질이 저절로 고도의 질서를 가진 생명체로 진화했다고 하는 주장은 열역학 제2법칙에 위배된다. 그러나 하나님의 창조를 인정하면, 최초의 물질과 에너지의 창조는 물론 생명체의 존재를 무리 없이 설명할 수 있다.

9. 생명체 형성 확률

자연적인 방법을 모를 때 통상적으로 진화론자들은 확률적 가능성을 주장한다. 자연적인 방법으로 라세미 혼합물, 즉 L-형 아미노산과 D-형 아미노산이 만들어졌다고 가정하자. 그러면 자연에서 확률적인 과정을 통해 L-형과 D-형으로 저절로 분리되고, 그리고 이들이 적절한 배열을 통해 기능할 수 있는 단백질이 형성되고, 그리고 단백질이 최초의 단세포 생명체를 형성할 수 있는 확률은 얼마나 될까?

가장 간단한 세포의 형성 확률

와이송(Randy L. Wysong)의 계산에 의하면, 같은 수의 L-형 및 D-형 아미노산 혼합물(총 800개의 아미노산)로부터 L-형으로만 된 400개의 아미노산이 분리될 확률은 $1/10^{114}$이다. 이제까지 알려진 생물들 중 가장 간단하면서도 번식 가능한 세포는 가축의 폐렴을 유발하는 PPLO라는 균은 625개의 단백질을 갖고 있지만 계산의 편의를 위해 가장 간단한 세포가 만들어지는데 필요한 최소한의 단백질을 124개라고 하자. 그러면 각각 400개의 L-형 아미노산으로 된 124개의 단백질이 우연히 만들어지게 될 확률이 얼마나 될까? 400개의 아미노산이 모두 L-형으로만 존재할 수 있는 확률이 $1/10^{114}$이므로 124개의 그런 단백질이 우연히 형성될 확률은 $1/10^{114}$를 124회 곱한 숫자 즉, $1/10^{14,136}$밖에 안 된다.[41]

확률의 법칙에 의하면, "확률이 극히 작은 사건은 일어나지 않는다."[42] 현재 우리가 관찰할 수 있는 우주에서 일어날 수 있는 사건의 수가 얼마나 될 것인지 아는 것은 자연주의자들이 주장하는, 오랜 시간이 있으면 아무리 확률이 낮더라도 일어난다는 주장을 반박하는 데 있어서 필수적인 것이라고 생각한다. 이를 위하여 지적설계론자 뎀스키(William A. Dembski)는 우주의 탄생 이래로 우주에서 일어날 수 있는 사건의 최대 숫자를 다음과 같이 제시하고 있다:[43]

10^{80}개 (관측 가능한 우주 내에 기본입자의 수) ×

10^{25}초 (우주의 나이) ×

10^{45}Hz (플랑크 시간의 역수로서 기본입자 하나에 있어서 초당 일어날 수 있는 최대 물리적 사건의 수)

$= 10^{150}$.

뎀스키는 우주의 나이를 현재 관측 가능한 140억년, 즉 4.415×10^{17}초보다 훨씬 더 큰 수를 사용하고 있지만 이는 어떤 사건이 일어날 수 있는 가능성의 범위를 크게 잡는 보수적인 자세라고 할 수 있다.[44] 이 결과를 다르게 말한다면, 우주에서는 $1/10^{150}$보다 낮은 확률의 사건은 일어날 가능성이 없다는 것이다.

현대 우주론에서 말하고 있는 우주의 나이를 받아들인다고 해도 전 우주에 걸쳐 $1/10^{150}$보다 낮은 확률의 사건은 일어날 수 없다.[45] 이것과 비교해 보면 $1/10^{14,136}$은 얼마나 더 낮은 확률인가? 앞의 확률 계산에서는 단백질이 기능을 수행할 수 있도록 L-형 아미노산들이 독특한 형태로 배열될 확률은 고려하지 않았다. 이를 고려하면, 100개의 L-형 아미노산들이 우연히 특정한 배열을 하여 독특한 하나의 단백질을 형성할 수 있는 확률은 $1/10^{130}$에 불과하다. 그러므로 이 확률이 앞의 확률과 곱해진다면, 생명체 합성에 필요한 특별한 단백질 합성 확률은 훨씬 더 작아진다. 또한 생물학적 활성을 갖기 위해 이 단백질들은 적당히 접혀야 하는데 500개의 아미노산으로 된 단백질이라면 10^{800}가지의 형태를 가질 수 있다. 그 중 특정한 몇 가지 형태의 단백질만이 생화학적인 활성을 가질 뿐이다. 따라서 생화학적인 활성을 가진 단백질이 저절로 만들어질 확률은 더욱 작아진다.

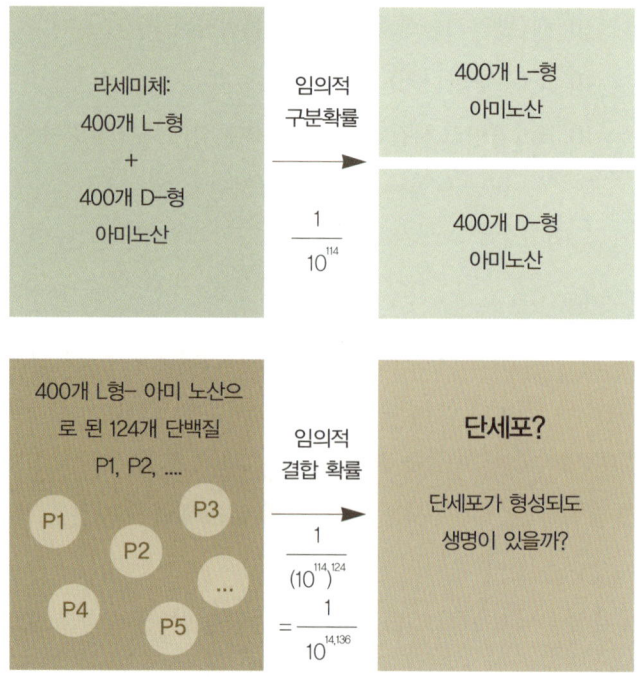

그림 4-14 대폭발 이론에 근거한 140억년의 우주의 나이를 고려해도 저절로는 가장 간단한 생명체 하나도 만들어질 수 없다.

그렇다면 140억년의 우주 역사에서 라세미 혼합물이 자연적으로 L-형과 D-형 아미노산으로 구분될 수 있는 최대 숫자는 얼마나 될까? 이것은 L-형과 D-형 아미노산 분자들이 140억년 동안 분리될 확률이 $1/10^{150}$보다 작아지기 위한 아미노산 분자의 최대 개수를 구하도록 하자. 이는 간단하게 배열 가능한 아마노산의 수가 10^{150}과 같아지는 것을 구하면 된다. 즉,

$$2^x = 10^{150}$$

의 방정식을 풀면 x는 498.3, 즉 아미노산 분자의 최대 개수는 약 500개이다. 이는 L-형 아미노산, D-형 아미노산이 각각 250개 이상이 섞여 있다면, 우주의 탄생 이후로 지금까지 아미노산이 자발적으로 분리가 될 가능성은 전혀 없다는 말이 된다. 이 계산이 보여주는 것은 막연히 아무리 작은 확률이라도 오랜 시간만 지나면 무슨 과정이든지 자연적으로 일어날 수 있다고 생각하는 자연주의적 사고에 쐐기를 박는다. 아미노산이 분리된다고 해도 아미노산 분리로부터 최초의 생명체까지는 멀고 먼 길임을 생각한다면, 확률적(우연적) 과정으로 최초의 생명체가 만들어졌다고 믿는 것은 창조주를 믿는 것 이상의 믿음이 필요하다!

실제로 조지 매이슨 대학(George Mason University)의 모로위쯔의 계산에 의하면, 평형상태에 있는 직전 물질로부터 50억 년 동안 간단한 대장균이 합성될 가능성도 $1/10^{100,000,000,000}$ 밖에는 되지 않는다! 아무리 작은 확률일지라도 0이 아닌 이상 오랜 시간이 지나면 일어날 수 있으리라 생각할런 지 모른다. 그러나 진화론적 계산에 의해서조차 우주의 연대가 무한하지 않음을 보여 주고 있기 때문에 '무한한 시간' 도 더 이상 진화론의 궁극적 피난처가 될 수 없다![46]

그림 4-15 생명의 기원 중에서도 대사작용의 기원에 집중해서 연구했던 이론생물학자 모로위쯔. 그는 오늘날의 세포들은 최초 생명체의 모든 생화학적 과정의 흔적을 갖고 있다고 주장했다.

생명 형성 확률의 몇 가지 비유들

그러나 위에서 제시한 확률이 얼마나 작은가를 상상하기는 쉽지 않기 때문에 몇몇 비유를 들어 생각해보자. 20세기 영국이 낳은 가장 탁월한 천문학자 중 한 사람으로 인정되는 호일(Fred Hoyle)은 보잉 747 점보기와 가장 간단한 생명체인 효모를 구성하는 '부품'이 둘 다 약 600만개로 비슷하다는 것에 착안하여 지구에서 생명이 저절로 발생할 확률을 이렇게 말했다:

> 쓰레기장에 보잉 747 점보 여객기의 모든 부품들이 분해되어 어지럽게 널려있다. 회리바람이 쓰레기장을 휩쓸고 지나간다. 회리바람이 지나간 후에 747 여객기가 완전히 조립되어 날 수 있도록 준비가 된 채로 서있을 확률이 얼마나 되겠는가?[47]

호일의 동료 위크라마싱(Chandra Wickramasinghe)도 비슷하게 "생명이 저절로 발생할 확률은 태풍이 쓰레기장에 불어서 보잉 747이 만들어지는 것처럼 불가능한 일이다"라고 했다.[48]

600만개의 날 수 없는 부품이 모여 저절로 날 수 있는 점보기가 만들어진다? 이것은 정상적인 사람이라면 상상하기 어렵다. 하지만 세포는 이와는 비교도 할 수 없을 정도로 복잡하다. 수 십억 개의 생명이 없는 '부품들'이 우연히, 그리고 저절로 모여 생명이 있는 세포가 된다는 것은 아무리 오랜 시간을 가정하더라도 불가능한 일이다!

호일이 제시한 루빅 큐브(Rubik's cube)의 비유는 어떤가? 큐브에 대해서 조금만 알고 있는 사람이라면 눈을 감고 큐브를 임의로 돌리다가 우

그림 4-16 쓰레기 더미로부터 보잉 747 점보 여객기가 시간이 경과한다고 해서 저절로 나올 수 있을까?

연히 맞추는 것은 거의 불가능함을 안다. 이제 500명에게 눈을 감고 완전히 흐트러진 큐브를 나누어주고 이들로 하여금 큐브를 맞추게 한다고 가정해 보자. 모든 사람들이 동시에 큐브를 맞출 확률은 얼마나 될까? 참고로 루빅 큐브를 뒤섞을 수 있는 방법의 총 수는 4×10^{19}가지임을 고려한다면 500명이 우연히 동시에 큐브를 맞출 확률은 약 $1/10^{10,000}$에 불과하다. 그러나 이것도 위에서 언급한 $1/10^{14,136}$보다는 훨씬 더 큰 확률이다![49]

또한 호일 등은 원숭이들이 타자기를 임의로 두들겨서 셰익스피어 작품들을 우연히 만드는 또 다른 비유를 제시한다:[50]

아무리 거대한 환경을 생각한다고 해도 생명은 임의적으로 시작될 수 없다. 아무리 원숭이 무리들이 야단법석을 떨며 타자기를 친다고 해도 셰익스피어의 작품들을 만들 수는 없다. … 동일한 비유가 생명 물질에도 적용된다. 무기물로부터 생명이 자연발생 할 수 있는 가능성은 $1/10^{40,000}$에 불과하다. … 이것은 다윈과 모든 진화론을 매장시키기에 충분한 크기이다. 원시 수프는 지구나 다른 어디에도 존재하지 않았다. 생명이 임의적으로 시작되지 않았다면, 생명의 시작은 목적을 가진 지혜(purposeful intelligence)의 산물이라고 봐야 한다.

호일이 제시하고 있는 비유들은 결국 생명은 임의적인 우연의 산물이 아님을 의미한다. 대폭발 이래 우주의 연대를 다 인정한다고 해도 생명체가 저절로 발생하기에는 너무나 시간이 짧다. 그렇게 짧은 시간 동안에 지구의 다양한 생명체들이 존재하기 위해서는 창조주의 지혜와 역사가 반드시 필요하다!

10. 긴 시간도 더 이상 '창조주'가 아니다!

지금까지 우리들은 생명체가 자연적으로 만들어질 수 있는 가능성을 살펴보았다. 하지만 어떤 방법으로도, 어떤 상상력으로도 생명체가 저절로 자연에서 만들어질 수 없음을 살펴보았다. 첫째, 물리학이나 화학, 생물학의 기본 법칙들은 모두 생명의 자연발생에 대해 부정적이다. 둘째, 화학의 법칙에 의하면, 산소가 있는 대기에서는 어떤 방법으로도 아미노산이 만들어지지 않는데 지구 역사에서 대기 중 산소가 없었던 시기가 없었다. 셋째, 유기화학의 법칙에 의하면, 설령 자연계에서 생명의 기초가 되는 아미노산이 만들어진다고 해도 이들로부터 생명체가 필요로 하는 아미노산만 분리해 내는 것은 불가능하다. 넷째, 화학진화론에서는 최초의 생명체가 물속에서 만들어졌을 것이라고 하지만, 물은 자연의 어떤 용매보다도 물질을 용해시키는 능력이 탁월하기 때문에 최초의 생명체가 물에서 탄생하기 위해서는 물의 가수분해(hydrolysis) 작용의 벽을 넘어야 한다. 마지막으로 물리학에서는 생명체를 이루는 모든 재료들이 준비되었다고 해도 열역학 제2법칙은 이들이 저절로 생명체를 만드는 것은 불가하다는 판결을 내린다.

1970년대 중반까지만 해도 사람들은 최초의 생명은 원자들 간의 무작위적인 반응에 따른 우연의 결과라고 믿었다. 사람들은 아무리 작은 확률이라도 무한한 시간 동안 수많은 우연적 사건이 연속적으로 일어나서 자기복제와 돌연변이가 계속되면 최초의 생물세포가 만들어질 수 있다고 믿었다. 실제로 태초의 식지 않은 지구에 물이 생기고 30억 년 정도의 세월이 흐르면 최초의 생명이 탄생할 것이라고 믿었다. 그것은 자연주의적 관점에서는 나름대로 그 때까지 밝혀진 화석 기록을 근거로 만들 수 있는 최선의 가설이었다고 할 수 있다.

생명체가 무생명체로부터 생겨날 수 있으리라는 고대인들의 생각은 파스퇴르(L. Pasteur)의 실험을 통해 오래 전에 이미 부정되었음에도 불구하고, 오파린의 가설과 밀러-유레이의 실험으로 인해 사람들은 오랜 시간이 창조주일 수 있다는 신념을 버리지 않았다. 하버드대학의 왈드(George Wald)조차 아무리 작은 확률이라도 오랜 시간만 있다면 생명체가 만들어질 수 있으리라는 기대를 피력했다:[51] "오랜 세월이 흐르는 동안 불가능해 보이던 것이 가능성을 갖게 되고, 가능성은 개연성을 갖게 되며, 개연성이 있다는 것은 사실일 수도 있다는 것이다. 사람은 오직 기다려야 할 뿐이다. 시간은 스스로 (영구한 시간에 걸쳐 발생되는 무작위적인 반응과 더불어) 기적을 만들어낸다."[52]

과연 긴 시간이 생명의 창조주가 될 수 있을까? 본 장에서 살펴본 바와 같이, 아무리 작고 단순한 생명체라도 인간이 만든 가장 복잡한 시스템보다 복잡하고 정교하며, 아무리 오랜 시간이 주어진다고 해도 자연적으로 만들어지지는 않는다. 현대 지질학에서 말하고 있는 수십억 년의 지구연대조차도, 현대 우주론에서 말하고 있는 100억 년 이상의 우주 연대조차도 생명체의 자연발생과 관련해서는 찰나에 불과할 뿐이다. 어떤 방법이나 가설로도 생명의 자연발생은 설명할 수 없으며, 아무리 긴 시간을 가정한다고 해도 시간은 생명의 창조주가 될 수 없다. 시간 자체를 창조한 초월적인 창조주에 대한 가정 없이는 지구상에 존재하는 가장 간단한 생명체 하나조차 설명할 수 없다.

그럼에도 불구하고 과학자들이 자연발생에 대한 신념을 굽히지 않는 것은 무엇일까? 여기에 대해 천문학자 자스트로우(Robert Jastrow)는 과학이나 과학적 활동의 자연주의적 특성 때문이라고 지적한다:[53]

> 과학자들은 생명이 창조 행위의 결과가 아니었음을 증명하지 못하지만, 직업의 성격상 자연법칙의 한계 내에 놓여 있는 생명의 기원에 대한 설명을 추구하도록 휘둘린다. 그들은 스스로 "어떻게 생명이 무기물질로부터 생겨났을까? 그리고 그러한 일이 일어날 확률은 얼마나 되는가?"라고 묻는다. 그런데 유감스럽게도 화학자들은 무생명 물질로부터 생명의 창조에 대한 자연의 실험을 재현하는데 결코 성공하지 못했기 때문에 분명한 대답을 갖고 있지 않다. 과학자들은 그것이 어떻게 일어났는지 알

지 못하며, 더욱이 그들은 일어날 확률도 알지 못한다. 아마 확률은 매우 작을 것이며, 생명이 지구에 나타난 것은 기적적으로 낮은 확률의 사건일 것이다. 아마 지구의 생명체는 우주에서 독특한 것이리라 생각된다. 어떤 과학적인 증거도 그 가능성을 배제하지 못한다.

어떤 사람들은 창조-진화 논쟁을 신앙과 이성, 유신론과 자연주의의 논쟁인 듯이 생각하지만 적어도 생명의 발생에 관한 한 신앙과 또 다른 '신앙', 유신론과 또 다른 '유신론'의 논쟁이라고 할 수 있다. 모든 것을 이성적으로만 설명할 수 없는 창조주는 성경에만 있는 것이 아니라 창조주를 믿고 싶어 하지 않는 사람들의 마음속에도 있다. 그들은 인격적인 창조주를 믿는 대신 우연과 시간이라는 비인격적인 '창조주'를 비이성적으로, 그리고 비과학적으로 믿을 뿐이다!

토의와 질문

1. 열역학 법칙은 가장 잘 확립된 과학의 법칙이다. 그러나 이것은 진화론과 정면으로 배치된다. 특히 열역학 법칙은 화학진화 가설과는 도저히 양립할 수 없다. 화학진화 가설이 열역학 법칙, 특히 열역학 제2법칙에 모순되지 않는다는 진화론자들의 주장의 문제점들을 반박해 보라.

2. 한 번도 직접 검증되지 않은 '진화 가설'이 한 번도 틀린 적이 없는 '열역학 법칙'과 충돌하는 데도 진화론은 사라지지 않고 있다. 진화론의 '개념적 관성'이 이처럼 큰 이유는 무엇이라고 생각하는가?

3. 생명의 자연발생 확률이 거의 제로임에도 불구하고 생명의 자연발생에 대한 사람들의 확신이 사라지지 않는 이유는 무엇인가?

4. 반증주의자들이 제시하는 과학의 정의에 의하면, 반증이 불가능한 이론은 과학이 아니다. "진화론은 반증이 불가능하므로 과학이 아니다"라는 말의 의미를 설명해 보라.

제5강

생명의 기원과 설계

"DNA는 컴퓨터 프로그램과 같지만, 우리가 지금까지 만든 어떤 소프트웨어보다도 훨씬 더 진보된 것이다." - 빌 게이츠[1]

지금까지 우리는 열역학적으로 생명의 자연발생이 가능한지를 비판적 관점에서 살펴보았다. 생명의 자연발생에 대한 비판은 소극적인 창조론 운동이라고 한다면 생명 세계에 분명하게 드러나 있는 설계의 흔적을 찾는 것은 적극적인 창조론 운동이라고 할 수 있다. 설계의 흔적은 비단 생명 세계에서만 볼 수 있는 것이 아니다. 우주나 지구, 자연계 전체가 설계의 흔적으로 가득 차 있는데, 이에 대해서는 본 『창조론 대강좌』 시리즈의 다른 책에서 다룰 것이다. 아래에서는 생명체에서 설계의 흔적을 가장 웅변적으로 보여주는 몇몇 예들을 중심으로 살펴보고자 한다. 특히 생명 현상 핵심이라고 할 수 있는 DNA(deoxyribonucleic acid)의 구조와 설계를 중심으로 생명 설계의 증거를 살펴볼 것이다.

1. DNA의 발견

1866년 오스트리아 멘델(Gregor J. Mendel)이 유전의 법칙을 발견한 이래 사람들은 유전의 미시적인 메커니즘을 알아내기 위해 많은 노력을 기울여 왔다.[2] 그 결과 얻어진 가장 중요한 발견은 생물체 특유의 세포분열, 유전현상, 생식현상에 있어서 중심 물질이라고 할 수 있는 DNA의 구조와 기능을 발견한 것이다.

DNA의 구조연구는 1871년, 미이셔(Friedrich Miescher)가 핵산(核酸, nucleic acid)이라는 물질을 발견함으로써 시작되었다. 그러나 핵산이 발견된 후에도 오랫동안 이것의 화학구조는 베일에 싸여 있었다. 그러다가 1944년, 아베리(Oswald T. Avery)가 폐렴쌍구균(肺炎雙球菌)의 형질전환을 일으키는 물질이 DNA라는 놀라운 사실을 발견하였다.[3] 그리고 10여 년 후인 1953년, 윌킨스(Maurice Wilkins)와 프랭클린(Rosalind E. Franklin)은 DNA의 X선 회절(X-ray diffraction) 사진 촬영에 성공하였다.[4] 이 사진을 근거로 같은 해, 미국의 왓슨(James D.

그림 5-1 DNA 구조를 발견한 왓슨과 크릭[5]

Watson)과 그의 영국인 지도교수 크릭(Francis Crick)은 DNA의 분자구조, 즉 이중나선구조를 발견하였다. 윌킨스와 더불어 왓슨과 크릭은 DNA의 구조 해명으로 1962년 노벨 생리 의학상을 받았다.[6] DNA의 구조가 밝혀진 이래 지금은 유전의 대체적인 메커니즘이 밝혀져 있는 상태이다. 이러한 유전자에 대한 지식은 유전공학을 통해 우리의 삶에 실질적인 영향을 미치고 있다.

세포의 염색체 속에 유전물질이 있음은 오랫동안 알려져 있었으나 그 유전인자의 기본 구조가 그처럼 간단한 것임을 발견한 것은 DNA의 구조가 밝혀진 후였다. DNA란 세포핵에 들어 있는 이중나선구조의 긴 고분자 화합물로서 생물의 유전적 정보를 보관하는 창고라고 할 수 있다.

2. DNA의 구조

유전을 지배하는 물질은 세포 내에 있는 세포핵에 들어있으며, 세포핵은 크게 핵단백질, DNA, RNA(ribonucleic acid) 등의 세 물질로 이루어져 있다. 이 중에서도 특히 DNA는 유전에 중심적인 역할을 하며 인간의 경우 하나의 세포 내에 들어있는 DNA의 길이는 대략 170cm 내외이다. 아미노산이 단백질의 주요 구성단위인 것처럼 DNA는 오탄당(五炭糖, pentose)과 인산염(燐酸鹽)이 번갈아 가면서 배열된 두 기둥 사이에 네 종류의 염기, 즉 아데닌(adenine, A), 티민(thymine, T), 사이토신(cytosine, C), 구아닌(guanine, G)이 수소결합으로 적당한 조합을 이루며 배열되어 있다. 네 종류의 염기는 A는 T와, G는 C와 쌍을 이루는데, 이들의 결합형태가 곧 유전정보를 포함하고 있다.[7] 네 가지 염기 A, G,

C, T는 유전정보의 알파벳과 같아서 이것들이 적당히 배열되면 유전에 관한 지시를 내리는 암호가 된다. 이러한 구조는 거의 무한대의 유전 정보를 포함할 수 있기 때문에 아담과 하와로부터 태어난 수백억의 인류 중 한 사람도 같은 사람이 없는 것이다.

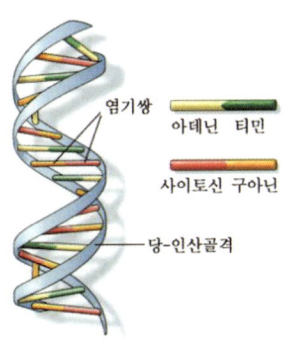

그림 5-2 DNA의 구조. 모든 생명체의 유전정보는 DNA 내의 네 개의 염기로 이루어져 있다. DNA의 구조가 알려지기 전까지 인간은 유전이 이루어지는 메커니즘이 얼마나 정교하고 복잡한지 상상도 하지 못했다. DNA의 구조가 밝혀진지 50년이 지났지만, 인간은 유전 메커니즘에 대하여 모르는 바가 많다. 누가 이처럼 기계적 정확성을 가지고 한 세대의 형질이 다음 세대에게 전달되도록 설계했을까?

그러면 DNA의 구조와 기능에서 생명의 자연발생설을 받아들일 수 없는 근거는 무엇인가? 우선 DNA를 구성하는 오탄당의 일종인 디옥시리보스(deoxyribose)도 아미노산의 경우와 같이 광학적 활성에 따라 L-형과 D-형이 있다. 자연적으로 생성될 때는 50%의 L-형과 50%의 D-형이 공존하는데, 생물체에 있는 DNA는 모두 D-형의 당으로만 되어 있다. 그러므로 여기서도 어떻게 DNA가 전부 D-형의 당으로만 되었는지의 의문이 생긴다. 자연계에는 L-형과 D-형 당의 분리가 일어날 수 있는 메커니즘이 없으므로 DNA가 자연발생 되었다고 보는 것은 과학적으로 불가능하다. 따라서 DNA가 어떻게 생겼는지를 설명하려면 불가불 창조주의 설계와 간섭을 받아 들여야 한다.

또 화학진화에서는 원시해양에서 당, 인, 염기가 합해서 뉴클레오티드 (nucleotide)가 되었고, 이것이 저절로 일정하게 배열됨으로써 DNA가 형성되었다고 한다. 그러나 다량의 물이 있는 상태에서는 DNA가 합성되기보다는 오히려 뉴클레오티드로 분해되는 방향으로 반응이 이루어진다. 더구나 원시대기 상태에서 에너지원으로 가정하는 자외선 및 우주선은 DNA를 분해하기에 적합한 복사선을 포함한다. DNA는 260nm의 자외선을 강력히 흡수하여 분해되는 것으로 알려져 있다. 또한 뉴클레오티드와 단백질 합성에 필요한 에너지가 있었다고 해도 창조주의 지혜의 개입 없이 DNA가 갖는 유전정보를 산출해 낼 수는 없다. 정보란 우연히 자발적으로 생길 수 없다. 그것은 에너지와 지성의 개입을 필요로 한다.

이 점에 대해 독일연방정보기술연구소(German Federal Institute of Physics and Technology) 소장이자 정보과학자인 지트(Werner Gitt)는 다음과 같이 단호하게 말한다 :

> 왓슨(James D. Watson)과 크릭(Francis H.C. Crick)의 [DNA 구조] 발견 이래 현대 연구자들은 점점 더 세포 내에 있는 정보가 생명의 존재를 위해 중요하다는 것을 깨닫고 있다. 생명의 기원에 관해 의미 있는 진술을 하려는 사람은 누구나 어떻게 정보가 생겨났는지를 설명할 수 있어야 한다. 모든 진화론적 견해는 근본적으로 이 중요한 질문에 답을 할 수가 없다.[8]

생명이 존재하려면 정보가 있어야 한다는 것은 현재 정보기술이 발견한 생명체의 발생 혹은 존재에 있어 또 다른 조건이라고 할 수 있다. 그렇다면 그 정보는 누가 만든 것이며, 누가 부여한 것일까? 지적인 설계자를 가정하지 않고 어떻게 생명체 내에 존재하는 엄청난 정보를 설명할 수 있을까?

3. 설계의 증거

생명과 유전의 기본 단위인 DNA는 정보 집적도가 인간이 만든 어떤 정보기기보다도 높다. 그러므로 DNA의 구조 그 자체가 설계의 증거를 보여준다고 할 수 있다. 평균적으로 세포의 크기는 1마이크론(1/1,000mm) 정도인데, 그 속에는 세포의 에너지를 공급하는 미토콘드리아와 세포핵 등이 있고, 그 작은 세포핵 속에 고분자 화합물 DNA가 있다. DNA는 비록 기본 구조가 매우 간단하긴 하지만, 전체적으로 이중나선(二重螺線, double helix) 구조로 된, 상상할 수 없을 정도로 정교한 필라멘트이다. 우리 몸에 있는 DNA를 다 연결해 본다면, 지구에서 태양까지 가는 것만큼이나 길지만 무게는 1g도 안 된다. 핵 하나에 있는 DNA의 길이는 약 170cm인데 이것이 1마이크론 정도밖에 안 되는 세포핵 속에 밀집되어 있다고 생각해 보라. DNA를 얇은 녹음 테이프로 비유하면 이것은 일생동안 무한한 정보를 갖고 끝없이 풀려 나오면서 사람의 성장, 소화, 심장의 고동 등 생존 일체를 각본에 따라 지시하고 명령하는 기억장치에 비유할 수 있다. 한 개의 세포핵에 들어있는 DNA의 정보량은 『브리태니커 백과사전』 20만 페이지 이상의 분량에 해당한다고 한다.

흔히 사람들은 인류가 아담과 하와로부터 유래하였다면 지구상에 있는 수십억의 사람들이 지문 하나도 같지 않다는 사실을 어떻게 설명할 수 있느냐고 묻는다. 그러나 이것은 한 개의 세포핵 속에 들어있는 유전

정보의 양이 얼마나 엄청난 지에 대한 이해가 부족한 탓이다. 한 개의 세포핵 속에 들어있는 유전정보, 게다가 부부가 가지고 있는 서로 다른 유전자의 조합 가능성을 생각한다면 지금까지 지구상에 태어났던 수백억의 사람들에게는 아담과 하와의 유전적 조합 가능성의 극히 일부분만 발현되었다고 할 수 있다.

여러 가지 생물체에 있는 DNA의 화학구조는 서로 비슷하다. 개나 파리, 곰팡이, 사람의 DNA가 다 비슷한 것은 흥미 있는 일이다. 이는 모든 생물이 다 같은 기본 원소들로 구성되어 있는 것처럼 지구상에서 살아나가며 같은 자연적 법칙의 영향을 받고 있으므로 DNA 구조도 어느 정도 비슷하다고 할 수 있다. 그러나 DNA의 구조가 비록 비슷하긴 하지만 결코 같지는 않다. 어떤 생물은 물속에서 살며, 어떤 것은 공중에서, 어떤 것은 땅에서 사는 차이가 있듯이, DNA도 일정한 기본 종류 내에서 다양성이 있다.

DNA가 들어있는 세포핵 내의 염색체 수도 생물의 종류에 따라 다르다. 사람은 46개(23쌍)이며, 개는 22개, 소는 60개, 잉어는 104개, 원숭이는 54개, 고양이는 38개 등인데, 이것을 보면 염색체 수가 진화론적 분류대로 된 것이 아님을 알 수 있다. 즉, 더 고등동물로 간다고 반드시 염색체수가 더 많아지지는 않는다는 것이다. DNA의 구조가 비슷한 것은 오히려 이것이 한 설계자의 작품임을 보여준다고 할 수 있다.

4. '창조주의 자비'

이 DNA에는 각 생물체의 독특한 형질을 발현하게 하는 각종 유전정보가 들어있다. 우리 몸속에는 약 60-100조(兆)개에 이르는 세포가 있는데, 그 많은 세포 속에 동일한 DNA가 들어있다. 60억의 인구가 지문하나 같지 않고 다르게 존재하는 이유가 바로 세포 속에 담겨 있는 엄청난 유전정보 때문이다.

모든 생물체에 다 DNA가 있으나, DNA의 염기서열(base sequence)은 다르다. 단세포 박테리아인 대장균(Escherichia coli) 하나의 염색체 속에 약 4,000개의 유전인자가 있고, 적어도 460만개의 DNA 염기쌍이 있으며, 그 속에 약 107비트(bits)라는 엄청난 유전 정보를 갖고 있는데, 이는 『브리태니커 백과사전』을 약 800페이지나 쓸 수 있을 만큼 많은 정보라고 추산된다. 간단한 단세포 생물인 대장균도 그러한데, 하물며 세포가 60-100조 개나 되고 약 210종류의 세포로 이루어진 사람의 DNA 염기쌍은 얼마나 많은 정보를 보유할 수 있겠는가. 사실 그 염기조성을 배열할 수 있는 방법은 거의 무한하다고 할 수 있다. 이것은 곧 한 종류 내에서 변이가 생길 가능성이 얼마나 큰가를 말해 준다. 이 모든 증거들은 생명체 뒤에 있는 창조주를 보여주는 최고의 증거라고 할 수 있다.

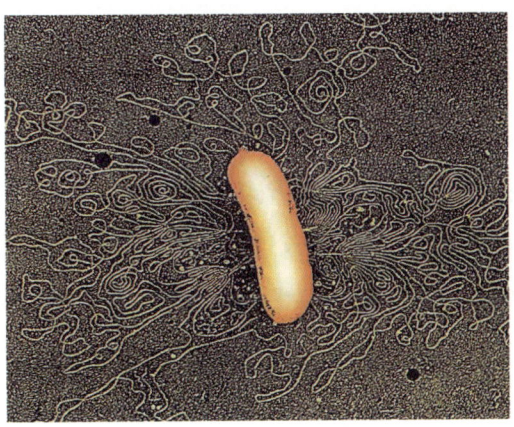

그림 5-3 1개의 대장균으로부터 나오는 DNA 가닥을 전자현미경으로 확대한 것. 가장 간단한 미생물의 DNA라고 할지라도 엄청난 정보가 그 속에 내장되어 있다.[9]

어떤 사람은 각종 생물들에게 살균제나 살충제를 비롯한 각종 약에 대한 면역성이 생기는 것을 진화의 증거라고 주장하기도 한다. 그러나 면역성의 발현은 DNA에 포함된 엄청난 유전적 가능성의 발로일 뿐 진화와는 아무런 상관이 없다. 오히려 이것은 다양한 환경 속에서도 생육하고 번성하면서 생물들이 살아갈 수 있도록 이들을 설계한 창조주의 존재를 증거한다고 할 수 있다. 혹자는 이를 '창조주의 자비'라고 부르기도 한다.[10]

5. DNA 복제와 단백질 합성

DNA의 구조와 그 속에 들어있는 엄청난 유전정보에 더하여 DNA의 복제 메커니즘, 즉 유전정보가 한 세대로부터 다음 세대로 전달되는 정교한 과정도 창조주의 지혜의 절정을 보여준다. 20세기 후반에 와서야 자세히 밝혀진 유전 메커니즘에 의하면, DNA에 포함된 유전정보는 기계적인 정확성을 가지고 다음 세대로 전달된다. 드물게 자외선이나 우주선, X-선 등에 의해 유전 정보의 전달에 문제가 생기기도 하지만, 돌연변이 교정장치(DNA repair system)가 있어서 자연계에서는 10만-100만 세대에 한 번 정도 돌연변이가 일어날 뿐이다.

세포핵에 있는 각 DNA는 자기의 특유한 유전정보를 가지고 있으며, 이 유전정보는 놀라운 과정을 통해 다음 세대로 전달된다. 우선 DNA의 이중나선구조가 풀어지면서 한 가닥에 있는 유전정보를 상보적인 폴리리보뉴클레오티드(polyribonucleotide)의 형태로 전사(轉寫, transcript)한다. 이때 폴리리보뉴클레오티드는 정보를 전달하는 역할을 하기 때문에 메신저 RNA(messenger RNA 혹은 mRNA)라고 부른다. mRNA는 단백질을 이루는 긴 아미노산 사슬의 배열순서를 자세히 지시해 줄 암호를 갖고 있다. DNA의 유전정보는 mRNA에 의해 RNA분자에 전사되고 이때 전사된 RNA의 염기 암호가 틀(template)이 되어 세포질의 리보솜(ribosome) 표면에서 각 생물 특유의 단백질을 형성한다. 리보솜 표면에서 단백질을 구성하는 각각의 아미노산이 순서대로 펩티드 결합을 이루어 각 생물 특유의 단백질을 형성하는 이 과정을 '번역'(translation)이라 한다. DNA의 이중나선이 풀어져 일정한 규칙에 따라 염기들이 다시 수소결합을 이룰 때 반드시 아데닌(A)은 티민(T)과, 사이토신(C)은 구아닌(G)과 짝을 지어 새로운 DNA 분자가 복제된다.

  합성된 아미노산 사슬의 배열순서는 mRNA의 염기배열에 따라 번역되어 결정되고, mRNA는 DNA로부터 상보적 염기로 전사되어야 비로소 단백질 하나가 합성된다. 단백질 하나를 합성하는데 필요한 것으로는 70여 가지의 효소와 더불어 다른 아미노산과 에너지(ATP 분자의 형태로)가 계속적으로 세포에 공급되어야만 한다. 이처럼 복잡하고 질서 있게 진행되는 과정이 자연적으로, 자발적으로 일어난다고 할 수 있겠는가? 이런 과정이 저절로 일어난다고 믿기 위해서는 엄청난 믿음이 있어야 한다!

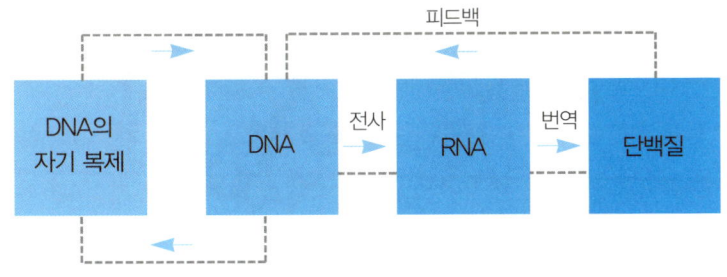

그림 5-4 DNA 복제와 단백질 합성.

6. '배선도'와 '배선공'

단백질이 저절로 만들어질 수 없는 또 다른 이유로는 단백질 합성에 있어서 DNA(유전자)와 효소(酵素, enzyme)의 상호의존성을 지적할 수 있다. 단백질 합성을 지시하는 DNA 분자 자체의 유지 및 기능을 위해서는 효소가 필요하다. 그런데 효소는 고단백질 분자로서 생명현상의 반응을 촉진하는 촉매물질이며, 생체 내에서 합성된다. DNA의 자기복제를 위해서는 효소가 필요하고, 효소가 만들어지기 위해서는 반대로 DNA가 필요한 것이다. 즉, 효소와 단백질, DNA는 어느 하나가 없이 다른 것의 존재를 생각할 수 없다는 점에서 이들은 상호의존적이다. 그러므로 생명이 자연적으로 생겨났다고 주장하는 사람들은 단백질과 DNA가 저절로 동시에(구체적인 과정은 모르지만) 존재하게 되었다는 매우 어색한 가정을 하지 않으면 안 된다.

태초의 지구에서 화학진화의 과정을 통해 고분자 유기 중합체가 합성되었다고 하자. 그렇지만 어떻게 유전자와 같은 자기복제 물질이 되었

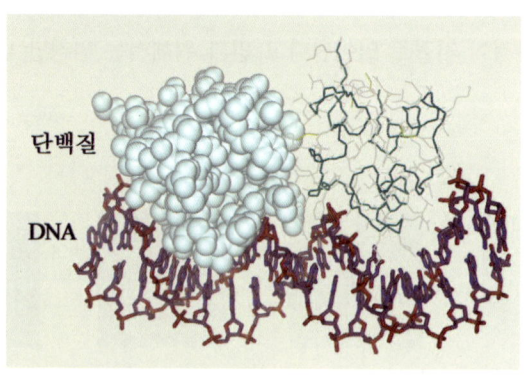

그림 5-5 생명체가 만들어지기 위해서는 배선공에 해당하는 단백질(위)과 배선도에 해당하는 DNA(아래)가 동시에 존재하여 상호작용 해야 한다.

고, 효소가 생겼으며, 증식하는 생명체가 되었는가? 이것은 현대 분자진화생물학의 과제로 남아 있다. 이들의 선재(先在)를 설명하기 위해서는 이들을 창조한 창조주가 있다고 가정하는 길밖에 없다.

생명의 자연 발생 가능성이 확률적으로 거의 불가능할 정도로 작음이 밝혀지자 진화론자들은 오랜 시간을 들고 나온다. 아무리 작은 확률의 사건이라도 긴 시간만 있다면, 일어날 가능성이 커진다는 것이다. 이에 대해서는 왈드(G. Wald)의 말을 한 번 더 인용할 필요가 있다:[11]

> 사실 시간이 이 이야기의 주인공이다. 우리가 다루어야 하는 시간은 20억 년 정도의 기간이다. 인간의 경험에 근거해서 불가능한 것으로 여겨지는 것은 의미가 없다. 긴 시간만 주어진다면 '불가능한 것'(the impossible)도 가능하게(possible) 되고, 가능한 것은 있음직하게(probable) 되고, 있음직한 것은 실제로 확실한(certain) 것이 된다. 사람은 기다릴 뿐이다. 시간 그 자체가 기적을 연출한다.

7. 긴 시간이라는 '창조주'?

과연 오랜 시간만 있으면 창조의 기적이 일어날까? 긴 시간만 있으면 아무리 작은 확률의 사건이라도 일어날 수 있을까? 오늘날 우주론에서 말하는 시간이면 충분할까?

우주 진화론에서 제시하는 우주의 나이도 무한하지 않다. 100년에도 못 미치는 인간의 수명에 비해서는 대폭발 우주론에서 제시하는 140억 년의 우주 연대나 균일설(均一說, Uniformitarianism)에서 말하는 수십억 년의 지구연대가 거의 무한대로 느껴질 수도 있지만, 이 긴 시간도 확률적 과정을 통해 생명이 저절로 발생하기에는 순간에 불과하다.

확률적으로 가장 간단한 생명체 하나가 자연적 조합을 통해서 저절로 생성될 수 있는 가능성은 우주의 나이를 고려할 때 발생 확률의 한계라고 할 수 있는 $1/10^{50}$보다도 훨씬 작다.[12] 결국 이것은 생명이 저절로 발생될 수 없음을 보여 준다. 창조주가 오늘날 화학진화론자들이 주장하는 과정을 따라 생명체를 창조하였는지, 아니면 우리가 알지 못하는 제3의 방법을 사용하여서 생명체를 만들었는지 알 길은 없다. 그러나 분명히 말할 수 있는 것은 현재의 생명체는 생명을 부여한 초월적 창조주 없이는 존재할 수 없다는 사실이다. 복잡하고 정교한 DNA의 구조와 유전 메커니즘은 고도의 지적인 존재에 의한 설계를 가정하지 않고서는 도저히 상상할 수 없다. 또한 DNA와 단백질이 동시에 있어야만 생명현상이 유지되는데, 이런 것들이 자연발생적으로 일어났다고 믿는 것은 지혜를 가진 창조주가 창조하고 운행한다고 믿는 것보다 더 큰 믿음을 요구한다.

파리대학 정형외과 과장인 도비뉴(Merle d'Aubigne) 역시 생명 세계에 대한 지성과 설계에 대한 생각으로부터 벗어날 수 없음을 고백한다:[13]

> 생명의 기원은 여전히 미스터리이다. 실험적으로 성공했다는 것이 증명되지 않은 한, 나는 단백질이 저절로 유기체 속에서 정렬되어 스스로를 유지하기 위해 산소와 연속적으로 결합하고 스스로를 복제할 수 있는 어떤 물리적, 화학적 조건들을 만들었다고 생각할 수 없다. … 개인적으로 나는 생명을 위한 조건들을 변화시킴으로 선택된 우연한 돌연변이가 뇌와 또한 허파, 심장, 콩팥, 관절이나 근육들의 복잡하고 합리적인 유기체를 설명할 수 있다는 생각에 만족할 수 없다. 어떻게 지성적이고 조직하

는 어떤 힘에 대한 생각으로부터 벗어날 수 있다는 말인가? 이 문제는 여전히 미스터리로 남는 듯하다.

이런 점에서 위크라마싱(Chandra Wickramasinghe)이 「런던 데일리 익스프레스」(London Daily Express)와의 인터뷰에서 지적한 바는 적절하다고 할 수 있다: "우리는 마음을 열어두어야 한다. 이제 우리는 생명에 대한 유일한 논리적 대답이 우연하고 임의적인 조합이 아니라 창조라는 것을 깨닫는다."[14] 그의 지적처럼 태초에 생명을 만든 창조주가 있어야 한다는 것은 불가피한 논리적 귀결이라고 할 수 있다. 그렇지 않고 생명체의 존재를 믿는 것은 창조를 믿는 것보다 더 큰 믿음이 필요하기 때문이다!

결론적으로 "진화의 약점 중 하나는 그것이 의식 있는 생명이 출현할 수 있는 어떤 승인할 수 있는 방법도 갖지 못했다는 것이다."[15] 엄청난 유전정보, 유전정보의 정확한 전달, 그리고 돌연변이 교정 장치 등이 머리카락 굵기의 1/100도 안 되는 작은 세포핵 속에 들어 있다면, 도대체 이들을 우연히 저절로 만들어졌다고 할 수 있을까? DNA의 구조나 그 속에서 일어나고 있는 유전정보의 전달과정은 자연에 나타난 창조주의 설계의 극치를 보여 준다고 할 수 있다.

토의와 질문

1. 본 장에서 논의한 내용은 자연신학적 함의가 내포된 것으로서, 역사적으로 인과론적 방법, 본체론적 방법과 더불어 '신 존재 증명법'의 하나에 해당한다고 할 수 있다. 그러나 인간의 전적 타락을 주장하는 개혁주의 학자들은 자연의 증거로는 하나님을 알 수 없다고 주장하면서 자연신학적 방법을 부정한다. 자연신학에 대한 자신의 평가와 더불어 본 장에서 논의된 내용의 가치를 평가해 보라.

2. 이전 어떤 시대보다도 오늘날은 우주와 지구, 생명에 대한 지식이 폭발적으로 늘어나면서 이들이 설계되었다는 증거가 누적되고 있다. 그렇다고 해서 사람들이 창조주 혹은 설계자에 대한 지식이 더 늘어났다고 볼 수 있는가? 그렇다면 왜 그렇고, 그렇지 않다면 그 이유는 무엇이라고 생각하는가?

3. 본 장에서는 주로 지구와 생명의 설계에 대한 증거들을 제시하였지만, 인체나 동식물, 천체나 우주 등의 연구에서도 다양한 설계의 흔적들을 찾아볼 수 있다. 자신이 설계의 흔적이라고 생각하는 증거들을 아는 대로 말해 보라.

4. 본 장에서 제시한 여러 설계의 증거들 중 하나나 둘을 선정하여 5-10분 정도의 2인 역할극을 만들어보자. 창조론자와 자연주의자(혹은 회의론자)로 나누어 자신의 입장을 옹호하고 상대의 입장을 반박하는 대사를 만들고, 이를 예배 시간이나 기타 모임에서 발표해보자.

제6강

외계생명체와 우주 탐사

"이 넓은 우주에 우리만 산다는 것은 엄청난 공간낭비이다."
- 영화 <콘택트> 中에서

생명이 지구에서 자연발생 했다는 주장이 여러 가지 문제점에 봉착하게 되자 일부에서는 생명체가 다른 천체에서 발생했으며, 이것이 지구에 왔다고 주장하는 사람들도 있다. 그러나 20세기 중엽까지만 해도 그런 주장들은 대부분 '신화적' 수준을 벗어나지 못했다. 외계생명체에 대한 관심이라고 해도 기껏 달이나 화성에 생명체가 살지 않을까, 혹은 1940년대 후반부터 본격적으로 보고되기 시작한 미확인비행물체(Unidentified Flying Object, UFO)가 실재하는 것이 아닌가 하는 정도였다.

그러다가 20세기 중엽을 넘어서면서 외계생명체를 찾으려는 사람들의 관심은 단순한 호기심을 넘어 본격적인 연구 수준에까지 이르게 되었다. 광학 및 전파망원경을 통한 연구는 물론 운석이나 혜성에 대한 연구, 우주선 발사를 통한 연구 등이 이어지고 있다. 이미 달에는 1967년에 인류가 첫 발을 디뎠고 미래에는 화성에까지 사람을 보내려는 야심 찬 계획들도 진행되고 있다. 이와 더불어 미항공우주국(NASA)이나 유럽우주국(European Space Agency, ESA)을 비롯한 여러 연구기관들은 우주선을 직접 보내기 전에도 많은 예산을 들여가면서 다양한 방법을 동원하여 지구가 아닌 다른 별에도 생명체가 존재하는지를 연구하고 있다.[1]

먼저 본 강에서는 그 동안 과학자들이 발견한 천문학적 지식들이 외계생명체의 존재에 관해 무엇을 말해 주고 있는지에 대해 살펴보고자 한다.

1. 드레이크와 세이건

후에 살펴볼 황당하고 거짓이 난무하는 미확인비행물체(UFO) 소동과는 달리 외계생명체 연구에는 많은 전문 과학자들이 참여하고 있다. 외계생명체 연구와 관련하여 일반인들에게 널리 알려진 인물로는 미국의 드레이크(Frank D. Drake)와 세이건(Carl E. Sagan) 등을 들 수 있다.[2] 1960년 당시 코넬대학 교수였던 드레이크는 웨스트 버지니아 그린뱅크(Green Bank)에서 열렸던 "지구 밖 생명체에 관한 그린뱅크 회의"에서 유명한 드레이크 방정식(Drake's Equation)을 발표하였다. 외계생명체 존재 확률을 산출하는 방정식인 드레이크 방정식은 오랫동안 별로 빛을 보지 못하고 있다가 1974년 유명한 칼 세이건이 "행성간 통신의 문제점"이라는 자신의 글에 이 방정식을 소개하면서 세상에 널리 알려지게 되었다. 이에 의하면 은하계에 존재하는 진보된 기술문명을 가진 문명의 숫자 N은 이렇게 나타낸다:[3]

$$N = R \times f_p \times n \times f_l \times f_i \times f_c \times L$$

여기서

R : 은하계 내에 있는 항성의 수를 별의 평균 수명으로 나눈 값

f_p : 항성 중에 행성을 가진 별들의 비율

n : 행성을 가진 항성 중에서 생물이 존재할 수 있는 환경을 지닌 행성의 수

f_l : 적당한 생태학적 환경을 지닌 행성 중에서 실제로 생물이 탄생하고 진화한 행성의 비율

f_i : 태어난 생물이 지적 생물로 진화할 확률

f_c : 지적 생물이 존재하는 행성 중에서 통신기술을 지닌 문명인이 존재할 확률

L : 그 행성의 수명에서 과학 기술을 지닌 문명인이 존재하고 있을 기간

세이건은 위 식에 $R=10$, $f_p=1/3$, $n=2$, $f_l=1/3$, $f_i=0.01$ 등의 추측된 값들을 대입하여 은하계 내에 문명을 지닌 존재의 수를 100만 개로 계산하였다.[4]

위에서 소개한 드레이크나 세이건의 계산은 실험이나 관측 결과에 근거한 것이 아니라 순전한 유추이다. 우리는 다른 사람들에게 직접적인 해를 끼치지 않는다면 어떤 유추라도 마음대로 할 수 있는 자유 민주주의 국가에 살고 있음을 기억해야 한다. 이들이 이러한 유추를 한 유일한 근거는 사람들이 살고 있는 지구는 태양의 한 행성이며 태양은 은하계에 속한 한 항성이라는 사실 뿐이다. 이들은 지구의 독특함이나 생명의 자연발생 불가 등의 기본적인 과학적 결과들은 무시하고 있다.[5]

언론의 자유가 보장된 나라에서는 유추에 근거한 자료라도 얼마든지 발표할 수는 있다. 하지만 문제는 이들이 과학자이자 박사학위를 가진 전문가들이라는 것 때문에, 다른 분야에서 훌륭한 연구 성과를 갖고 있다는 사실 때문에 대중들이 쉽게 그들의 주장이나 계산결과를 사실로 받아들일 가능성이 있다는 사실이다. 그러므로 책임 있는 위치에 있는 사람들이 상상력에 근거한 내용을 공적으로 발표할 때는 매우 조심해야 한다.

외계생명체를 연구하는 분야에서는 너무나 많은 추측이 난무하지만, 그래도 혹이나 하는 마음으로 과학자들은 연구를 계속하고 있다. 외계생명체는 존재의 유무를 떠나 그 자체가 인간의 호기심을 강하게 자극하기

그림 6-1 (a) "외계생명체 탐사"(Search for Extra-Terrestrial Intelligence, SETI) 프로젝트의 주역이자 우주에 산재한 문명의 개수를 추정하는 드레이크 방정식을 제안한 드레이크; (b) 외계생명체의 존재를 굳게 믿고 SETI 프로젝트와 화성 생명 탐사 실험 등에 적극 참여한 세이건.

때문이다. 그러므로 과학자들은 실낱만큼의 가능성이라도 있다면 연구에 착수한다. 하지만 우주가 너무나 크기 때문에 외계생명체를 탐사하는 것은 쉬운 일이 아니다.

외계생명체를 연구하는데 가장 확실한 방법은 우주선을 보내는 것이다. 하지만 이것은 기술적인 문제와 더불어 돈이 너무 많이 들고 우주가 크기 때문에 도달하기까지 시간이 너무 많이 걸린다. 지구에서 큰 돈을 들이지 않고 할 수 있는 대표적인 연구로는 외계에서 날아드는 전파를 분석하거나 외계에서 날아온 운석을 연구하는 일이다. 이 중 특히 운석 연구는 지구를 벗어나지 않고 과학자들이 지상에서 외계생명체를 가장 손쉽게 연구할 수 있는 방법이다.

제6강 외계생명체와 우주 탐사

2. 운석, 외계에 대한 창

외계생명체에 관해 지구상에서 가장 쉽게 연구할 수 있는 대상은 운석(隕石)이다. 운석이란 외계로부터 지구에 떨어지는 모든 물체들을 말하며 구성 성분에 따라 크게 철이나 니켈 등으로 이루어진 철질운석(鐵質隕石, iron meteorite), 석철질운석(石鐵質隕石, stony-iron meteorite),

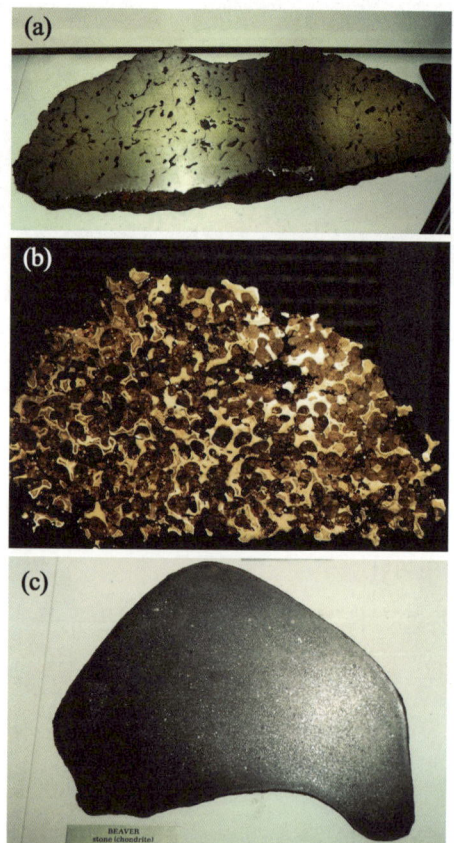

그림 6-2 다양한 운석들. 호주 남부 만나힐(Mannahill)의 위커루 스테이션(Weekeroo Station)에서 발견된 철질 운석(a); 남극 틸산맥(Thiel Mountains) 지역에서 발견된 석철질 운석(b); 미국 오클라호마주 비버 카운티(Beaver County)에서 발견된 석질 운석(c). 결정의 모양이 잘 보이도록 운석들의 한 면을 연마하였다. ⓒ양승훈

석질운석(石質隕石, stony meteorite) 등 세 가지로 나누어진다. 현재까지 확인된 운석의 비율은 철질운석이 5%, 석철질운석이 1%, 석질운석이 94% 정도이다.

운석의 분석

운석들 중에서 대기를 통과할 때 발생하는 고열에도 불구하고 유기화합물이 파괴되지 않을 수 있는 운석은 석질운석이다. 다른 운석들은 대기권에 진입할 때 백열(白熱) 상태가 되므로 유기화합물이 파괴되지만 석질운석은(특히 어느 정도 이상의 크기가 되는 운석의 경우에는) 열전도도가 작아 표면이 백열 상태가 되더라도 내부 온도가 별로 올라가지 않는다. 석질운석은 다시 실리카(silica)를 많이 함유하는, 직경 1mm 정도의 둥근 입자인 콘드률(chondrule)을 포함하고 있는 콘드라이트(chondrite) 운석, 콘드률과 탄소를 함께 포함하고 있는 탄소질 콘드라이트(carbonaceous chondrite) 운석, 콘드률을 포함하지 않는 아콘드라이트(achondrite) 운석으로 나뉜다.[6]

석질 운석 가운데서도 생명체가 존재할 가능성이 있는 운석은 탄소질

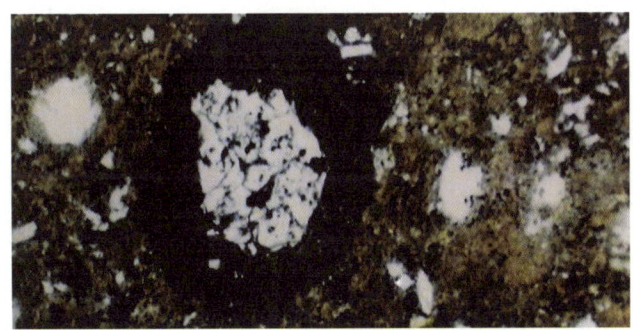

그림 6-3 200배로 확대된 멀치손(Murchison) 운석. 콘드률이 검은 무늬에 의해 둘러싸여 있다.

콘드라이트 운석이며, 이 운석의 유기화합물을 최초로 분석했던 사람은 유명한 화학자 베르젤리우스(Jöns J. Berzelius)였다.[7] 베르젤리우스는 1834년, 알라이 산맥(Alai Mountains)에 떨어진 운석을 분석한 결과 운석에 포함된 유기화합물은 생명체에서 유래한 것이 아니라고 결론을 내렸다.[8]

1864년에 낙하한 오르게이유(Orgueil) 운석에 대한 질량분석 결과는 1961년에 발표되었는데, 여기에서는 여러 가지 포화탄화수소(飽和炭化水素, saturated hydrocarbon)의 존재가 확인되었다. 그러나 일부 사람들은 이 포화탄화수소가 생체활동에 의한 것이라고 주장하지만, 밀러(S.L. Miller)와 오르겔(L.E. Orgel)은 이 운석의 포화탄화수소가 어떻게 생성되었는지는 모르지만 생명체의 활동에 의한 것은 아니라고 결론을 내렸다.[9] 또 어떤 사람들은 이 포화탄화수소는 운석이 낙하한 후 지표면에서 오염된 것이라고 주장하기도 한다. 사실 운석을 분석하는 데 있어서 지표면 물질들에 의한 오염 가능성은 매우 심각한 문제였다. 대부분의 운석들은 낙하한 후 상당한 시간동안 자연에 방치된 후 조사되기 때문이다.

멀치손 운석

오염에 대한 가능성이 비교적 적은 예는 멀치손(Murchison)에 떨어진 탄소질 콘드라이트 운석이었다. 1969년 9월 28일, 호주 빅토리아 지방의 멀치손에 떨어진 이 운석은 대부분 1970년 2월과 3월에 채집되었으며, 전체 무게는 약 100kg이었다. 그러나 일부분은 떨어진 당일에 채집되었기 때문에 전 세계는 이 운석의 분석 결과에 비상한 관심을 기울였다. 오염되지 않은 시료에 대하여 기체 색층분석기(gas chromatogr aphy)와 질량분석기(mass spectrometer)를 사용한 정밀한 분석이 이루어졌다.[10]

분석 결과 멀치손 운석은 1g당 2×10^{-7}몰(mole) 이나 되는 다량의 아미노산을 함유하고 있었으며,[11] 이 아미노산은 L-형과 D-형이 혼합된 라세미 혼합물(racemic mixture)을 형성하고 있었다.[12] 또한 방사능 연대측정법(radioactive dating)으로 이 운석의 나이가 46억년이나 된 (다시 말해 태양계가 형성되던 당시의) 운석이라는 결론을 내렸다. 그래서 진화론자들은 이런 탄소질 콘드라이트 운석이 운반한 유기물질들이 지구상의 생명체를 만들었다고 했다.

그러면 이런 분석 결과는 외계생명체에 관해 우리에게 무엇을 말해주는가? 어떤 사람은 멀치손 운석에 포함된 아미노산이 전생체적(前生體的, prebiotic)으로 합성된 아미노산과 유사하다고 하여 우주 어디선가 생명체의 화학진화가 이루어졌으리라고 유추한다. 그러나 좀 더 객관적 시각으로 본다면, 우리는 이 분석결과로부터 단지 두 가지 결론만을 말할 수 있을 뿐이다. 즉, 운석에는 명백히 아미노산이 존재했다는 사실과,

그림 6-4 멀치손 운석과 이를 기체 크로마토그라피로 분석한 그림. 다양한 유기물질들이 검출되었다.[13]

또한 그 아미노산은 지표면으로부터 오염된 것이 아닌, 운석에 고유하게 존재하고 있었던 것이라는 사실이다. 분석 결과는 이런 결론 이외에 외계 생명의 존재에 관해서는 어떤 실마리도 제공하지 않는다. 또한 운석에 포함된 아미노산이 L-형과 D-형의 혼합체이었음은 그 아미노산이 생명체에 의해 합성된 것이 아닌, 밀러 실험과 같은 유기화학적 반응을 통해 생성된 것임을 말해 준다. 이는 앞에서 언급한 바와 같이 생명체에 의해 합성된 것은 L-형 아미노산만을 함유하고 있기 때문이다.

3. 혜성이 생명체를 운반할 수 있을까?

외계생명체가 우주로부터 지구에 도착했다고 할 때 또 하나의 가능성은 혜성에 의한 운반 가능성이다. 일반적으로 혜성의 머리는 직경이 10-100km, 무게는 5×10^{11} 내지 5×10^{14} 톤, 내부온도는 -263℃ 이하로서 물, 암모니아, 메탄 등이 고체상태로 존재하는 것으로 추정된다. 혜성이 태양에 근접하면 태양열로 인해 혜성의 일부분이 증발하여 수백만 km에 이르는 발광 꼬리를 만든다. 이 발광 꼬리를 분광기로 분석해 본 결과 혜성에는 상당한 양의 시안화물(cyanide), 암모니아, 탄소화합물 및 다른 고분자 물질들이 포함되어 있는 것으로 추정된다. 온도가 낮더라도 유기물질로 된 얼음을 고에너지 광선으로 비추어 주면 유기화합물이 생길 수 있다는 것이 알려져 있으므로 혜성에도 유기물질이 존재할 가능성은 배제할 수 없다.

과연 혜성이 지구에 생명을 싣고 왔거나 생명이 출현하는 데 기여했을까? 여기에 대해서는 일반적으로 부정적인 시각이 지배적이다. 비록 혜

그림 6-5 지구 근처를 지나는 혜성. 혜성에 상당한 탄소 화합물이 함유되어 있다고 해도 혜성의 온도가 생명체를 합성하거나 운반하기에는 너무 낮다. 또한 생명체가 합성되었다고 해도 대기권에 진입할 때의 지나친 고온으로 인해 어떤 생명체도 생존할 수 없다.[14]

성에 상당한 탄소 화합물이 함유되어 있다고 해도 혜성의 온도가 생명체를 합성하거나 운반하기에는 너무 낮기 때문이다. 과거 언젠가 혜성이 지구에 충돌하여 지구에 상당한 유기물질을 보태었더라도 앞서 설명한 바처럼, 어떤 천체에서든지 유기물질의 합성이 생명 합성으로 연결될 가능성은 전혀 없다고 할 수 있다.

4. 전파천문학은 무엇을 말하는가?

운석이나 혜성과 같이 지구에 떨어지는 물체를 조사하는 것에서 한 걸음 더 나아간 연구는 외계에서 지구에 쏟아지는 전파들을 분석하는 것이다. 이것은 20세기 후반 천문학에서 전파망원경을 사용하는 전파천문학(radio astronomy)이란 새로운 천문학 분야가 탄생하면서 가능하게 되었다. 전파망원경은 다양한 분자들의 흡수나 방출 스펙트럼을 분석함으로써 우주 공간에 산재하는 분자들을 분석할 수 있다. 지금까지의 분석 결과에 의하면, 우주 공간에는 전생체적 물질에 속하는 여러 가지 물질이 존재하는 것으로 알려져 있다. 아미노산과 퓨린 등 대부분의 전생체적 물질의 합성에 관여하는 시안화 수소(hydrogen cyanide), 글리신과 당류의 합성에 관여하는 포름알데히드(formaldehyde), 사이토신과 우라실 (uracil)의 선구물질인 시아노 아세틸렌(cyanoacetylene) 등이 그것이다.

그러면 이런 물질들은 외계생명체의 존재와 어떤 관계가 있는가? 단도직입적으로 말하자면, 이러한 물질들과 외계생명체의 존재는 무관하다. 생명체는 유기물질로 이루어져 있지만, 유기물질이 존재하기 때문에 생명체도 존재해야 한다는 논리는 타당하지 않다. 혹자는 이런 물질들이 자연적으로 생성되는 메커니즘이 우주 어딘가에 있었다면, 화학진화를 통해 생명체도 만들어질 수 있을 것이라고 막연히 추측한다. 그러나 이것은 파리가 방안에서 날 수 있기 때문에 태양까지 날아갈 수도 있다고 믿는 것처럼 지나친 추론이다.

그림 6-6 미국 뉴멕시코 사막, 소코로(Socorro) 서쪽에 있는 Very Large Array(VLA) 전파망원경들. 27개의 움직일 수 있는 안테나가 철로 위에서 Y자 형태로 배열되어 있으며, 각 안테나의 직경은 25m에 이르고, Y자의 한쪽 팔의 길이는 21km에 이른다. 각각의 망원경들은 간섭기술을 통해 하나로 통합되어 골프공 크기의 전파원을 150km 떨어진 곳에서 찾아낼 수 있다(0.04arcsec). 이는 지금까지 만들어진 어떤 전파망원경보다도 더 높은 감도이다.

외계생명체 탐사 프로젝트

전파망원경의 등장으로 외계생명체 탐사는 새로운 전기를 마련하게 되었다. 즉, 전파망원경을 통해 외계로부터 지구로 날아드는 수많은 전파 신호들을 포착, 분석하여 이들 중 지능을 가진 존재가 발사했으리라 생각되는 것들을 가려내는 것이다. 이러한 프로젝트의 대표가 바로 외계생명체 탐사(Search for Extra-terrestrial Intelligence, SETI) 프로젝트이다. 지금까지 진행된 SETI 프로젝트 중 가장 최근의, 가장 방대한 연구는 2007년 10월 11일, 캘리포니아 북부, 샌프란시스코 북쪽 430km 지점에 있는 햇크릭(Hat Creek)에서 시작되었다.[15]

42개의 전파망원경 접시들을 연결한 알렌 망원경 어레이(Allen Telescope Array, ATA)를 사용하여 외계생명체가 발사했으리라 생각되는 전파를 탐사하기 시작한 것이다. 마이크로 소프트의 공동창업자인 폴 알렌(Paul G. Allen)이 총 5,000만 불 프로젝트의 절반인 2,500만 불을 기부함으로써 시작된 이 프로젝트는 나중에는 350여개의 전파망원경 안테나를 거느린, 역사상 최대의 SETI 프로젝트가 될 것이다. 과학자들은 ATA야말로 "외계생명체를 찾기 위한 목적으로만 제작된 최초의 주요 망원경"이라고 말한다. 과학자들은 이러한 "ATA의 탁월한 성능으로 인해 지능을 가진 존재가 발사한 신호를 발견할 것이며, 결국에는 우주 어딘가에 존재할지도 모르는 생각하는 존재를 발견할 것"이라 기대하고 있다.[16]

그러나 이런 엄청난 투자와 거대한 장비를 동원하더라도 과학자들은 이 넓고 넓은 우주에서 지성을 가진 존재의 흔적을 찾는다는 것은 '건초더미에서 바늘'을 찾는 것과 같음을 인정한다. 천문학자 쇼스탁(Seth Shostak)은 "4,000억 개의 항성으로 이루어진 은하계 건초더미로부터 얼마나 많은 바늘을 찾아낼 수 있을지 우리는 알 수 없다. 하지만 나는 2025년까지는 (지능을 가진 문명에서 쏘아 보낸 신호를) 찾을 수 있으리라 생각한다"고 했다. 말할 필요도 없이 이것은 구체적인 근거를 가지고 얘기한다기보다 단지 적어도 그 때까지는 발견되기를 바란다는 일종의 희망사항을 피력한 것이라고 보아야 한다. 이 프로젝트를 지원하는 폴 알렌 역시 이 프로젝트는 성공할 확률이 희박한 '모험 중의 모험'(long-shot of long-shots)임을 인정한다.[17]

5. 달에는 생명체가 있을까?

그러면 지구를 제외한 태양계 내의 다른 별들에는 생명체가 존재할 가능성이 있는가? 먼저 지구에 가장 가까이 있는 달을 생각해 보자. 사실 1950년대까지만 해도 달에 대하여 "계수나무 한 나무 토끼 한 마리"와

그림 6-7 달 표면에 착륙한 아폴로 17호의 착륙선과 우주인들, 그리고 달 표면에 처음으로 찍힌 발자국. 20세기 후반에 진행되었던 달에 대한 집중적인 연구는 달에서의 생명체 존재 가능성이 전무하다는 결론을 내렸다.

비슷한 생각을 가졌던 사람들이 있었다. 1960년대 후반, 아폴로 우주선이 가져온 월석(月石)을 분석하기 전까지만 해도 월석에 어떤 유기물질들이 있을 것인지에 대해 의견이 분분하였다. 그러나 월석의 분석결과는 달에서의 유기화합물의 존재 가능성을 완전히 부정하였다.

지구상의 흙과 각력암(角礫岩, breccia)이 25-250ppm의 탄소를 함유하는데 비해 월석은 불과 10-70ppm의 탄소를 함유할 뿐이었기 때문이다. 또한 아미노산 분석기와 기체 색층분석기의 분석결과 월석이 포함하고 있는 아미노산은 0-70ppb 정도였으며, 이는 극도로 조심하더라도 분석과정에서 오염될 수 있는 정도의 아미노산 양에 불과하다.[18] 또한 설사 월석에 유기물질이 존재했다고 하더라도 월면이 끊임없이 고에너지 하전 입자들로 이루어진 태양풍(太陽風, solar wind)을 받고 있으므로 쉽게 분해될 것이다. 그러므로 달에서의 생명 존재 가능성은 없다고 할 수 있다.

6. 목성 위성에 생명체가 있을까?

화성에 생명체가 존재할 가능성이 희박하다는 주장이 나오자 과학자들은 목성 위성에 관심을 기울이고 있다. 목성은 우리가 흔히 생각하는 생명체 거주요건과는 거리가 멀다. 하지만 목성이 거느리고 있는 20-30여개의 위성들 중 몇몇은 좀 다른 양상을 보여주고 있다. 실제로 가니메데(Ganymede)와 칼리스토(Callisto)와 같은 목성 위성 표면에는 서로 다른 두 층의 얼음 사이에 대양이 존재하는 것으로 추정되고 있다. 하지만 이 위성들의 대양은 암석이나 지표면에 닿아있지 않기 때문에 생명체 존재나 탄생과 관련하여 의미 있는 생물학적 환경이 조성되지 않는 것으

로 보인다.[19]

　이제 사람들의 관심은 목성 위성인 유로파(Europa)에 집중되고 있다. 유로파를 관측하는 학자들은 유로파 표면의 얼음 사진이 마치 액체 위에 둥둥 떠다니는 것처럼 계속 변하고 있다는 것에 주목하고 있다. 그래서 학자들은 유로파에는 지구의 두 배에 해당하는 물이 암석 맨틀과 닿아있는 것으로 추정한다. 이로 인해 일부에서는 성급하게 "화성 생물체는 잊어라. 대신 목성의 위성인 유로파에 주목하라"고 촉구하기도 한다. 미국 플래그스탭 지질학연구소의 행성지질학자로서 슈메이커-레비 혜성(Comet Shoemaker-Levy 9)을 공동으로 발견했던 슈메이커(Eugene M. Shoemaker)는 "태양계에서 생물체를 발견해 낼 수 있는 최적의 장소는 바다를 가진 행성"이라고 지적하였다.[20] 이들은 1979년 보이저호(Voyager)가 보내온 자료와 1996년 목성 탐사선 갈릴레오호(Galileo)가 보내온 자료에 근거하여 목성 위성인 유로파 표면에 물 혹은 진흙과 같

그림 6-8 얼음으로 뒤덮인 목성 위성 유로파의 표면과 결빙층. 커다랗게 갈라진 틈이 보이는 결빙층 아래에 무엇이 있을까? 과학자들은 생명체가 존재할 가능성이 있지 않을까 추측하고 있다.

은 유동체 위에 떠있는 두꺼운 결빙층(結氷層)이 있다고 추정했다. 그리고 결빙층과 더불어 95km나 되는 깊이의 숨은 바다를 가진 것으로 추정되는 유로파에 생명체가 존재할 가능성이 높다는 주장을 하고 있다.[21]

온도가 -130℃에 이르는 유로파 지표면 밑에 물이 있다는 주장은 갈릴레오호가 1997년 12월에 전송해온 자료로부터도 제기되었다. 이 자료를 분석한 NASA는 유로파의 얼어붙은 지표면 아래에 액체 상태의 물이 슬러시(slush) 상태로 존재한다는 증거가 있다고 발표했다. NASA는 빙하와 비슷한 구조, 엄청난 크기의 얼음판 모습, 따뜻하고 부드러운 물질로 이루어진 분화구 등을 볼 때, 유로파에 현재 물이 존재하고 있거나 근래에 존재했을 가능성이 높다고 했다. 일부에서는 유로파에 물이 존재하고, 유로파가 목성 및 다른 위성들과의 중력적 상호작용으로 인해 지표면 내부에 열이 발생하며, 여기에 혜성이나 운석 등에 의해 유기물질이 유입되면 생명체에 필요한 주요 성분은 모두 갖춰지는 것이라고 흥분하기도 한다.[22]

또 일부 과학자들은 당구공처럼 하얗고 매끈한 표면을 가진 유로파의 결빙층 밑에는 큰 바다가 있을 것이며, 해저화산의 영향으로 인해 바닷물이 따뜻할 것이라고 추정하기도 한다. NASA에서는 유로파에 진짜 바다가 있는지를 검증하기 위해 로봇 탐사위성을 파견할 계획까지 세우고 있다. 그러나 목성 위성에 대한 연구는 화성에 대한 연구에 비하면 아직 초보 단계라고 할 수 있다. 보이저호가 전송해 온 사진에서 얼음이라고 추정되는 형상도 아직은 어디까지나 추정일 뿐 확실한 것은 아니다.[23]

1995년부터 2003년까지 진행된 갈릴레오호의 탐사에 이어 과학자들은 다음 번 목성 탐사를 준비하고 있다. 미국 사우스웨스트 연구소(Southwest Research Institute)와 제트추진연구소(Jet Propulsion

Laboratory, JPL)는 공동으로 쥬노(Juno)라는 새로운 목성 탐사 프로젝트를 추진하고 있다. 쥬노는 목성 연구만을 위해 2011년 8월에 발사될 예정이다. 쥬노를 통해 학자들은 왜 예상과는 달리 목성 구름에는 수증기가 그렇게 적은지, 목성 내부는 무엇으로 이루어져 있는지, 목성의 극지방의 특성과 거대한 목성의 자장은 어떤지 등을 연구할 예정이다.[24]

7. 다른 행성들에는?

그러면 태양계의 다른 행성들은 어떤가? 먼저 지구보다 안쪽 공전 궤도를 도는 내행성(內行星, inferior planets)부터 생각해 보자. 지구 질량의 0.054배인 수성은 중력이 너무 작아 대기가 없고, 행성 전체의 평균 흑체복사(黑體輻射) 온도가 170℃이므로 생명이 존재할 수 없다. 지구와 크기가 거의 같고 구름으로 뒤덮여 있는 금성은 대기의 주성분인 이산화탄소의 압력이 90기압, 표면온도가 477℃까지 이르므로 지구에서와 같은 생명체가 존재할 가능성은 전무하다.[25]

외행성(外行星, superior planets)인 경우에도 상황은 크게 다르지 않다. 다만 천왕성, 해왕성, 명왕성의 경우에는 수성이나 금성의 경우와는 반대로 흑체온도가 각각 -218℃, -230℃, -231℃이므로 너무 추워서 생명체가 존재할 수 없다. 목성과 토성의 경우도 앞의 세 외행성들보다는 사정이 다소 낫기는 하나, 여전히 생명체가 발생하거나 존재하기에는 온도가 너무 낮다.

1977년 9월과 8월에 각각 발사된 보이저 1호, 2호의 조사에 의하면, 목성과 토성 대기의 최고온도는 -150℃ 내지 -145℃ 정도였다. 일부 학자들은 1980년 보이저 1호가 토성을 지나면서 조사한 토성의 위성 타이탄(Titan)과 1979년 보이저 2호가 목성을 지나면서 조사한 목성의 위성 유로파에서는 화학진화의 관점에서 생명체가 존재하거나 혹은 앞으로 생명체가 발생할지도 모른다고 말한다. 그러나 타이탄의 경우에도 온도가 -180°C이며, 앞에서 언급한 유로파도 온도가 매우 낮고 표면이 두꺼운 얼음으로 뒤덮여 있으므로, 이들 위성에서의 생명체 존재 가능성도 거의 없다고 말하는 것이 정직한 표현이다.

그림 6-9 1979년과 1981년 사이에 목성과 토성을 지난 보이저 1, 2호. 외계인들에게 전달하는 지구인들의 메시지를 담은 LP판이 실려 있다. 언젠가 우주인들이 LP판을 돌리면서 지구인들을 기억하기를 기대하면서…

과학자들은 그래도 수성보다 더 크고 태양계 전체에서 두 번째로 큰 위성인 타이탄에 대한 미련을 버리지 못하고 있다. 그래서 이에 대한 근접 조사를 위해 유럽우주국(European Space Agency, ESA)은 타이탄에 착륙할 탐사선 호이겐스(Huygens)를 실은 카시니호(Cassini)를 발사하였다. 2004년 6월 30일 토성에 도착한 카시니는 토성 고리와 같은 평면 궤도를 돌면서 2008년까지 토성에 관한 1차 연구를 진행할 예정이다.

2004년 12월, 카시니가 타이탄을 향해 발사한 호이겐스 탐사선은 성공적으로 대기권 진입과 착륙에 성공하였으며, 2005년 1월 14일 지구의 해수면 대기압보다 1.5배나 높은 타이탄 표면에 착륙했다. 그러나 아쉽게도 호이겐스는 단 한 장의 표면 사진만을 전송하고 더 이상의 활동을 하지 못하고 있으며, 그나마 이 사진은 흐리며 얼음 덩어리들이 지평선에 깔려있는 정경을 보여줄 뿐이었다. 하지만 카시니는 지금도 토성과 타이탄은 물론 그 외 피비(Phoebe), 엔켈라두스(Enceladus), 테티스(Tethys), 미마스(Mimas), 레아(Rhea), 이아페투스(Iapetus), 하이페리온(Hyperion), 다이오니(Dione) 등 토성 주변 위성들에 대한 자료를 전송하고 있다. 하지만 어디에도 생명체 존재의 가능성을 보여주는 위성은 전무하며, 우주에서 지구만이 생명체들이 존재할 수 있는 유일무이한 오아시스일 가능성을 강하게 시사하고 있다.[26]

8. 태양계 바깥에는…

그러면 태양계 바깥 우주는 어떤가? 진화론자들은 하나의 행성이 화학진화를 통해 지구에서와 같은 생명체를 탄생시키기 위해서는 천체의 온도가 적어도 100만 년 동안 -80℃에서 100℃ 사이에 머물러야 한다고 본다. 왜냐하면, 만일 지구에서와 같이 탄소와 물에 기초한 유기체라면, 100℃를 넘는 온도에서는 단백질이나 핵산과 같은 생체 고분자물질들이 재빨리 가수분해 될 것인 반면, -100℃ 이하에서는 생명합성에 필수적인 중요한 화학반응들의 속도가 너무 느릴 뿐 아니라 액체로 존재하는 용매가 없어 원천적으로 반응이 일어날 수가 없기 때문이다.

어떤 사람들은 지구상의 몇몇 생명체들은 -196℃의 액체질소나 심지어 -269℃의 액체헬륨의 온도에서 유지될 수 있는 것들도 있다고 주장한다. 그러나 그런 온도에서 생명이 유지될 수 있는 생명체들은 있지만 -15℃보다 낮은 온도에서 성장할 수 있는 유기체는 없다. 물론 지구상의 생명체와는 전혀 다른 규산염(silicate) 따위에 근거한 생명체들에게는 이런 조건을 부과할 수 없을 것이다. 그러나 밀러와 오르겔의 지적대로 이런 있을 법하지 않은 생물들은 "칵테일 파티의 화제로서 거론될 가치밖에 없다."[27]

생명체가 존재하기 위한 천체의 조건은 그 자체가 빛을 발하는 항성이어서는 안 되며, 지구와 같이 빛을 발하는 항성 주변을 공전하는 행성이어야 한다. 스스로 빛을 발하는 항성이라면 별 전체에서 핵융합 반응이 일어나고 있기 때문에 표면 온도가 수천만 도에 이르기 때문이다. 전체 별들의 절반 가까이를 차지하는 이중성이나 삼중성, 혹은 사중성 따위의 쌍성들도 가능성이 없는 것은 아니지만, 그런 별들은 공전하는 동안에 온도의 변화가 너무 크기 때문에 생물이 살 수 없다.

항성이 생명체가 살만한 행성을 갖기 위해서는 별의 밝기를 세로축으로 하고 스펙트럼형(혹은 분광형)을 가로축으로 그린 H-R 도표(Hertzsprung-Russell diagram)에서 태양과 비슷한 주계열성(主系列星) 영역에 속한 별들이어야 하며, 그리고 그 항성 주위를 공전하는 지구와 비슷한 행성이 있어야 한다.[28] 이런 주계열성은 전체 별들의 약 10%에 해당하며 말할 필요도 없이 태양도 여기에 포함된다. 이런 조건을 만족시키기 위해서는 행성과 항성 사이의 거리나 항성의 에너지 복사율 등이 매우 정확하게 조절되어야 한다. 그러나 불행하게도 태양계 바깥에 있는 가장 가까운 항성에 속하는 행성이라도 지구와 비슷한 크기의 행성은 미

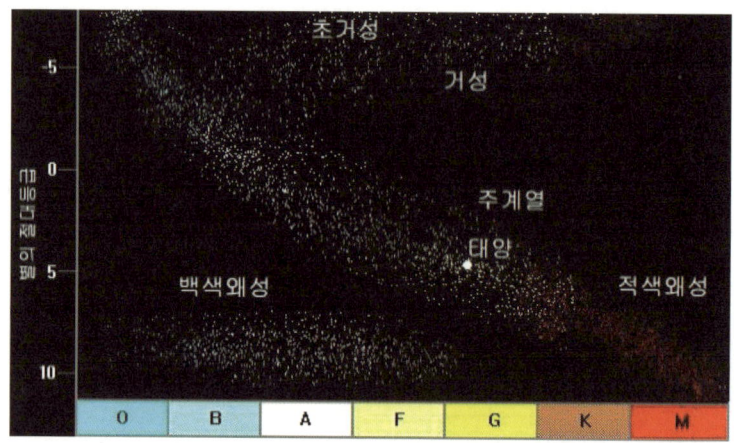

그림 6-10 H-R 도표. 좌표에서 왼쪽으로 갈수록 온도가 높아지고 위로 갈수록 별의 크기가 증가한다. 별들의 밝기와 스펙트럼 모양(온도)에 따라 분류하면, 대부분의 별들이 주계열(Main Sequence)이라는 띠 안에 들어온다. 그 외에도 작으면서 온도가 높은 백색왜성(white dwarf), 크면서 온도가 낮은 적색거성(red giant), 작으면서 온도가 낮은 적색왜성(red dwarf) 등이 있다.

국에서 로켓으로 대기권 밖으로 쏘아 올린, 팔로마산천문대(Mt. Palomar Observatory)의 200인치 해일망원경(Hale Telescope)의 50배 이상의 분해능을 가졌다는 허블망원경(Hubble Space Telescope)으로도 관측이 어렵다.[29]

근래에 들어 여러 외계 행성들이 관측되고 있지만 지구와 같이 생명체가 거주할 수 있는 수많은 조건들을 갖춘 행성을 찾는 것은 극히 어렵다. 지난 2005년, 최초의 외계행성 사진이라는 평가를 받은 이리자리의 GQ 별 주변의 외계행성(GQ Lupi b)도 생명체의 거주환경과는 거리가 멀다. 지구에서 400광년 떨어져 있는 이 외계행성은 독일 천체물리학연구소의 노이호이저(Ralph Neuhäuser) 박사팀이 발견했으며, 목성보다 더 무겁고 1,200년에 한 번씩 별 주변을 공전하는 것으로 추정된다. 하지만 생명체 거주 요건과는 거리가 멀다.[30]

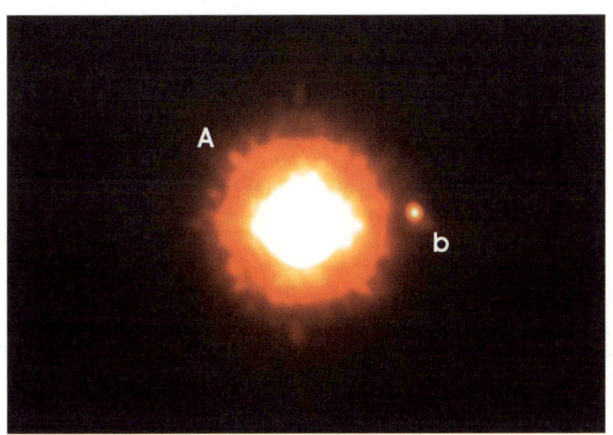

그림 6-11 2005년도, 영국의 과학전문지 「네이처」가 한 해 동안 과학계를 놀라게 한 10대 이미지의 하나로 선정한 외계 행성.

9. 오리온 대성운의 원편광

지난 2010년 4월 일본 국립천문대 등이 참가한 국제연구팀은 지구 생명체의 근원인 아미노산이 우주에서 왔다는, 생명의 우주기원설을 뒷받침할만한 증거를 발견했다고 발표했다. 이들은 연구결과를 국제학술지 「생명의 기원과 생태의 진화」(Origins of life and evolution of biospheres)에 발표했다. 논문에 의하면, 이들은 근적외선 편광 관측장치를 이용하여 지구에서 1,500광년 떨어진 별 생성 영역인 오리온 대성운 중심부를 관측한 결과 젊고 무거운 별인 IRc2 부근서 원편광(圓偏光)이 태양계의 400배 이상 크기로 퍼져 있는 것을 처음으로 발견했다. 원편광은 원을 그리며 오른쪽이나 왼쪽의 일정 방향으로 규칙적으로 진동하는 특수광인데 이들은 이 원편광 광선이 좌회전성(左回轉性) 아미노산과 우회전성(右回轉性) 아미노산 중 한 종류만 남기고 나머지 한쪽을 파

괴시키는 것을 확인했다고 한다.[31]

이들은 이 발견이 생명의 기원과 관련하여 중요한 의미가 있다고 주장한다. 인류를 포함한 지구 생명체는 모두 좌회전성(L-형) 아미노산을 갖고 있는데, 보통 지구상의 화학반응으로는(자연계에서든, 실험실에서든) 좌·우회전성 아미노산이 비슷한 비율로 생겨나기 때문에 지금까지의 생명체 자연발생설로는 이 같은 현상을 완전히 설명하기 어려웠다. 그런데 연구팀은 이번 관측에서처럼 원편광을 발하는 별 가까이에 좌·우회전성 아미노산이 혼합된 라세미 혼합물(racemic mixture)이 존재했다면, 원편광으로 인해 좌회전성 아미노산만 남았을 것이고, 이들이 운석에 포함되어 지구로 왔을 것이고, 지구에서 최초의 생명체를 형성했을 것이라고 설명했다. 연구팀은 이러한 주장이 지구에 떨어진 운석을 분석해서 태양계 가까이 대질량 별이 존재하고 있었다고 유추해낸 기존 연구결과와도 일치한다고 덧붙였다.

과연 이들의 연구가 생명의 기원과 관련해서 어떤 의미가 있을까? 이들의 연구는 새로운 별이 생성되고 있는 오리온 대성운 중심부의 1.3 광년(~0.4pc) 정도의 영역에 다른 영역에는 존재하지 않는 원편광이 존재하는 것을 확인했다는 천문학적 가치는 있다. 하지만 이것을 기초로 이웃 행성에서 좌회전성 아미노산이 분리되었을 것이고, 이들이 운석에 포함되어 지구로 왔을 것이고, 그리고 원시지구상에서 이들이 최초의 단세포 생명체를 형성했을 것이라는 것은 말 그대로 순수한 추측에 불과하다. 언론의 자유, 나아가 상상의 자유, 추측의 자유가 있는 나라에서는 어떤 추측이라도 가능하지만, 이것은 사실과는 엄격히 구분되어야 한다. 이들의 연구결과는 외계생명체 존재와 관련하여 말 그대로 단순한 하나의 추측 혹은 가능성에 지나지 않는다.

10. 외계생명 탐사 프로젝트

외계생명체를 탐지하는 또 하나의 방법은 직접 우주 탐사선을 외계로 보내어 적극적으로 외계와의 교신을 시도하거나 혹은 외계로부터 오는 전파를 분석하는 방법이다. 최초의 시도는 1972년 3월 3일, 미국이 파이오니어 10호(Pioneer 10)를 쏘아 보낸 것이었다. 이 우주선에서는 아래 그림과 같은 그림을 식각(蝕刻)하고 그것을 도금한 알루미늄 판을 안테나 지지대에 부착시켜 놓았다. 우선 이 그림의 가운데는 남자와 여자의 모습이 있다. 그리고 그 아래에는 태양계의 그림과 더불어 세 번째 행성에서 우주선을 쏘아 보냈으며 목성과 토성 사이를 지나 외계로 빠져나가는 그림이 있다. 이 우주선은 그 해 12월에 인류 역사상 최초로 태양계를

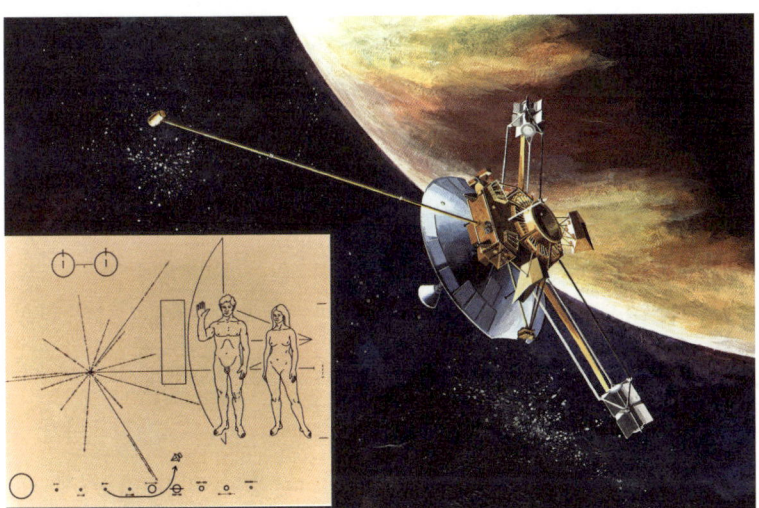

그림 6-12 인류 역사상 처음으로 태양계를 떠난 파이오니어 10, 11호와 이에 실어 보낸 알루미늄 판의 그림. 아령 모양으로 연결된 두 개의 원은 우주에 가장 풍부한 수소 원자를 나타내며, 중간에 방사상형으로 뻗어가는 모습은 은하계 내에 있는 태양계의 위치를, 아래에 있는 화살표는 파이어니어가 지구로부터 출발하여 목성과 토성 사이를 지나 태양계를 떠난다는 것을 표시한 것이다.[32]

빠져나갔지만 가장 가까운 별에 도달하기까지는 아직 8만 년을 더 비행해야 한다. 언젠가 비행하다가 이 알루미늄 판의 메시지를 해독할 문명을 만나기를 기대하면서…

그 후에도 미국은 보이저 우주선에 인간의 목소리와 모습 따위를 담은 장치를 실어 보냈다. 그러나 분명한 것은 설사 외계인이 있다고 하더라도 초속 40여km로 달리는 우주선 속도와 우주의 광대함을 고려할 때 향후 일억 년 이내에 외계인들의 반향(反響)을 들을 가능성은 거의 없다고 할 수 있다. 지상에서는 서울-부산을 10초에 주파한다면 대단한 속도지만, 우주에서 이 정도의 속도는 너무나 느리기 때문이다.

그래서 일부 과학자들은 다른 방법으로 외계생명체 연구를 하고 있다. 잘 알려진 바와 같이, 지구상에는 외계로부터 무수한 전파들이 쏟아지고 있다. 1960년부터는 이 전파들을 전파망원경으로 수신하여 지성을 가진 외계생명체가 쏘아 보냈음직한 전파를 찾아내려는 연구가 시작되었다. 구체적으로 코넬대학과 웨스트 버지니아주 그린 뱅크에 있는 국립전파천문대(National Radio Astronomy Observatory)에서는 '오즈마 프로젝트'(Project Ozma)라는 이름으로 외계에 고등 생물이 있을지 모른다는 전제 하에 외계로부터 오는 전파들을 분석하고 있다.[33]

또한 NASA에서도 이와 비슷한 연구를 하고 있다. '외계 지성 탐사'(Search for Extra-Terrestrial Intelligence, SETI)라는 프로젝트는 NASA 에임즈 연구소(Ames Research Center, ARC)와 캘리포니아 공대 제트추진연구소(JPL)가 공동으로 추진하고 있다. 여기서도 외계로부터 오는 전파신호 분석을 통해 외계생명체 존재를 확인하려고 노력하고 있다. NASA에서는 한 때 이 연구에 연간 1,000만 불 이상을 지원하였으며, SETI의 일환인 '극초단파 관측계획'(Microwave Observing

Project, MOP)에는 총 1억 불의 예산을 세웠지만, 아직까지 외계생명체가 존재한다는 어떤 징후도 발견하지 못하고 있다.[34]

미국을 비롯한 전 세계에서 지난 40여 년 동안 엄청난 돈과 인력을 투입하여 수만 개의 별로부터 들어오는 전파들을 조사하였지만, 생명을 가진 존재가 발사했으리라고 생각되는 전파는 전혀 없었다. 오즈마 프로젝트만 살펴보더라도, 이에 참여한 사람들은 1986년 초까지 엄청난 연구비와 총 125,000시간을 외계로부터 오는 전파 신호를 탐지, 분석하는 데 소비하였지만, 생명체 존재에 관한 단 하나의 긍정적인 결과도 얻지 못했다. 아직까지 포기하지 않고 연구를 계속하는 이유는 단지 "성공할 확률은 추정하기 어렵지만, 탐색 연구를 하지 않는다면 성공할 확률은 제로가 된다"는 사실 때문이다![35]

11. 가능성이 99%인 과학적 가설?

하지만 외계인의 존재에 대해 엄청난 확신을 가진 사람들이 주류 천문학자들 중에도 있다. SETI 연구소의 '외계인 사냥꾼' 쇼스탁 박사는 근래 국내 언론과의 인터뷰에서 2025년까지 외계생명체의 신호를 반드시 포착하게 될 것이라면서 자신감을 보이고 있다.[36] 프린스턴대 물리학과를 졸업하고 캘리포니아공대에서 천문학으로 박사학위를 받은 쇼스탁은 네덜란드 흐로닝언대학(University of Groningen) 교수직을 박차고 나와 20년째 '외계인 탐사'를 직업으로 삼고 있다.[37]

그는 이 엄청나게 큰 우주에 지구에만 생명체가 있다면 오히려 그것이 기적이라고 말한다. 그는 외계인과 교신할 수 있다면, 그들도 종교나 음악이 있는지 묻고 싶다고 했다. 그에게 외계생명체는 막연한 상상이 아니다. 그는 외계인의 존재는 '참'으로 밝혀질 가능성이 99%인 과학적 가설이라고 주장한다. 그는 2025년까지 반드시 외계생명체를 발견하리라고 확신한다. 이러한 주장의 근거에 대한 물음에 대해 그는 그것은 수학과 확률의 문제라고 말한다:

> 나에게 외계생명체는 수학과 확률의 문제다. 지구가 속한 은하계엔 태양 같은 별이 약 2,000억 개 있다. 그리고 우주엔 이런 은하계가 1,000억 개 넘게 있다. 만약 우리가 사는 지구가 이렇게 큰 우주에서 유일하게 생명체가 있는 장소라면 그건 엄청난 기적이다. 기적적으로 생명을 얻어 이렇게 마주앉아 이야기할 수 있다고 생각하면 기분은 흐뭇하겠지만, 그건 과학이 아니다. 과학자의 사전엔 '기적'이란 단어는 없다. '개연성'만 있을 뿐이다.

결국 쇼스탁의 주장은 확률, 그것도 별로 뚜렷한 근거가 없는 확률에 기초하고 있다. 그가 외계생명체 신호를 잡을 가능성을 높여주는 가장 결정적인 기술적 발전이라고 주장하는 것은 전자통신 기술의 눈부신 발전 속도이다. 그에 의하면 외계생명체는 분명히 있는데, 전자통신 기술의 부족으로 아직 발견을 못했을 뿐이라는 것이다:

> 전자통신 기술의 발전 속도는 눈부시다. 50년 전까지만 해도 영화 <콘택트>(Contact)의 조디 포스터(Jodie Foster)처럼 전파 망원경 하나 설치해놓고 이상한 신호가 오지 않는지 일일이 차트를 확인하는 수밖에 없었다. 지금은 컴퓨터가 이 일을 대신하는데, '무어의 법칙'에 따르면 컴퓨

터의 처리 속도는 18개월마다 두 배 빨라진다. 이는 20년 후 컴퓨터 속도는 지금보다 1,000배 정도 빨라진다는 뜻이다. 이 속도는 동시에 100만개 정도의 별로부터 오는 주파수를 분석할 수 있는 규모다.

전자통신 기술의 발달만을 근거로 20년 이상 한 천문학자가 외계생명체를 쫓아간다는 것은 보통 사람들은 이해하기 어려운 대단한 집념임이 분명하다. 사실 외계생명체의 신호를 포착한다고 해도 우리의 일상은 아무런 변화가 없을 텐데, 그렇게 평생을 바칠 정도로 그 문제에 집착하는 이유를 이해하기 어렵다. 아마 그도 이런 종류의 질문을 많이 받은 듯하다:

> 그것은 우주가 빅뱅에 의해 탄생했다는 것을 알아냈다고 해서 우리 삶에서 무엇이 달라졌느냐고 묻는 것과 비슷하다. 내가 외계생명체 탐사에 집착하는 이유는, 너무나 궁금하기 때문이다. 나는 외계생명체 탐사가 "인간의 유전자에는 왜 호기심이라는 것이 들어 있을까"라는 문제와 직결된다고 생각한다. 호기심이 계속 유전되는 까닭은 인간의 생존에 뭔가 도움을 주는 구석이 있기 때문이 아닐까.

하지만 아무리 생각해도 세계 최고의 캘리포니아 공과대학(Cal Tech)에서 천문학으로 박사학위를 마친 사람이 공상과학 영화에 등장하는 외계인과의 교신을 기대하면서 일평생을 보낸다는 것은 잘 이해되지 않는 부분이다. 그가 임종을 맞을 때까지 외계인 신호를 잡지 못했다고 한다면, 인생이 허무하게 느껴지지 않을까? 하지만 쇼스탁은 여기에 대해서도 이미 할 말을 준비하고 있었다:

전혀 아니다. 사람들은 나에게 오지도 않는 신호를 수십 년씩 기다리는 게 지루하지 않으냐고 묻는데, 외계인 탐사와 연관된 아이디어와 과학적 연구 결과는 매달 수백 개씩 쏟아진다. 단, 내가 죽는 날까지 신호가 잡히지 않는다면, 이런 유언을 남길 것 같긴 하다. "지금의 외계인 탐사 방법에 심각한 오류가 있는 듯하다. 포기하지는 말고, 다른 방법을 찾아라."

외계인과의 통신을 기대하면서 한 번 뿐인 인생을 통째로 투자하는 한 과학자의 집념은 존경할 만하지만, 현재로서는 그의 꿈이 이루어질 가능성은 거의 전무해 보인다. 그보다는 차라리 외계로부터 지구 표면에 떨어진 수많은 운석들을 찾아서 연구하는 편이 훨씬 더 인생을 지혜롭게 사용하는 길이 아닐까?

토의와 질문

1. 지구는 생명체가 살 수 있도록 최적으로 설계되었다는 증거들을 찾아보자. 그리고 이런 증거들을 모두 갖춘 별이 우연히 존재할 수 있는 가능성에 대해서 말해보자.

2. 지구상의 생명의 역사를 연구할 때 진화론자들은 "현재는 과거의 열쇠"라는 동일과정설(同一過程說)을 전제하고 있다. 또한 외계에 생명체가 있다고 주장하는 사람들은 우주는 지구나 태양계를 이루고 있는 물질들이나 과학적 법칙들과 동일한 것들에 의해 운행되고 있다는 균일설(均一說)을 전제하고 있다. 이 전제의 가장 큰 문제점은 무엇인가?

3. 현재까지 외계생명체의 존재에 대한 증거가 거의 전무함에도 불구하고 엄청난 예산을 들여가며 이를 조사, 연구하는 이유는 무엇이라고 생각하는가? 외계생명체 탐사를 주도하는 이면에 어떤 이데올로기적 요소가 있다면 말해보자.

제7강

외계생명체와 화성 열풍

"오늘 운석 ALH 84001은 수십억 년, 수백만 마일을 넘어 우리들에게 말한다. 그것은 생명의 가능성을 말한다." – 클린턴 (Bill Clinton)[1)]

외계로부터 올지도 모르는 전파를 무작정 기다리는 것보다 외계에서 지구 표면에 떨어진 운석을 찾아 외계생명체를 연구하는 것은 이미 오래 전부터 많은 사람들이 관심을 가졌던 일이다. 아마 외계생명체와 관련해서 가장 많이 입에 오르내리는 별은 역시 화성이라고 할 수 있다. 여기에는 몇 가지 이유가 있다. 우선 화성은 외계 생명체를 찾는 사람들이 가장 쉽게 접근할 수 있는 행성이기 때문이다. 또한 최근 NASA가 발표한 결과를 보면, 화성은 지구와 같은 45억 년의 역사를 가졌고, 그 첫 10억 년 동안 지표면에 많은 물이 있었다는 증거가 있다. 그래서 행성 지질학자들은 화성의 초기 시절을 '노아홍수기'(Noachian epoch)라 부르기도 한다.

또 지구와 같이 화성에도 호수나 지하수, 화산 등이 있었고, 생명체의 구성 원소를 포함한 대기도, 다른 행성들에 비해 비교적 적절한 온도도 있었다. 대부분의 과학자들은 화성의 춥고 건조한 표면 아래에는 지금도 물이 있다고 믿고 있고, 어쩌면 지하 어딘가에 미생물들이 살고 있을 가능성도 있다고 본다. 화성은 지구보다 더 오래 전에 생명체가 거주할 수 있는 조건을 갖추고 있었을 것으로 보기도 한다. 그래서 어쩌면 화성 표면에는 생물들의 화석이 여기 저기 존재할지도 모른다. 이런 많은 추측에도 불구하고 과학자들은 화성 생명체 존재에 대한 결론을 내리는데 매우 신중하다. 왜 그럴까? 도대체 화성이 어떤 행성이기에…

1. 화성

태양계의 네 번째 행성인 화성은 지름이 6,780km로서 지구의 절반 정도이며, 달의 두 배 정도이다. 질량은 지구의 1/10 정도, 중력은 지구의 38%, 밀도는 3.9(지구 밀도는 5.5)이다. 대기는 주로 이산화탄소 (95.3%), 질소(2.7%) 그리고 아르곤(1.6%)으로 이루어져 있으며, 지면 대기압은 지구의 1/100 이하이며, 표면에는 초속 40m 정도의 강풍이 분다. 평균 기온은 -53℃지만 극지방의 밤 온도는 최저 -128℃(최고 -98℃)까지, 태양에 가장 가까운 적도는 여름 정오에 30℃(최저 -98℃)까지 올라가는 등 연교차와 일교차가 매우 크다.

화성의 지형으로는 높이 26km, 길이 600km를 가로지르는 거대한 화산 올림포스(Mt. Olympus)가 가장 높은 곳이며, 태양계 최대의 협곡 마리네리스(Mariner Valleys)는 길이 4,000km, 깊이 5-10km의 기복을 가지고 있다. 화성의 위성으로는 길이가 수 km에 불과한 포보스(Phobos)라는 큰 달과 데이모스(Deimos)라는 작은 달이 있다.[2]

그림 7-1 화성. 태양계에서는 가장 생명체가 존재할 가능성이 높은 행성이라고 생각되었다.

화성은 태양으로부터 평균 227.7만km(최대 249.2만km, 최소 206.7만km), 즉 지구-태양 거리의 1.5배 정도 되기 때문에 춥고 공전주기가 687일에 이른다. 하지만 자전주기는 지구와 거의 동일하게 24시간 37분 23초이며, 특히 화성은 지구와 흡사하게 공전면에 대해 자전축이 25도로 기울어져 있기 때문에 계절이 있다. 그래서 태양계 내에서 지구 외에 생명체가 있다면, 화성이 가장 가능성이 높은 행성임에는 의문의 여지가 없다. 그래서 지난 세기 중엽부터 미국과 유럽 등을 중심으로 화성 탐사에 열을 올리고 있다.

2. 화성 '운하'

화성 생명체 탐사에 대한 열풍은 근래에 일어난 새로운 일이 아니다. 처음으로 화성 생명체에 대한 심각한 발표를 한 사람은 처음으로 화성 표면을 망원경으로 관측했던 이탈리아 천문학자 스키아파렐리(Giovanni V. Schiaparelli)였다. 1887년 그는 화성 표면에 희미한 직선

그림 7-2 화성 열풍을 일으켰던 스키아파렐리와 로웰.

무늬를 발견하고, 이를 수로(channel)를 의미하는 카날리(canali)라고 불렀다.

사실 카날리라는 말은 이의 기원에 대한 어떤 의미도 내포하고 있지 않았다. 후에 이 카날리는 울퉁불퉁한 화성 표면에 대한 일종의 착시임이 밝혀졌다. 하지만 사람들은 이것은 영어의 운하(canal)라는 말로 잘못 번역하였고, 이 말에 자극을 받아 화성 탐사의 열풍이 몰아쳤다. 스키아파렐리가 관찰한 '운하'(canali)는 화성 마리네리스 협곡의 어두운 지역이 만든 환영이었지만, 1970년대 마리너 9호(Mariner 9)와 바이킹(Viking) 우주선들은 실제로 과거에 화성에는 강이 만든 수로들이 있음을 확증하였다.[3]

 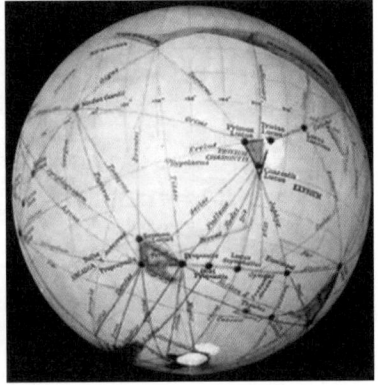

그림 7-3 로웰천문대에서 관측하는 로웰과 그가 작성한 화성 운하 지도.

스키아파렐리의 발표는 신흥 대국 미국의 실업가이자 아마추어 천문가였던 로웰(Percival L. Lowell)의 열정을 불러 일으켰다.[4] 보스톤에서 태어나서 자란 로웰은 1894년, 자신의 사재를 털어 애리조나 플래그스탭(Flagstaff)에 로웰천문대(Lowell Observatory)를 설립하였다. 천문대를 설립한 주요 목적은 바로 화성을 관측하기 위함이었다. 1895년에 그는 화성의 붉은 표면에 운하 네트워크가 존재한다는 것을 보고했고, 이를 고도의 문명이 존재하는 것으로 해석했다. 3년 후인 1898년, 그는 화성에 존재한 고대 문명을 연구하는 학술지를 창간하기도 했다. 그의 추측에 영감을 얻은 웰스(Herbert G. Wells)는 같은 해 『세계들의 전쟁』(The War of the Worlds)이라는 공상과학 소설을 발표하기도 했다.

그림 7-4 웰스의 『세계들의 전쟁』 표지.

하지만 로웰의 화성 연구 열정에 대해 과학자 공동체에서는 냉담했다. 도리어 그의 과장된 주장으로 인해 과학자들은 마음을 닫고 여러 세대 동안 외계생명체 탐사에 뛰어들지 않았다. 하지만 1960년대에 NASA가 마리너와 바이킹 등의 우주선을 쏘아 올리면서 화성열풍은 재연되었다. 이 우주선들은 화성의 지질, 지리, 기후 등을 탐사하는 목적도 있었지만, 주요 목표는 생명체 탐사였다.

3. 우주선에 의한 화성 탐사

우주선을 통한 초기 화성 탐사는 인공위성 발사에서 미국을 앞섰던 구 소련에 의해 시작되었다. 비록 지구궤도에 도착하는 데는 실패했지만, 구 소련은 1960년 10월 10일에 최초의 화성 탐사 우주선을 발사하였다. 그 이후 1970년대 중반까지 구 소련의 마스(Mars), 포보스(Phobos) 계획과 미국의 마리너, 바이킹 계획 등을 중심으로 화성 탐사가 계속 이어졌다.

1965년에 시작하여 1970년대 초반까지 지속된 마리너 프로젝트는 우주선을 화성 표면에 가까이 접근시켜서 수천 장의 생생한 화성 표면 사진을 찍는데 성공했다. 하지만 사진에 나타난 화성 표면은 건조하고, 황무한, 생명체에 대해 극히 적대적인 환경이었다. 화성 표면에는 운석과 소행성 충돌로 인한 운석공들이 흩어져 있었고, 곳곳에 거대한 화산들도 널려 있었다. 화산들 중 어떤 것은 지구에 있는 어떤 화산보다도 규모가 더 컸다. 이처럼 화성 표면에 대한 자세한 연구가 진행되었지만, 화성 표면 어디에서도 운하나 도시는 물론 생명을 유지하는데 필수적인 물은 흔적조차 발견되지 않았다.

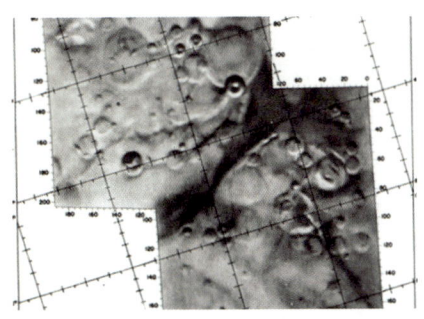

그림 7-5 마리너가 찍은 최초의 정밀한 화성 표면 사진.

화성 궤도에서 사진만을 찍었던 마리너와는 달리 미국의 바이킹 1, 2호는 착륙선을 보내어 생생한 화성 표면의 사진을 지구에 전송하여 사람들을 열광시켰다. 1976년 7월 20일, NASA는 화성 표면에서 유기화합물을 조사하고 살아있는 미생물의 활동 흔적을 찾기 위해 바이킹 우주선을 화성에 착륙시켰다. 바이킹이 운반한 실험장치는 중요한 두 가지 실험을 수행했다. 하나는 화성 표면의 흙을 국자로 퍼서 영양분이 풍부한 배양용액과 접촉시킨 후 미생물의 활동이 있는지 여부를 관측하는 것이었다. 배양용액 속에는 미생물의 활동을 추적할 수 있는 방사성 탄소(^{14}C)가 포함되어 있었다. 만일 미생물이 존재하고 이들이 배양용액으로부터 ^{14}C를 포함하고 있는 영양분을 흡수해서 대사작용을 한다면, 미생물은 ^{14}C를 포함하는 이산화탄소($^{14}CO_2$)를 배출할 것이고 이것은 실험장치에 의해 검출되도록 되어 있었다.

그림 7-6 화성에 착륙한 바이킹 상상도와 바이킹이 전송한 화성 표면 사진.

실험결과 배양용액은 실제로 흙과 반응을 했고 $^{14}CO_2$를 배출하였다. 처음에는 미생물이 존재해서 이들의 어떤 대사작용이 일어나는 것은 아닌가 생각했다. 하지만 이 결과는 흙속에 탄소를 포함하고 있는 분자가 있는지를 확인하는 두 번째 실험에 의해 부정되었다. 바이킹의 유기물질 분석기는 화성 토양에 탄소를 포함하고 있는 물질은 물론 그런 물질의 흔적조차 없다는 결과를 보내왔다. 처음에 ^{14}C를 포함하는 $^{14}CO_2$가 배출된 것은 배양용액과 흙속에 있던 과산화수소(hydrogen peroxide)와 같은 강산화제가 반응하여 배출한 것으로 해석되었다.

지구와 같이 화성에도 오랜 세월동안 외계로부터 유기물질(탄소를 포함하는)이 풍부한 입자들이 유입되었다고 본다면, 화성 표면이나 표면 가까이의 흙속에 유기물질이 조금이라도 존재해야 한다. 화성 표면에 탄소를 포함하는 어떤 유기물질도 존재하지 않는다는 것은 화성에 어떤 살아있는 세포도 존재할 가능성이 없음을 증명하는 것이었다!

결론적으로 막대한 예산을 쏟아 부은 바이킹 프로젝트는 화성 표면에서 생명체의 존재를 확인하기 위한 일련의 실험들을 했지만, 결과는 부정적이었다. 그래서 바이킹 계획 이후 화성 탐사는 생명체를 찾는 것보다 화성의 기후와 지질을 연구하는 데 집중되었으며, 천문학적 예산이 소요되는 탐사선을 동원한 화성 탐사는 한동안 주춤하였다. 그러다가 다시 화성 생명체 논쟁에 불을 붙인 것은 스탠포드 대학과 NASA 팀이 화성에서 기원한 것으로 보이는 운석이 고대 박테리아 화석과 흡사한 것을 함유했다고 발표한 것이었다.[5]

4. 화성 운석 소동

1996년, NASA의 존슨우주센터(Johnson Space Center)의 맥케이(David McKay)와 헌트레스(Wesley T. Huntress) 팀은 화성에 생명체가 존재했을 수도 있다는 간접적인 증거를 제시했다.[6] 이들은 1984년 미국과학재단(National Science Foundation)이 지원하는 연례 연구를 위해 남극을 탐사하던 중 빅토리아 랜드(Victoria Land)의 앨런 힐즈(Allan Hills)라는 얼음 황무지 언덕배기에서 12개의 운석들을 발견했다. 그런데 그 중 소프트볼만한 1.9kg의 석질 운석 하나에서 생명체의 흔적을 발견했다는 것이다. 그들은 운석이 발견된 지역의 이름을 따서 운석을 Allan Hills 84001(ALH 84001)이라고 명명했다.

역사상 어떤 운석보다도 더 집중적인 분석과 조사를 하였다. 엑스선, 레이저, 감마선 조사에 더하여 전자빔 조사도 진행되었다. 분석 결과 과학자들은 운석에 함유된 몇몇 광물질들이 오래 전에 물과 상호작용한 듯한 흔적을 발견했다. 화성이 과거에 물에 젖은 적이 있었다는 증거는 행성과학자들이나 생물학자, 운석 전문가들에게는 일종의 쿠데타와 같았다. 이 운석을 조사한 과학자들은 오랜 내부적인 토론과 데이터에 대한 검증을 거친 후 1996년 8월 7일, 최종적으로 36억 년 전에 단세포 박테리아가 화성에 살았다는 결론을 발표하였다!⁷⁾

그림 7-7 화성 운석을 발표하는 NASA 과학자들(가운데가 맥케이). 이들이 화성의 생명체 흔적의 증거를 갖고 있다고 주장하는 운석 ALH 84001. 이 석질 운석은 무게가 1.9kg으로 소프트볼 정도의 크기이다.⁸⁾

NASA의 발표는 예상대로 전 세계 과학계는 물론 일반 매스컴에도 엄청난 충격이었다. 과학전문지 「사이언스」조차 "화성에 대한 과거 생명체 탐사–화성 운석 ALH 84001에서 생물 활동 흔적 가능성 발견"이라는 제목으로 크게 보도하였다.[9] 당시 미국 대통령이었던 클린턴도 이 발견에 대한 특별 담화를 발표하면서 "다른 모든 발견들과 같이 이것도 재검토하고, 검증하고, 자세히 조사할 것이고 마땅히 그래야 한다. … 나는 미국의 우주 프로그램이 화성 생명체의 더 많은 증거를 찾도록 모든 지적인 힘과 기술적인 능력을 다 동원할 것을 결정한다"고 선언했다.[10]

NASA의 멕케이팀이 화성 운석에서 생명체의 흔적을 발견했다는 것은 과연 믿을 수 있는 것인가? 여기에 대해 「사이언스」에 발표한 논문에서 멕케이와 여덟 명의 공저자들은 마치 재판석에 앉은 피고들처럼 조목조목 근거를 제시했다. 이들이 제시한 다섯 가지 증거는 다음과 같다:

① 다핵방향족탄화수소(多核芳香族炭化水素, Poly-cyclic aromatic hydrocarbons, PAHs)가 존재한다.
② 물이 작은 틈을 통과하면서 만드는 작은 탄산염(炭酸鹽, carbonate) 알갱이가 존재한다.
③ 황화철 광물질인 자황철광(磁黃鐵鑛, pyrrhotite)이 존재한다.
④ 산화철의 일종인 자철광(磁鐵鑛, magnetite)이 체인 형태로 존재한다.
⑤ 지구의 박테리아 형태를 닮은 수많은 작은 소시지 형태의 구조가 존재한다.

멕케이 등은 화성에 생명체가 존재함을 발견했다고 확실하게 말할 수 있는 증거는 단 한 줄도 없다고 말하면서도 결론에서는 이렇게 말한다: "이 현상들을 하나씩 개별적으로 살펴본다면 다른 설명을 할 수도 있지만, 전체를 통틀어 생각해 본다면, 특히 이들이 공간적으로 연결되어 있음을 생각해 본다면 우리는 이들이 초기 화성에 원시적인 생명체가 존재했다는 증거라고 결론지을 수 있다." 과연 이들의 주장대로 화성 운석의 증거들은 화성 생명체 존재의 증거일까?

5. 화성 운석일까?

우선 이들의 주장에서 도대체 어떻게 화성에서 운석이 떨어져 나올 수 있었겠느냐는 것부터 생각해 보자. NASA 과학자들은 이 운석은 40억 년 전에 화성에 존재했으며, 1,500만 년 전에 다른 큰 운석이나 혜성이 화성 표면에 충돌할 때 튀어나왔다고 추정했다. 그 후 태양 주위를 돌다가 1,300만 년 전에 지구 궤도에 진입하여 남극에 떨어졌으며, 지난 1984년에 발견되었다는 시나리오를 제시하고 있다.

하지만 이 시나리오가 얼마나 믿을 수 있는 증거에 기초하고 있을까? 이 시나리오는 100% '순수한' 추측에 근거하고 있다. 화성에서 튀어나온 메커니즘이나 연대, 운석 내부에 탄산염의 진입과정, 지구로 진입한 연대 등은 모두 추측이다. 그러므로 이러한 얘기는 공상과학소설의 소재로는 몰라도 세계 최고 과학자들의 집단이라고 할 수 있는 NASA 과학자들의 수준에서 취급할 과학적 자료로는 별 가치가 없는 것이다!

물리학자인 내 입장에서 보면, 화성은 지름이 지구의 절반 정도이긴 하지만, 여전히 강한 중력이 있기 때문에 저절로 화성에서 운석이 떨어져 나올 가능성은 거의 없다고 할 수 있다. 외부로부터 운석이 충돌하는 것과 같은 특별한 일로 인해 화성 표면의 일부가 떨어져 나올 수 있다고 해도 그 가능성은 극히 희박하다. 설령 표면의 일부가 튀어나왔다고 해도 그 조각은 지구보다 엄청나게 큰 목성이나 태양을 비롯한 행성들의 중력에 끌리지 않고 지구 남극에 떨어질 가능성은 거의 전무하다고 할 수 있다.

멕케이 등이 운석을 화성에서 떨어져 나온 것이라고 추정하는 유일한 이유는, 이 운석을 가열했을 때 방출된 기체가 화성의 대기 성분과 같기 때문이었다. 실제로 이산화탄소, 질소, 아르곤, 그리고 미량의 다른 기체들의 혼합물은 화성의 대기 성분과 같다. 그러나 그러한 기체의 성분만 가지고 그 운석이 화성에서 왔다고 추정하는 것은 어떤 사람이 흑인이기 때문에 아프리카에서 왔으리라고 추정하는 것보다 훨씬 더 비과학적이다! 이 광대한 우주에 그런 대기를 가진 별들이 얼마나 되는지도 모르면서 그런 결론을 내린다는 것은 타당하지 않다.

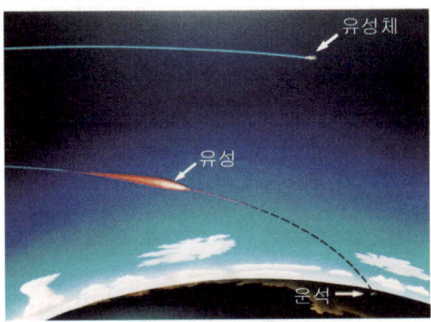

그림 7-8 운석이 대기권에 진입하여 지표면에 떨어지는 모습. 대부분의 운석은 지구 대기권을 스쳐 지나가며 설사 운석이 대기권에 진입한다고 해도 대부분 타버리기 때문에 지표면에 떨어지는 운석은 극히 일부에 지나지 않는다. 그러므로 화성 표면의 일부가 떨어져 나와서 지구의 남극에 '안착' 할 수 있는 가능성은 거의 없다고 할 수 있다.

6. 운석 비판

설사 ALH 84001이 화성에서 왔다고 해도 멕케이 등의 주장은 여러 가지 점에서 비판을 받았다. 운석 전문가인 앤더스(Edward Anders)는 전면적으로 부정하면서 멕케이 등의 논문을 "절반밖에 굽지 않아서 발표하지 말아야 할 논문"(half-baked work that should not have been published)이라고 비판했다.[11] 멕케이 등이 「사이언스」에 제시한 증거들을 하나씩 살펴보자.

첫째, 다행방향족탄화수소(PAHs)의 존재가 화성 생명체 존재의 증거라는 주장부터 살펴보자. 운석 탐사팀의 일원이며 스탠포드 대학에 근무하는 화학자인 제이어(Richard N. Zare)는 생명체 흔적으로 제시되고 있는 PAHs가 이 운석의 깊숙한 곳에서 발견되었다는 점과 그 속에 들어있던 PAHs 밀도가 남극의 평균 PAHs 밀도보다 훨씬 높다는 점을 들어 이 운석이 지구의 돌이 아니라고 주장한다. 그러나 이것은 너무나 다른 여러 가능성들 중의 하나일 뿐이지 결코 유일한 설명이 될 수는 없다. 그 돌 속의 PAHs 밀도가 화성 표면 암석이나 화성 대기의 PAHs 밀도와 같음을 증명할 수도 없고, 다른 곳에서 온 운석일 가능성도 얼마든지 있기 때문이다.

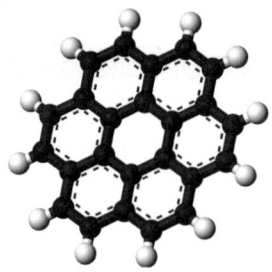

그림 7-9 왕관모양 PAHs(PAHs coronene)($C_{24}H_{12}$) 모형도.

PAHs는 탄소와 수소로 이루어진 매우 안정된 유기물이다. 이것은 벤젠고리들로 이루어져 있으며, 평면구조를 가지고 다양한 크기와 모양을 갖는다. PAHs는 생명활동에 의해서 만들어지는 물질이기는 하지만, 이 물질이 있다고 반드시 생명체가 존재했다고는 할 수 없다. PAHs는 다른 원인에 의해서도 얼마든지 형성될 수 있는 유기화합물이다. 예를 들면, 자동차나 비행기와 같은 내연기관이 연소할 때, 특히 불완전 연소한 검댕 속에서 많이 발견되며, 담배 연기나 흙, 해저 퇴적물, 나무가 탈 때의 연기, 심지어 프라이한 음식이나 숯불로 구운 햄버거 따위에도 벤조피렌(benzopyrene) 형태로 들어있다.

PAHs와 같은 다른 여러 탄소 분자들은 우주에 널리 퍼져 있으며, 특히 혜성과 소행성을 형성하는 성간물질에 많이 존재한다. 또한 PAHs는 지구에서 가장 흔한 환경오염 물질 중의 하나이다. 심지어 남극의 '원시'(pristine) 얼음을 분석해도 PAHs가 존재한다. 그러므로 많은 과학자들은 화성 운석이 남극의 얼음 위에 떨어지면서, 혹은 떨어진 후에 오염되었다고 주장한다. 심지어 화성운석 속에 있는 PAHs가 화성 암석에서 온 것일지라도 이 분자를 근거로 화성에 살아있는 생명체가 있었다고 결론지어서는 안 된다.[12]

둘째, 운석에 탄산염 알갱이가 존재하는 것이 물의 존재를 증명한다는 주장은 어떤가? 광물학자들은 탄산염은 흐르는 물외에도 여러 가지 방법으로 생성될 수 있음을 지적한다. 탄산염 광물은 암석이 화성의 대기에서는 가장 흔한 이산화탄소와 반응함으로 형성될 수도 있다. 또한 일반적으로 탄산염은 모암(母岩)이 형성되고 오랜 시간이 지난 후에 변성물질로 생성되거나 마그마로부터 직접 결정화 된다. 또한 많은 학자들은 탄산염은 물의 비점보다 훨씬 더 높은 온도에서 형성된다고 주장한다. 이는 탄산염의 존재는 생명체의 존재와 양립할 수가 없음을 의미한다.[13]

셋째, 자철광의 존재도 생명체의 존재와는 별로 상관이 없다. 자철광 결정은 우주에 흩어져 있는 흔한 운석 물질이며, 생명체 존재를 증명하는 것과는 무관하다. 대부분의 과학자들은 비록 순수한 자철광 결정이 체인 형태로 존재하는 것은 예외적인 일이기는 하지만, 자철광 입자 자체가 화성 생명체의 증거는 될 수 없다고 본다.[14]

마지막으로 박테리아 형태를 닮은 수많은 작은 소세지 형태의 미세구조가 존재하는 것은 화성에 살았던 미생물의 화석일까? 여기에 대해 생물학자들은 이 미세구조들을 화석이라고 보기에는 너무 작다고 비판한다. 이 미세구조들의 크기는 지구상에 존재하는 박테리아 크기의 1/10 정도 밖에 안 된다. 이 정도의 미세구조들은 너무 작아서 기껏해야 몇 백 개 정도의 생물분자들만을 포함할 수 있을 뿐이며, 그 정도의 크기로는 어떤 알려진 세포도 유지할 수 없다. 이 길쭉한 미세구조를 미생물들의 화석으로 볼 뚜렷한 이유가 없다.[15]

앨런 힐즈 이야기는 다른 운석들을 조사해보면서 더욱 신빙성이 없어졌다. 놀랍게도 모든 운석들이 생명체의 흔적을 갖고 있는데, 이들은 모두 지구에 존재하는 생명체들이었다. 지구 표면에는 어디나 미생물들로 가득하며, 운석이 어느 곳에 떨어지더라도 떨어지는 즉시 밀봉하지 않는다면 오염될 가능성이 높아진다. 지표면에 떨어진 후 몇 달만 지나도 미생물들은 운석 내부에까지 침투할 수 있다. 미생물들은 운석의 작은 구멍이나 틈을 이용하여 운석 내 광물질들에 의해 제공되는 영양분을 찾아 들어가는 것이다. 이런 상황은 앨런 힐즈와 같은 추운 남극에서도 상황이 크게 다르지 않다. 그러므로 ALH 84001이 지구 미생물들에 의해 오염되지 않았다는 것은 아무도 장담할 수 없다. 화성 운석에 관한 가장 날카로운 비판은 UCLA 고미생물학자 숍(J. William Schopf)이 『생명의 요람』이라는 책을 통해 제기하였다.[16]

마지막으로 생각해 볼 것은 이 운석에 대한 발표 시기이다. 이 운석은 이미 1984년에 발견된 것인데, 여러 해가 지난 후에 그 결과를 발표한 데는 뭔가 석연치 않은 구석이 있다는 것이 전문가들의 지적이다. 일부에서는 NASA의 화성 생명체 소동은 우주개발에 대한 미국 정부의 예산 삭감 방침을 차단하기 위하여 내놓은 선전용이라고 비판하기도 한다.[17] 하여튼 이 운석 소동이 난 후 당시 미국 클린턴 행정부는 화성 탐사를 위한 수십억 불의 재정 지원을 약속하고 나섰으며, 과학자들은 실제로 10년 정도 후에는 화성에 유인 탐사선을 파견할 계획까지 세웠다. 화성 운석 소동이 다만 NASA의 화성탐사 예산을 따내기 위한 선전용이었다면, 소기의 목적을 달성한 셈이다![18]

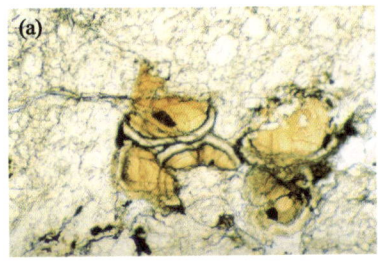 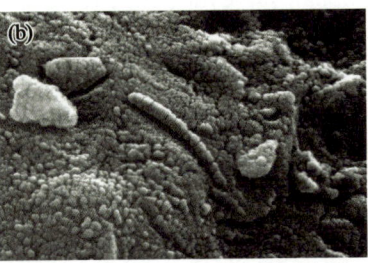

그림 7-10 (a) NASA 과학자들이 남극 운석에서 생명체의 흔적이라고 주장하는 탄산염 알갱이(carbonate globules)의 전자현미경 사진. 현미경 사진에서 머리카락 굵기의 1/1,000 정도 되는 관 모양의 존재는 고대 지구상의 미생물 화석과 흡사하다. 한 예로 그림 (b)는 헤모필러스 인플루엔자(Haemophilus influenzae(라))와 같은 지상의 박테리아로서 운석에서 관찰된 미세 구조보다 100배 정도 크다.

7. 재연된 화성 열풍

NASA는 재연된 화성 열풍 속에 정부의 재정 지원을 받아 화성 탐사를 다시 시작했다. NASA와 더불어 1998년 7월에는 일본도 '희망'이라

는 의미의 노조미(望み, 정식명칭은 PLANET-B) 탐사선을 발사함으로 화성 탐사 경쟁에 참가하였다. 2003년 6월에는 유럽도 화성탐사선 마스 익스프레스(Mars Express)를 발사했다. 다시 불어 닥친 화성 열풍으로 인해 60% 내외의 낮은 탐사 성공률에도 불구하고, 세계 여러 나라들은 앞을 다투어 천문학적 예산이 소요되는 탐사선을 쏘아 보내고 있다.

  2010년 현재 화성 표면에서 활동을 하고 있는 탐사 로버(Rover)는 두 개다. 2003년 6월 10일에 발사되어 2004년 1월 4일에 착륙한 MER-A 스피릿(Spirit)과 2003년 7월 7일에 발사되어 2004년 1월 25일에 착륙한 MER-B 오퍼튜니티(Opportunity) 등이다. 화성 궤도에 진입하여 선회하고 있는 우주선은 1997년 9월에 도착한 마스 글로벌 서베이어(Mars Global Surveyor), 2001년 10월에 도착한 마스 오딧세이(2001 Mars Odyssey), 2003년 12월에 도착한 마스 익스프레스 등 세 개이고, 2005년 8월 10일에 발사되어 2006년 3월에 도착한 마스 리코니슨스 오비터(Mars Reconnaissance Orbiter) 등이 있다.[19]

마스 글로벌 서베이어와 마스 패스파인더

  1996년 11월 7일에는 화성 지도 작성을 위해 마스 글로벌 서베이어가 발사되었다. 마스 글로벌 서베이어는 화성을 근 1만여 회 선회하면서 이전의 어떤 다른 탐사선보다도 화성 지형에 관한 더 많은 정보를 수집하였다. 서베이어는 65,000장의 이미지, 5억 8,300만 장의 레이저-고도계 지형 이미지들과 1억 300만 개의 스펙트럼을 측정했다. 이 자료들을 근거로 과학자들은 최근에 화성 표면에서 물의 존재 가능성에 대한 증거, 화성의 초기 역사에서 널리 퍼져있던 연못이나 호수를 보여주는 암석층에 대한 증거, 물과 침전물의 이동을 제어하였던 남극과 북극의 경사에 대한 지형적 증거, 그리고 최근의 화성 환경을 재형성하는 먼지의 역할에 대한 자세한 증거 등을 제시했다.

이어 NASA는 1996년 12월 4일에 마스 패스파인더(Mars Pathfinder)를 발사했다. 그리고 화성 운석 소동이 일어난 지 1년 후, 한국 시간으로 1997년 7월 5일 새벽 2시경, 격변적인 홍수로 만들어졌다고 생각하는 화성 아레스 발리스(Ares Vallis)에 착륙함으로써 온 세계는 다시 한 번 화성 열풍에 휩싸였다. 패스파인더는 지구-달 거리의 50배에 해당하는 1억 9,100만km를 장장 7개월 동안 비행한 다음 화성 대기권에 정확하게 14.2도의 각도로 진입한 후 낙하산을 펴서 화성 표면에 착륙했다. 그러나 워낙 빠른 속도로 대기권에 진입했기 때문에, 그리고 화성의 대기 밀도가 낮기 때문에 낙하산을 폈지만, 착륙할 때의 시속이 230km를 넘었다고 한다. 이런 엄청난 속도로 화성 표면에 '착륙'했는데도 우주선이 산산조각 나지 않고 에어백의 도움으로 잘 작동하고 있다니 참으로 대단한 기술이다.[20]

그림 7-11 화성 표면에서의 소저너. 요기(Yogi) 암석 앞에서 알파-양성자 X-레이 분광분석기(APXS)의 위치를 잡고 있다.

화성에 착륙한 후 착륙선 패스파인더에서 분리되어 나온 탐사 로버 소저너(Sojourner)는 초속 1cm의 느린 속도지만 화성 표면을 거닐면서 각종 사진을 전송했다. 마이크로 웨이브 오븐 크기의 소저너가 보내온 사진을 보면 화성 표면은 마치 미국 남서부 사막지대를 연상케 하는 바위 투성이의 황량한 벌판과 같았다. 그러나 패스파인더가 보내온 화성 표면 사진들은 1976년 바이킹 1호가 화성에 착륙하여 보내온 사진들과 크게 다르지 않기 때문에 그렇게 큰 흥분을 자아내지 못했다. 소저너의 화성 탐사에서 가장 큰 관심은 무엇보다도 화성에 생명체가 살 것인가 하는 점이었다. 과연 화성에 생명체, 아니 생명의 흔적이라도 있을 것인가?

이를 위해 소저너는 7월 8일부터 화성 표면에서 채취한 암석과 토양 성분을 자체 내에 부착된 초소형 알파-양성자 X-레이 분광분석기(Alpha Proton X-ray Spectrometer, APXS)로 분석하고 그 결과를 지구로 전송하기 시작했다. 패스파인더는 화성 암석과 토양에 대한 15종류의 화학적 분석 및 바람과 다른 타입의 기후에 대한 심층적인 데이터뿐만 아니라 17,000장의 이미지들을 포함하여 23억 비트의 정보를 얻었다. 이 자료를 근거로 과학자들은 화성은 과거에 따뜻하였고 축축하였으며, 표면에 물과 더 두꺼운 대기를 가지고 있었다는 결론을 내렸다.

그림 7-12 화성탐사선 소저너가 보내온 화성 표면. 소저너는 칼라 카메라와 화성 표면의 암석과 토양, 먼지 등을 지질학적, 지구화학적으로 조사하기 위한 특수 분광분석기를 갖추고 있다. 1970년대에 바이킹이 보내온 사진과 크게 다르지 않다.

그러나 현재까지의 결과를 종합한다면, 소저너는 화성 생명체의 존재 가능성에 대하여 비관적인 결과를 보내왔다. 일부 사람들은 아직도 화성에 얼음이 존재할 가능성과 더불어 "화성 표면으로부터 0.5-2m 지하에 습기가 많아 생명체가 존재할 가능성이 있다"는 등 미련을 버리지 못하고 있다. 그렇지만 소저너가 보내온 자료를 분석하고 있는 NASA 과학자들은 화성 표면은 여름에조차 -90℃에 이르고 매우 건조하며, 이러한 상태가 지난 20-30억 년간 지속되었기 때문에 설사 지하에 물이 있다고 해도 생명체가 존재할 가능성은 거의 없다고 생각한다.[21]

8. 마스오디세이와 물과 생명체

화성 생명체에 대한 소망이 사라지면서 화성 탐사의 초점은 점점 물의 존재로 옮겨갔다: "과연 화성에 물이 있을까? 있다면 얼마나 있을까? 그런데 지금은 그 물이 어디로 갔는가? 오늘날 사람들이 얼마나 그 물에 접근 가능한가?"

오늘날 화성은 표면에 물을 가지고 있기에는 너무 희박한 대기를 가지고 있으며 너무 춥다. 하지만 바이킹 우주선 이래, 화성 표면 사진들을 분석하는 과학자들은 흐르는 물에 의해 형성된 듯이 보이는 지형을 밝혀냈다. 지형들 중에는 깊은 운하와 굽이치는 협곡, 그리고 과거에 호수였을 것으로 보이는 지형도 있었다. 더욱이 최근 마스 서베이어가 발견한 증거는 과거에 화성 표면에 풍부하게 흐르는 물이 존재하였음을 제시하였다. 2000년 6월, 마스 서베이어 영상팀의 지질학자들은 물의 재빠른 방출에 의해 형성된 협곡과 그것과 관련된 암석과 토양의 침전물과 엄청나게 닮은 놀라운 지형을 제시하였다. 그래서 과학자들은 화성의 지하에 지하수를 간직한 다공질 삼투성 지층과 같은 것이 있지 않을까 추측하고 있다. 그리고 화성 '시스템' 안의 몇몇 수원들은 가깝게는 수백 미터 지하에 매장되어 있을 것이라고 추측한다.

이를 증명하기 위해 NASA가 발사한 화성 탐사선은 마스 오디세이였다. 2001년 4월 7일 발사된 마스 오디세이는 화성 표면의 상부에 존재하는 기본적인 화학물질들과 광물의 지도를 작성하였다. 마스 오디세이는 화성 표면 근처와 화성 표면 아래에 있는 수소를 직접 관찰하였다. 오디세이는 특히 화성에 물(얼음)이 존재하는지를 집중적으로 조사하였다. 물의 존재를 확인하려는 것은 결국 생명체를 찾기 위한 첫 단계였다. 오디세이의 지질학 연구책임자인 크리스텐센(Phil Christensen)은 "오디세이의 목표는 생명체를 찾는 것이며, 이는 곧 물의 존재 여부와 직결된다"고 했다.[22]

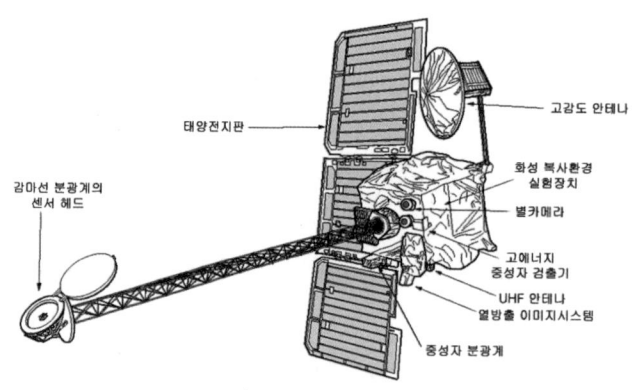

그림 7-13 화성 탐사선 오딧세이(Mars Odyssey).

오디세이가 약 1년간 화성 토양에서 채취한 자료를 토대로 과학자들이 화성 표면 아래의 수소(물의 흔적) 분포 지도를 작성한 바에 의하면, 화성 지하에 감춰진 얼음층이 모두 녹는다면 화성 전체를 발목 깊이만큼 덮을 수 있는 바다가 만들어질 것이라고 한다. 미국 로스 알라모스 국립

연구소(Los Alamos National Laboratory)의 프리드먼(Bill Friedman)은 "화성 토양 상층부를 분석한 결과 화성 지표면을 13cm 깊이로 뒤덮을 만한 물이 존재한다는 사실을 밝혀냈다"면서 "화성에는 인류의 미래 탐사를 지원하기에 충분한 물이 있다"고 말했다.[23]

그러나 화성에는 물이 풍부하나 수십억 년 동안 땅속에 얼려있는 채로 존재하기 때문에 생명체에 도움이 되지 않는다는 주장이 제기됐다. 이는 화성이 한때 생명체가 살기에 적합한 따뜻하고 촉촉한 행성이었다는 종래의 이론을 뒤엎는 것이었다. 미국 과학자들은 2003년 2월 8일 샌프란시스코에서 열린 미국지구물리학회(American Geophysical Union) 가을 학회에서 마스 오디세이의 관측 결과를 근거로 화성의 표면은 오랫동안 춥고, 먼지가 많으며, 대단히 건조했다고 밝혔다. 크리슨텐센 역시 "화성은 물을 가지고 있을 수 있으나 그것은 차갑다"며 "그래서 그것은 (생명체에) 큰 도움이 되지 않는다"고 했다.[24]

9. 본격적인 탐사 로버들

NASA는 2003년 6월 10일 화성 표면을 탐사할 골프 카트 크기의 소형 차량인 화성탐사로버(Mars Exploration Rover, MER) 2대 중 첫 번째 1대를 발사했다. MER-A 스피릿(Spirit)이란 이름의 이 탐사 차량은 7개월여 동안의 우주여행을 거쳐 2004년 1월 4일, 과거에 호수였다고 추정되는 화성의 구세프 분화구(Gusev Crater)에 도착하였다. 도착한 후 얼마 동안 컴퓨터 문제로 2주 정도 정상적인 활동을 하지 못했으나, 그 후 수리가 끝나서 탐사를 계속하고 있다. 놀랍게도 스피릿은 당초 기대 수명인 90일을 훌쩍 넘겨 지난 최근까지도 계속 자료들을 전송하고 있다. 화성 표면에서 가끔 불어닥치는 초속 4m의 회오리바람이 태양전지판에 쌓인 먼지를 쓸어가 스피릿이 필요로 하는 전기를 충분히 공급하기 때문에 수명이 연장되고 있는 것이다.

두 번째 탐사 차량 MER-B 오퍼튜니티(Opportunity)는 7월 7일에 발사되었으며, 2004년 1월 24일, 화성의 메리디아니 플래넘(Meridiani Planum)에 도착하였다. 이곳은 적철석(赤鐵石, hematite) 퇴적물들이 있어서 과거에 물이 있었을 가능성이 있다고 생각하는 곳이다. 스피릿과 같이 오퍼튜니티도 화성 도착 후 지질조사를 수행할 로봇 로버를 통해 화성에 생명을 유지할 물이 충분한지 여부 등을 조사해 지구로 자료를 전송하고 있다.[25]

놀라운 것은 MER-B 오퍼튜니티가 2010년 5월 20일, 마침내 바이킹 1호를 제치고 최장 화성표면 탐사 기록을 세웠다. 1976년 화성에 내린 바이킹 1호는 먼지폭풍과 혹독한 겨울을 겪으면서도 6년 116일간 활동하다 작동을 멈췄는데, 2004년에 착륙한 오퍼튜니티는 2010년 5월 20일로 이 기록을 넘어선 후에도 여전히 멈출 기색이 없다. 더구나 바이킹 1호는 한 지점에 정지한 채 과학실험을 했으나, 태양 에너지로 구동되는 바퀴가 6개 달린 오퍼튜니티는 분화구들도 들어가 보고 가는 길에 바위 성분도 자세히 조사하는 등 계속 움직이고 있다.

오퍼튜니티는 원래 3개월 생존토록 설계됐지만, 지금까지 주행계로 12마일을 기록하면서 화성 최대의 충돌 분화구를 향해 조금씩 전진하고 있다. 분화구 도착에는 수년이 걸릴 전망이다. 현재 2010년 5월, 화성 남반구는 겨울이어서 오퍼튜니티는 기동과 배터리 충전을 위한 휴식을 번갈아 하고 있다.

그러나 화성에 봄이 오면 MER-B 오퍼튜너티가 최장 화성표면 탐사 기록을 쌍둥이 형제인 MER-A 스피릿에게 내줘야 할지도 모른다. 스피릿은 오퍼튜너티보다 21일 앞서 화성에 착륙했기 때문에 살아있다면 이미 2010년 4월 29일 바이킹 1호의 기록을 넘어선 셈인데 스피릿의 생사가 불투명하다. 현재 스피릿은 모래에 갇힌 채 2010년 3월 하순 이래 미국항공우주국(NASA)과 연락이 두절된 상태다. NASA측은 화성에서 겨울철 태양 고도가 너무 낮아 태양 전지판으로 에너지를 모으기 어려워 스피릿이 동면에 들어간 것으로 추정하고 있다. 그래서 과학자들은 스피릿이 다시 신호를 보내올지 봄이 오기를 기다리고 있다. 신호가 오면 스피릿이 얼어 죽지 않았다는 뜻이 된다.

화성 탐사 로버들

이 두 대의 동일한 쌍둥이 로버들은 소저너가 수명이 다할 때까지 수년간 이동하던 거리를 단 하루 만에 이동할 수 있다. 이들은 6개의 바퀴가 달려 있으며 화성의 하루(Martian day)동안 40m씩 움직일 수 있으며, 로봇 지질학자의 역할을 한다. 이 쌍둥이 로버들은 생명체가 존재했을 가능성이 가장 높은 다른 두 지역에 도착하여 화성의 기후와 물의 역사를 조사하고 있다. 각 차량은 파노라마 카메라를 장착해 바위들을 클로즈업해 자세히 관찰할 수 있고 송곳으로 바위에 구멍을 뚫을 수도 있다. 쌍둥이 로버들은 복잡한 기계와 도구들을 가지고 암석과 토양의 구조, 구성, 그리고 지형을 평가하여 인간의 육안으로 접근 가능한 것으로부터 현미경 레벨까지 다양한 대상을 연구한다. 그리고 과학자들은 그들이 취득한 이미지와 적외선 스펙트럼 등에 기초하여 화성 암석과 토양

등을 자세히 연구한다.

과거 화상탐사에서는 화성에 과거에 물이 존재한 흔적을 찾았으나, 이번 탐사에 참여하는 과학자들은 물이 얼마나 오랫동안 존재했고 얼마나 많이 존재했는지를 파악하려고 한다. 과학자들은 물의 존재가 화성에 과거 생명체가 존재했을 가능성이 높음을 보여준다고 믿고 있다. 이 탐사 차량들은 물이 존재했을 가능성이 높은 지점에 착륙하였으며, 바위를 구성하는 물질을 조사함으로써 그 바위들이 어떻게 형성됐는지, 바위들이 물속에 잠겨있던 적이 있는지, 그리고 뜨거운 물이 바위들을 쓸고 지나간 적이 있는지 등을 규명할 수 있게 된다.

그러나 지금까지 스피릿은 착륙지점 근처에서 화산암을 발견했을 뿐 물의 흔적을 찾지는 못했다. 그래서 NASA에서는 스피릿의 '기력'을 믿고 착륙지점에서 2,700m 떨어진 콜럼비아 구릉(Columbia Hills) 탐사를 시도하였다. 드디어 스피릿은 2005년 9월 높이 82m에 이르는 허스밴드 언덕(Husband Hill)이라는 언덕의 꼭대기에 올랐으며, 여기서 스피릿은 다시 안쪽 경사면을 내려가 400m의 바닥을 기어 화성의 홈플레이트(Home Plate)를 지나 70m에 이르는 반대쪽 언덕으로 올라갔다. 지금까지 스피릿과 오퍼튜니티 등 두 대의 화성 탐사 로버들의 탐사 결과를 보면, 물 흐름으로 형성되었거나 변형된 암석과 물속에 침전되어 있던

그림 7-14 화성 탐사 로버들 : (a) 오퍼튜니티 ; (b) 스피릿 : (c) 비글 2호

것으로 보이는 황산염(sulfate)을 발견했지만, 이것 역시 물의 흔적일 뿐 아직 물은 발견되지 않았다.[26]

비슷한 시기에 유럽우주국(ESA)도 유럽 최초의 화성탐사선 마스 익스프레스(Mars Express), 즉 '화성 특급'을 발사했다. 마스 익스프레스는 2003년 6월 2일, 구 소련의 소유즈 로켓에 실려 카자흐스탄 바이코누르 우주기지에서 성공적으로 발사됐다. 마스 익스프레스는 6개월간 4억 km를 비행한 후에 2003년 12월, 화성궤도에 도착한 뒤 크리스마스인 25일, 착륙선 비글 2호(Beagle 2)를 화성에 착륙시켰다. 영국 과학자 찰스 다윈이 '종의 기원'을 찾기 위해 승선했던 선박 비글(The H.M.S. Beagle)의 이름을 딴 이 착륙선은 화성의 지질탐사와 사진촬영 이외에 화성 표면을 뚫고 들어가는 레이저 광선을 발사해 화성 표면 아래에 물이 존재하는지를 조사할 예정이었다.

그러나 비글 2호는 착륙한 직후부터 고장을 일으켜 통신이 두절되었으며, ESA는 공식적으로 이 착륙선이 죽었음을 발표하였다. 물론 착륙선 비글 2호는 죽었지만, 모선 마스 익스프레스는 화성 궤도를 돌면서 화성 표면 사진을 성공적으로 전송하고 있다. 2007년 11월 22일까지 익스프레스는 화성 궤도를 5,000회 돌면서 그 동안 알지 못했던 화성의 신비를 전송했으며, 지금도 전송하고 있다.[27]

마스 익스프레스는 화성 북반구에서 얼음 호수를 촬영하는 데 성공했다. 북위 70.5도에 있는 넓은 평원 '바스티타스 보레알리스'(Vastitas Borealis)에 위치한 지름 35km의 운석공 중앙에 원형 얼음을 촬영한 것이었다. 운석공 가장자리에는 서리의 흔적이 보였다. 2005년 2월 초, 마스 익스프레스가 화성에서 촬영한 얼음 호수 사진은 영국의 과학전문지 「네이처」가 그 해 과학계를 놀라게 한 10대 이미지의 하나로 선정하기도 했다.[28] 이와 더불어 화성의 남극 근처에서도 물로 된 얼음을 발견하였지만, 아직 생명체의 존재는 확인하지 못하고 있다.

그림 7-15 화성의 얼음호수.

2007년 8월 4일에는 NASA와 피닉스에 있는 애리조나대학이 협력하여 추진 중인 피닉스 화성 미션(Phoenix Mars Mission)에서는 '피닉스 화성 착륙선'(Phoenix Mars Lander, PML)을 발사하였다. 2008년 5월 25일에 화성 도착한 PML은 얼음이 풍부한 화성 북극 토양에서 물의 역사와 생명체 거주 가능성을 조사하였다. 원래 3개월 수명으로 발사되었지만, 예상보다 오랜 기간 동안 살아있었다. 그러나 PML은 화성의 겨울을 견딜 수 있도록 설계되지 않아서 지금은 죽은 것으로 보고 있다. NASA에서는 화성의 봄을 지나면서 PML이 살아났을 수도 있다는 기대를 하고 신호를 기다리고 있으나, 2010년 2월까지 '부활'했다는 소식은 들리지 않고 있다.

10. 결국 화성에는…

지난 1960년 이래 인류는 많은 우주선을 화성으로 보냈다. 이것은 태양계 내에서 지구를 제외하고 생명체가 존재할 가능성이 가장 높은 행성은 화성이라고 생각했기 때문이다. 그러나 그 동안 탐사선들을 통해 조사한 바에 의하면, 화성은 대기의 주성분이 이산화탄소로서 기압은 지구의 1/100정도이며, 적도에서의 온도는 -98℃에서 32℃까지, 극지방에서는 -128℃에서 -98℃까지 변하는 등 적어도 대기압이나 표면 온도만으로 미루어 볼 때, 화성에는 생명체가 존재할 가능성이 별로 없다.

1976년 6월과 9월에 화성에 연착한 바이킹 1, 2호가 행한 미생물 배양 및 분석 실험, 최근 마스 스베이어나 마스 패스파인더, 오디세이 등의 탐사 결과는 화성에 생명체가 존재할 가능성을 배제하고 있다. 이 탐사선들은 적어도 지금까지 인간이 개발한 최고의 계측기, 분석기들을 탑재하고 화성 표면을 손바닥 들여다보듯 샅샅이 조사하였고 또한 하고 있다. 예를 들어, 가시광선과 적외선의 넓은 영역에서 화성의 표면 광물에 대한 자세한 이미지 데이터를 수집할 수 있는 열방출 이미징 시스템(Thermal Emission Imaging System), 두개의 중성자 탐색기를 사용하여 행성 표면으로부터 방출된 소량의 감마선과 중성자까지 검출하여 화성 표면의 원소 조성을 결정하는 감마선 분광계(Gamma Ray Spectrometer) 등이 그 중의 일부라고 할 수 있다.

이런 첨단 기기들을 동원한 조사 결과에 의하면, 화성에는 아미노산, 퓨린(purine), 피리미딘(pyrimidine)과 같은 생체분자들 뿐 아니라 그 밖의 어떤 생체분자들도 존재하지 않는다. 만일 화성의 토양 중에 미량이나마 미생물들이 존재한다면, 대사작용으로 인해 이들의 존재는 쉽게 확인될 수 있을 것이나 실험결과는 비관적이었다. 미생물이 살 수 없다면, 그보다 큰 거시생물의 존재는 전혀 기대할 수 없다.

결론적으로 화성에는 물이 흘렀던 자국, 마른 강 바닥, 물이 운반한 토사로 만들어진 홍수평야 등이 있는 것으로 미루어 과거에 물이 있었음이 분명한 것으로 보인다. 과거에 존재했던 물이나 이 물을 지지하고 있었던 대기는 어디로 갔을까? 물은 지하로 들어가 영구 동토를 이루고 있을 것이라 추측하더라도, 대기는 어디로 갔는지 알 수 없다. 그리고 지금까지 생명체의 징후는 전혀 보이지 않고 있다.[29]

오랜 세월 동안 수많은 소설가들의 상상력을 자극해 온 화성 생명체에 대한 수수께끼는 적어도 현재 가동 중인 미국의 탐사 로버 스피릿과 오퍼튜니티, 2008년 5월 25일에 화성 북극지방에 착륙한 '피닉스 화성 탐사선' 등에 의해 풀릴 것으로 기대된다. 사실 이 수수께끼는 이미 수년 전 소저너의 탐사로 대체로 결판이 났지만, 그래도 '확인 사살'의 수순이 남은 것으로 보인다. 이미 한 세대 전에 "계수나무 한 나무 토끼 한 마리"라고 노래하던 달의 신화는 부정되었다. 지난 100여년 이상, 끈질기게 버티어온 화성 생명체 신화도 이제 서서히 역사의 뒤안길로 넘어가고 있다.

최소한의 과학적 상식이 있는 사람이라면 도저히 믿을 수 없는 화성 운석 소동이었지만, 그것도 20세기 종료를 전후하여 화성 열풍을 일으키는 데는 중요한 기여를 하였다.[30] 그리고 어쩌면 한 세대가 지나기 전에 우리는 텔레비전으로 인간이 화성에 첫발을 내딛는 모습을 볼 수도 있을 것이다. 그러나 그렇게 대단한 과학과 기술을 동원하여 탐사하고 있지만, 적어도 현재까지의 연구결과로는 화성에 생명체가 없다는 쪽으로 결말이 나고 있다.

11. 규범적 진술과 기술적 진술

그렇다면 화성이나 목성 위성에 생명체가 없다고 해서, 혹은 외계로부터 지능을 가진 어떤 존재가 보냈다고 생각되는 전파 신호를 찾지 못했다고 해서 외계생명체가 없다고 확정적으로 말할 수 있는가? 결론부터 말하자면, 우리는 아직까지 외계생명체가 없다고 속단할 수 없다. 노아 방주가 아직 발견되지 않은 것처럼, 외계생명체는 '아직' 발견되지 않았다고 말할 수 있을 뿐이다. 언젠가 발견될 수 있을지도 모르지만, 아직까지는 발견되지 않았다는 말이다. 포퍼(Karl Popper) 등이 제시한 반증주의적 명제, 즉 "진리는 거짓임이 드러날 때까지만 잠정적인 진리일 뿐이다"라는 주장은 외계생명체 논쟁에 대해서도 어느 정도 적용될 수 있을 것이다.[31] 이것은 진리에 대한 불가지론적(不可知論的) 태도나 우유부단(優柔不斷)한 태도라기보다 겸손한 자세라고 말할 수 있다.[32]

과학적 진술은 일반적으로 규범적(normative)이라기보다 기술적(descriptive)이다. 예를 들면, "외계에는 생명체가 없다"는 진술은 과학적 진술이지만, "외계에는 생명체가 없어야 한다"라고 한다면 그것은 과학적 진술이 아니다. 성경이 분명한 언급을 하고 있지 않는 과학적 사실들에 대해 "그런 것은 존재해서는 안 된다," 혹은 "그런 것은 일어나서는 안 된다"는 식의 규범적 주장을 하게 되면, 자칫 중세 가톨릭의 오류를 되풀이 할 수 있으므로 주의해야 한다.[33] 그리스도인들은 성경의 명시적 선언이나 자명한 해석, 내적인 논리적 정합성에 기초하지 않은 채 잠정적인 과학적 사실들에 대한 규범적 진술을 하는 것에 대해 신중해야 한다.

성경은 외계생명체의 존재와 그것의 의미에 대하여 침묵하고 있다. 현재까지 우리들이 말할 수 있는 바는 과학적 연구의 결과에 기초한 결론

뿐이다. "만일 외계생명체가 있다면 그들도 타락했을까? 그렇다면 그들을 구원하기 위해서도 예수 그리스도가 죽었을까?" 등등의 질문들은 성경이 가르치고 있는 바가 아니라 사람들 스스로 지레 짐작하여 만들어낸 것들이다. 이런 질문들을 근거로 외계생명체가 있어서는 안 된다는 식의 규범적 주장을 해서는 안 된다.

12. 외계생명체와 기독교

한 때 일부 기독교인들은 화성의 생명체 탐사와 관련하여 혹 생명체가 발견된다면 어찌될까 하고 마음을 졸였다. '십자가연구소' 한춘근 소장은 "갈보리 십자가의 현 주소는 한 개이지 여러 개가 있을 수는 없다. 골고다 언덕의 갈보리 산은 지구 외에는 없기 때문에 인간이 사는 지구는 하나일 수밖에 없다. 그러므로 지구 외에는 인간이 없다. 십자가는 인간과 연계된다. 지구는 예수 그리스도의 십자가의 피가 있기 때문에 우주의 중심이 되는 것이다. 그러므로 지구 외계에는 인간이 없다"고 말한다.[34] 또 어떤 사람은 "외계생명체의 존재가 확인될 경우 일단 신에 의한 만물 창조설은 간단하게 부인될 것이며, 이는 크리스천들의 세계관과 종교적 신념체계를 근본적으로 뒤흔드는 것은 물론 전통적인 기독교 교리의 붕괴"를 가져올 것이라고 예측한다.[35]

과연 그럴까? 화성에 생명체가 있다면, 그것은 비성경적인 것인가? 외계생명체가 존재한다는 것은 성경의 가르침과 배치되며, 기독교 신앙을 위태롭게 하는 것인가? 과학적으로 볼 때 외계생명체가 존재하지 않는다고 확언하거나, 성경적으로 볼 때 생명체가 존재해서는 안 된다고 주장하는 것은 매우 조심해야 한다. 성경은 외계에 생명체가 있다는 언급도 하지 않지만, 그렇다고 지구에만 생명체가 존재한다는 직접적인 언급도 하고 있지 않다. 성경이 언급하고 있지 않기 때문에 외계생명체가 없다거나 혹은 없어야 한다고 주장하는 것은 잘못이다. 이것은 마치 성경이 언급하고 있지 않기 때문에 사이다를 마셔서는 안 된다거나 영화를 보는 것은 죄악이라고 말하는 것과 흡사하다.

성경의 주된 목적은 죄인인 인간을 구원하시려는 하나님의 구속 계획을 제시하는 것이다. 그러므로 오늘날 현대인들에게는 중요하게 보이는 일일지라도 성경의 원래 목적에 직접적으로 관련된 일이 아니면 성경은 자세하게 기록하고 있지 않다. 외계생명체의 존재는 앞에서 언급한 사이다나 영화의 경우와 같이 지구에 사는 인간의 죄의 문제를 해결하는 것이나 예수 그리스도의 대속적 사역을 설명하는 데 직접적인 관련이 없기 때문에 성경은 기록하고 있지 않을 뿐이다. 외계생명체의 존재에 대하여 기독교인들이 말할 수 있는 바는 "만일 외계생명체가 있다면, 그것도 하나님의 피조물이다"라는 것이다.[36]

13. 생명체는 창조주만이 만들 수 있다.

일반적으로 기독교인들이 외계생명체에 대하여 부정적인 견해를 갖고 있는 것은 이것이 진화론과 어떤 관련이 있지 않을까 하는 우려 때문인 것으로 보인다. 실제로 1996년 연말에 세상을 떠난 미국의 진화론자 칼 세이건(C.E. Sagan)과 슈클루스키(I.S. Shklouskii)는 이미 30여 년 전에 "만일 어떤 행성이 지상 생명체가 살 수 있거나 적어도 버틸 수만이라도 있는 표면을 갖고 있다면, 아마 거기에도 생명체가 발생했을(developed) 것이다"라고 주장했다.[37] 진화론자인 파사초프(Jay M. Pasachoff)도 "비록 태양계 내에서는 생명체를 찾지 못하더라도 우주에는 다른 많은 항성들이 있으며, 그 항성들 중 일부는 주위를 선회하는 행성들을 갖고 있을 것이다. 그리고 그들 중 몇몇 행성에서는 지구에서 기원한 생명체와는 무관하게 생명체가 '발생했을'(arisen) 수도 있을 것이다"라고 했다.[38]

그러나 앞에서 살펴본 바와 같이, 생명이 자연발생 할 수 있다는 주장은 이미 과학적으로도 불가능한 것임이 명백히 드러났다. 생명의 자연발생을 다루는 현대 화학진화 이론은 이미 알려져 있는 엔트로피 증가 법칙이나 에너지 보존 법칙 등 열역학 법칙에도 정면으로 위배된다. 현재로서는 생명의 기원에 관한 유일한 이론은 창조론뿐이다. 그러므로 만일 다른 행성에 생명체가 존재한다면, 그것도 자연발생 한 것이 아니라 창조주에 의해 만들어진 것이다.

화성 뿐 아니라 지구와 비슷한 조건의 다른 행성들이 있다면(마치 동물의 상동기관처럼), 이것은 한 창조주의 설계를 보여주는 것이다. 설계는 곧 지혜의 개입을 의미한다. X-선과 전자의 충돌 실험(콤프턴 효과)으로 노벨 물리학상을 받았던 미국 물리학자 콤프턴(Arthur H. Compton)이 말한 것과 같이, "나에게 있어서 믿음은 최고의 지혜자가 우주와 그 가운데 인간을 창조하셨다는 깨달음으로부터 시작된다. 계획이 있는 곳에는 반드시 지혜가 있어야 한다는 것은 의문의 여지가 없기 때문에 내가 이러한 믿음을 갖는 것은 어렵지 않다. 질서정연한 우주는 지금까지 어떤 선언보다도 더 장엄하게 '태초에 하나님이…' 라는 선언을 증거한다."[39]

사실 과학을 통해 밝혀지는 수많은 사실들과 자연의 질서는 창조주의 존재와 지혜를 웅변적으로 증거한다. 시편 기자가 노래한 것과 같이, "하늘이 하나님의 영광을 선포하고 궁창이 그 손으로 하신 일"을 나타내는 것이며,[40] 뉴턴(Isaac Newton)이 말한 것과 같이, "태양과 행성들과 혜성들로 이루어진 이 아름다운 태양계는 전지전능하신 분의 지혜와 다스림으로만 운행될 수 있는 것이다."[41]

지금까지 우리는 과학이 외계생명체의 존재 가능성에 대해서 무엇을 말하고 있는지를 살펴보았다. 현재까지의 천문관측이나 우주탐사로부터 볼 때, 사람들은 외계생명체의 존재에 관한 어떤 과학적 흔적도 찾을 수 없었다. 그러므로 적어도 우리는 현재까지는 외계인이나 외계생명체는 존재하지 않는다는 잠정적인 결론을 내릴 수 있다.

토의와 질문

1. 화성 생명체 열풍과 관련하여 과학 외적인 이데올로기가 개입되지는 않았는지 말해 보자.

2. 일부 과학자들이 지구의 생명은 원래 화성에서 왔다고 생각하는 이유는 무엇일까?

3. 화성 운석에서 생명체의 흔적을 찾았다고 주장하는 NASA 과학자들의 주장을 살펴보라. 이들의 주장이 타당하다고 생각하는가? 만일 법정에서 어떤 사건을 심리한다고 생각한다면, 당신은 화성 생명체에 대해 어떤 결론을 내릴 것인가?

제8강

외계생명체와 UFO

"우리 인간은 기념품을 모으는 것에 있어서는 정말 뛰어나다는 사실에도 불구하고 비행접시를 타고 외계로 나갔다고 하는 사람들 중에서 외계인의 도구, 혹은 그들이 만든 그 어떠한 것을 가지고 온 사람은 한 명도 없다. 이것들이 단 하나만 있어도 UFO 미스터리가 풀릴 텐데…" - 클래스(Philip J. Klass)[1]

여러 해 전 우리나라에서도 스필버그(Steven A. Spielberg)가 감독한 〈E.T.〉(The Extra-Terrestrial, 외계생명체)라는 영화가 엄청난 관객을 모았다. 또한 국내외의 몇몇 단체들은 미확인비행물체(Unidentified Flying Object, UFO)가 실재할 뿐 아니라 한 걸음 더 나아가 오래 전부터 우주인들이 지구를 방문하고 있다는 주장을 하고 있다. 수년 전에는 「영남일보」 사진 기자가 가을 풍경을 스케치하기 위해 강원도 어느 시골집에 있다가 우연히 기와지붕 위로 번쩍거리며 날아가는 UFO를 촬영하는 데 성공했다면서 매스컴을 떠들썩하게 한 적이 있었다. 이 외에도 여러 대중매체들은 외계생명체에 관한 기사를 통해 사람들의 호기심을 자극하고 있다.

이런 외계 생명에 대한 보도들에 대해 일부 기독교인들은 외계인의 존재가 기독교의 근본 교리에 대한 도전인 것처럼 심각하게 생각하고 있는가 하면 어떤 사람들은 에스겔서와 계시록의 기록을 근거로 UFO를 타고 온 외계인은 엘로힘, 즉 하나님이라고 주장하는 사람들조차 있다. 그런가 하면 자칭 '외계인 신학자'라고 주장하는 사람들도 있다. 과연 UFO와 외계인은 존재하는가? 도대체 UFO 신드롬이 확산되고 있는 이유는 무엇인가?

1. UFO 신드롬[2]

외계생명체를 찾으려는 노력은 비단 유관 분야에서 연구하는 과학자들에게만 국한된 것이 아니다. 근래에 들어 우리나라에서는 외계인 혹은 UFO에 대한 관심이 사회 전반에 널리 퍼져 있음을 볼 수 있다. 이제는 UFO에 대한 관심이 이 시대의 한 문화적 현상으로까지 자리를 잡아가고 있다는 느낌이 들 정도이다. 외계인을 의미하는 <E.T.>라는 영화가 공전의 흥행기록을 세웠고, 외계인의 침입을 다룬 <인디펜던스 데이>(Independence Day)나 <멘인블랙>(Men in Black) 등의 영화도 흥행에 크게 성공하였다. 일본에서는 UFO 정당이 생기는가 하면, UFO를 믿는 사람들의 정착촌도 생겼으며, 자칭 외계인이라는 사람들이 일본 공영방송에 수시로 등장하고 있다. 이에 더하여 십 수 년 전부터는 국내에서도 프랑스에서 시작된 "국제라엘리안운동"(International Raelian Movement)과 같은 UFO 숭배자들이 활발한 활동을 하고 있다.[3]

그림 8-1 과연 UFO는 존재하는가? 아니 UFO를 목격했다는 사람들의 보고는 믿을 만한가?

UFO에 대한 최초의 보고는 19세기 말부터 있었다. 그 후에도 끊임없이 UFO에 대한 보고가 있었지만, 근래에 와서 UFO 현상은 놀라운 마력으로 사람들을 끌어들이고 있다. 미국인들의 47%가 외계인의 존재를 믿고 있다는 보도도 나오고 있다. 특히 요즘 UFO 현상은 다분히 영적, 종교적 특성을 띠어가고 있기 때문에 그리스도인들에게 특별한 경각심을 불러일으키고 있다. 여러 해 전 미국 산디에고에서 일어났던 "천국의 문"이라는 UFO 숭배자들의 집단자살은 이의 단적인 한 예라고 할 수 있다. 아래에서는 이러한 UFO 신드롬이 일어나는 배경에 대한 배경을 살펴보고, 이에 대한 그리스도인들의 대응을 모색해 보고자 한다.

2. UFO 신드롬의 원인

그러면 왜 근래에 UFO와 외계인에 대한 관심이 갑작스럽게 증가했을까?

지난 세기 말에 UFO와 외계인에 대한 관심이 급속도로 확산되었던 한 가지 이유로는 세기말적, 천년기말적 불안 심리를 들 수 있다. 수년 전의 일이긴 하지만, 종말에 대한 많은 예언들이 인류의 종말을 서기 2000년 전후로 잡고 있었다. 16세기 점성가 노스트라다무스(Nostradamus)는 1999년 7월을 운명의 날로 예언했으며, 이집트 피라미드에서는 2000년 5월 5일을 인류 최후의 날이라고 하였다. "사해문서"(Dead Sea Scrolls)에서는 2001년에 남미 대륙이 침몰하면서 지구의 대재앙이 닥칠 것이라는 예언이 있다는 사람들도 있다.[4]

UFO에 대한 관심은 종말에 대한 위기감 속에서 나온 것이라고 볼 수 있다. 국내 UFO 연구가인 김진영 등은 "지금 세기말의 상황은 환경과 영혼의 황폐로 얼룩져 있다. 수천 년 간 인류가 의지했던 신앙과 가치관이 의심받고 여지없이 붕괴하고 있다. 그렇다고 과학이 결코 신의 지위를 대신하기에는 윤리성이 너무나 결핍되어 과학 기술 자체가 영적 각성을 저해하고 있다. … 인간 자신이 지금이라도 각성하여 정신과 영혼의 대도약을 시도하지 않는 한 파멸의 위기를 겪은 뒤 그들[우주인들]에 의해 구원될지도 모른다고 지은이는 생각하고 있다." 그는 이어 우주에는 "우리와 같은 사고방식을 소유한 인류가 있으며, 따라서 탐욕과 사악한 이기심으로 얼룩져서 마침내 대파멸을 자초할지 모르는 이 세기말의 위기를 벗어나며 영적으로 그들[우주인들]과 같도록 거듭나자" 촉구하고 있다.[5]

둘째, UFO 현상의 확산은 신화에 대한 현대인들의 욕구가 발로된 것이라고 할 수 있다. 오늘날 UFO는 일종의 '인식론적 블랙홀'(epistemological black hole)의 역할을 하고 있다. 합리적 논증에 근거한 모더니즘 사고로 설명할 수 없는 것들을 포스트모더니즘 사고로 해결하려는 시도와 유사하다고나 할까? 많은 UFO 신봉자들은 신비하고 현대과학으로 설명할 수 없는 현상들은 모두 UFO 탓으로 돌린다. 그들에게 있어서 UFO는 신비한 현상들을 설명하는 블랙홀인 것처럼 보인다. 뭔가 신비한 것이 있으면 그것은 UFO 때문이라고 말한다. 대중들에게 있어서 블랙홀은 신비의 대상이며, 그래서 스위스 심리학자 융(Carl G. Jung)은 UFO에 대한 대중들의 관심을 '현대인의 신화' 라고 불렀다.[6] 그는 UFO는 신화에 대한 현대인들의 잠재적 욕구가 과학으로 포장되어 나타난 것이라고 하였다.[7] 스필버그가 감독한 <E.T.>라는 영화가 대단한 흥행기록을 세운 것도 이러한 맥락에서 이해될 수 있을 것이다.[8]

셋째, 매스컴의 상업주의를 들 수 있다. 현대 사회의 매스컴은 사회적 책임보다는 이윤추구에 눈이 멀어 대중의 호기심을 끌만하다고 생각되는 것은 자세한 검증을 거치지도 않은 채 무차별하게 보도하는 경향이 있다. 언론들은 UFO 관련 사실의 진위 여부는 차치하고 그러한 주제 자체가 대중적인 인기를 끌 수 있다는 이유만으로 보도 경쟁을 한다. 사회적 물의를 일으키는 보도야말로 상업적 성공의 지름길이라고 생각하는 매체들이 있는 한 대중적 인기에 영합한 무분별한 보도는 계속될 것이다. 이것은 마치 도색 잡지들이 유명 인사나 연예인들로부터 명예훼손이나 사생활 침해로 소송을 당하게 되면 소송비용보다 더 많은 수익을 올리기 때문에 일부러 다른 사람의 누드를 불법 개재하는 것과 흡사하다.

넷째, 미항공우주국(NASA)과 같이 정부 출연 연구기관들이 정부의 지원을 끌어내기 위해 여론 환기용으로 UFO 현상을 간접적으로 이용하고 있음을 들 수 있다. 비슷한 예로는, 앞강에서 언급한 NASA의 화성운석 소동을 들 수 있다. 이것은 화성에서 왔다고 추정되는 운석에 생명체 존재의 흔적이 될 만한 것이 있다고 보도함으로써 우주탐사에 대한 국민들의 관심을 불러일으키고 나아가 정부로부터 예산을 확보하려는 고도의 전략이었다. UFO 신드롬의 이면에는 이처럼 납세자들의 관심을 불러일으켜 정부나 여타 공공 기관으로부터 탐사 예산을 확보하려는 전략이 있다.

다섯째, 미국과 구 소련 간의 우주 탐사의 시작을 들 수 있다. 좀 오래된 얘기이기는 하지만, UFO 신드롬은 다분히 미국과 구 소련 간에 시작된 외계 탐험 경쟁과 무관하지 않은 것으로 보인다. 1957년 10월 4일, 소련의 첫 인공위성 스푸트니크 1호(Sputnik 1)가 발사되었고, 그 이듬해에는 미국의 익스플로러 1호(Explorer 1)가 발사됨으로써 바야흐로 세계는 우주 탐사의 시대로 접어들게 되었고, 자연스럽게 외계에 대한 사람들의 관심도 증가하였다. 특히 인공위성 기술은 곧 바로 대륙간 유도

탄과 같은 군사적 기술로 쉽게 전용될 수 있기 때문에 극도의 보안조치가 취해졌다. 일반인들의 접근이 불가능해지자 삼류 매스컴들을 중심으로 인공위성 기술을 둘러싼 온갖 억측과 추리가 난무했다. 이런 가운데 UFO는 미소의 비밀병기일 것이라는 추리도 나온 것이다.

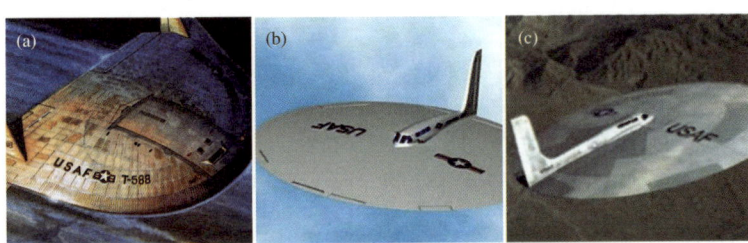

그림 8-2 1960년대부터 미군이 비밀리에 개발했던 비행접시형 핵폭격기. (a)는 프리먼스(Tom Freemans)가 「파퓰러메카닉스」(Popular Mechanics)를 위해 그린 그림이고, (b)와 (c)는 러시아 일간지 「프라우다」에 실린 상상도이다.

실제로 미국은 1960년대부터 비밀리에 UFO 형태의 폭격기를 개발했다. 러시아의 「프라우다」(*Pravda*)에 소개된 이 비행선은 렌즈형 대기권 재진입기(Lenticular Reentry Vehicle, LRV)라 불리는 것은 1960년대부터 미군이 비밀리에 개발했던 핵폭격기이다. 가장 눈의 띄는 것은 직경 12m 너비의 비행접시 모양이라는 점이다.

LRV는 고도 480km 우주 공간에서 핵폭탄을 투하해 적국을 초토화시킬 목적으로 개발되었으며, 1990년대 후반 관련 문서가 비밀 해제 되면서 그 존재가 세상에 알려졌다. LRV는 냉전기간 중에 방위 산업체인 노스아메리칸항공사(North American Aviation)가 라이트-패터슨 공군기지(Wright-Patterson Air Force Base in Dayton, Ohio)의 주문을 받아 개발했던 핵탄두 발사 시스템이었다.[9] 이 프로젝트는 1962년에 기밀로 분류된 후 소문으로만 나돌았는데, 1999년 12월 28일에 기밀해제가 되면서 노스아메리칸항공사 로스엔젤레스 지사의 오베르토(R.J. Oberto)

가 그 전모를 밝혔다.[10]

오베르토에 의하면, 접시를 절반 쪼개놓은 듯한 LRV의 넓이는 12m의 크기이며, 후미는 평평한 모양이다. 로켓 엔진으로 추진되는 LRV는 4명의 승무원이 6주 동안 지구궤도에 머물 수 있도록 설계되었으며, 비행기의 동력은 핵발전에서 얻는 것으로 되어 있었다.

이 LRV로 인해 UFO는 미국과 구 소련의 비밀병기라고 주장하는 사람들이 나타나게 되었다. 미군은 공식적으로 비행접시형 핵폭격기의 개발을 포기했다고 하지만, 여전히 믿지 않는 이들이 있다. 그들은 이 폭격기가 실제 제작되어 하늘을 날고 있으며, 미확인비행물체 목격자들의 눈에 들어온 것도 실은 이 폭격기라고 주장한다.

그러나 공개된 설계를 통해 볼 수 있는 바는 LRV의 비행 패턴이나 특성이 흔히 보고되는 UFO와는 전혀 다르다는 것이다. 흔히 보고되는 UFO는 속도가 매우 빠르고 갑작스럽게 속도나 방향을 변화시킨다고 하는데, LRV는 전혀 그렇지 않다. 오히려 LRV는 1960년대에 많이 사용되었던 캡슐형 표준 우주선 모양과 흡사하다. 그러므로 UFO가 미국과 구 소련의 비밀병기라는 얘기는 전혀 근거가 없다.

3. UFO의 분류

그러면 지금까지 많은 사람들에 의해 보고된 UFO 목격은 과연 믿을 만한 것인가? UFO에 대한 초기 연구는 대부분 아마추어들에 의한 연구였다. 그러다가 물리학자나 천문학자 등 전문학자들이 참여하면서 UFO에 대한 믿을만한 결과들이 보고되기 시작하였다. 대표적인 학자들로는

UFO 연구센터(Center for UFO Studies)의 공동 창립자인 하이네크(J. Allen Hynek)와 발레(Jacques F. Vallée), 스탠포드대학(Stanford University)의 스터록(Peter A. Sturrock1924-) 교수 등을 들 수 있다.

통계적으로 UFO 목격담의 95% 이상은 일상적인 자연 현상을 잘못 본 것이거나 착시에 의한 것으로 설명이 가능하다. 즉, 이들은 IFO, 즉 '확인 가능한 비행물체'(Identifiable Flying Object, IFO)였다. 오하이오주립대학(Ohio State University) 천문학부 교수와 노스웨스턴대학(Northwestern University) 천문학부 부장을 거치면서 미 공군의 UFO 탐사 프로젝트 블루 북(Project Blue Book)의 고문이 된 하이네크 박사는 이러한 착시들을 야간 불빛들(nocturnal lights), 주간의 원반체(daylight discs), 근접 만남에 의한 물리적 영향, 레이더에 의한 포착 등 여섯 가지로 분류, 발표한 적이 있다.[11]

하이네크는 UFO와의 '근접 조우'(close encounter)를 처음에는 세 가지로, 그러나 후에 훨씬 더 다양한 근접조우들이 보고되면서 다섯 종류로 확대 분류하였다. 첫째, 근접 목격(CE-1), 둘째, 주변 환경에 대한 물리적인 영향을 목격(CE-2), 셋째, UFO 존재들과의 접촉(CE-3), 넷째, UFO존재들에 의한 납치(CE-4), 다섯째, 영구적인 신체적 상해나 죽음(CE-5) 등이다.[12]

그림 8-3 UFO 연구센터를 창설한 하이네크 박사.

하이네크는 거리에 따른 UFO 목격도 세분하였다. 즉, UFO 목격이 이루어진 거리를 기준으로 150m보다 가까운 데서 목격한 근거리 목격과 150m보다 먼 곳에서 목격한 원거리 목격으로 나누었다. 그리고 각각을 세 개의 범주로 나누어 UFO 목격을 총 여섯 개의 범주로 나누었다.[13]

먼저 원거리 목격의 경우를 보면, ① 우선 야간 불빛이다. 어두운 밤하늘에서 불빛의 광도와 컬러가 갑자기 변하거나 불빛의 방향과 속도가 갑자기 변하게 되면, UFO로 착각할 수 있다는 것이다. ② 다음에는 낮에 하늘을 배경으로 물체가 멀리 떨어져 있을 경우, 이를 UFO로 착각할 수 있다고 하였다. ③ 또한 레이더로 관측된 경우를 생각해 볼 수 있다. 그러나 레이더는 여러 가지 자연현상으로 인해 잘못된 상을 보여줄 수 있기 때문에 레이더와 육안 관측이 동시에 이루어진 경우가 아니라면 믿을 수가 없다.

근거리 목격의 경우는, ① 첫째, UFO 현상과 환경 사이에 어떤 물리적 상호작용도 없이 단지 관측만 된 경우이다. ② 다음에는 나무들이 그을리거나 옆으로 눕거나 나무 가지가 부러지거나 동물들이 공포에 질리거나 자동차 전조등이 꺼지거나 엔진이 멈추거나 라디오가 꺼지는 등의 현상이 나타나는 경우이다. ③ UFO에 타고 있는 외계인이나 UFO 바깥에 나와서 돌아다니고 있는 외계인을 보았다고 하는 경우 등이다. 그러나 하이네크는 외계인들(occupants)과 어떤 형태로든지 의사소통을 했다고 하는 사람들은 예외 없이 유사종교적 광신자들(pseudo-religious fanatics)이라고 지적했다.

4 UFO 목격담은 믿을만한가?

실제로 착시로 인한 다양한 UFO 현상이 보고되고 있다. 나 역시 그런 경험을 한 적이 있다. 여러 해 전 내가 경부선 열차를 타고 서울로 가던 중 해질 무렵 수원 인근을 지날 때 여객기가 산 위에 낮게 뜬 채 김포공항에 착륙 준비를 하고 있었다. 내가 움직이고 있었기 때문에 비행기는 움직이지 않는 듯이 보였으며, 멀리 옆에서 보았기 때문에 비행기의 날개가 보이지 않아 여객기는 영락없는 UFO였다. 그러다가 비행기가 달리던 방향을 바꾸면서 갑자기 움직이기 시작하는 듯이 보였다. 실제로 로켓이나 항공기들, 기상 관측용 기구나 풍선, 특히 목격자의 정면으로 나아오는 초음속 전투기 등이 UFO로 오인된 적이 있었다.

또한 지표면으로부터의 고도에 따라 공기의 온도가 다를 때 빛의 반사, 빛이 공기 중의 안개, 아지랑이, 물방울 같은 공기와 굴절률이 다른 매질을 통과하면서 일으키는 굴절 현상, 대형 빌딩, 기차, 자동차의 유리에서 빛이 반사될 때도 UFO로 오인될 수 있다. 또한 렌즈구름이나 소용돌이 구름, 유성이나 운석, 구름 위에서 움직이는 달이나 별들, 맑은 날 산등성이 위로 막 떠오르기 시작하는 만월, 천둥, 번개 등의 기상현상, 공동묘지 부근의 인광(燐光)이나 오래된 늪지나 썩은 고목에서 서식하는 발광 박테리아 등도 자주 UFO로 오인된다.[14]

근래 영국 국립문헌보관소(The National Archives)도 수십 년 간 보관해 오던 UFO에 대한 비밀문서를 공개했는데, 이 보고서 역시 대부분의 UFO 목격담이 시각적 착시(錯視), 날씨 문제, 다른 비행체를 오해한 것이라고 분석했다.[15] 즉, 정부가 외계인과 UFO의 존재를 국민들에게 숨기고 있다는 식의 인기 TV 드라마 <X파일>(The X-files) 같은 '음모론'

(conspiracy theory)이 허구라는 얘기다. 영국 국립문헌보관소가 공개한 비밀문서는 1978년부터 2002년 사이에 보고된, 일반인들의 UFO 목격담을 담고 있다. 이 보고서에는 1986년 당시 찰스 왕세자를 태운 영국 공군기가 UFO에서 나온 빛에 휩싸여 공군기 조종사들이 무기력증에 빠진 적이 있다는 신문기사까지 포함돼 있다.[16]

다음으로 세계 인구 중 약 1% 정도가 정신분열증세를 가지고 있다는 의학적 통계도 UFO 현상을 해석하는 데 참고해야 할 사항이다. 사회학자이자 정신분석학자인 에리히 프롬(Erich S. Fromm)에 의하면, 현대에 들어와 과학과 기술이 점점 발달함에 따라 인간 소외현상이 점점 더 심해지고 정신분열증 환자도 증가하고 있다.[17] 이처럼 정신분열증 환자가 증가하는 것은 UFO 현상의 증가와 어떤 관계가 있는 것으로 보인다. 때때로 인간의 감각은 불완전하여 정신적으로 불안정한 상태에 있거나 UFO를 보기를 간절히 소원하는 사람들에게는 환영이나 착시가 일어날 수 있는데, 특히 정신분열증의 증세가 나타나는 사람들에게 이것은 흔히 볼 수 있는 현상이다. 많은 UFO 목격자들이 일정한 논리적인 틀을 제시하지 못하고 있는 것은 이들의 정신상태와 관련이 있는 것으로 보인다.[18]

끝으로 UFO에 대한 직접적인 경험담은 굉장한 상업적 가치가 있기 때문에 의도적으로 조작하는 경우들을 생각해 볼 수 있다. 그런 조작된 경험담일수록 더욱 더 정교하고 그럴 듯하게 보일 때가 많다. 특히 근래 컴퓨터 그래픽 합성이 보편화 되면서 정교한 사기극들이 대중들을 속이는데 성공할 가능성이 점점 높아지고 있다. 실제로 그 동안 진짜 사진으로 받아들여졌던 상당수의 UFO 사진들이 조작 의심을 받고 있다.

5. UFO 목격자들

1896년 최초의 신비로운 비행선 목격과 1940년대 중반 미국의 아놀드(Kenneth A. Arnold1915-1984)가 '비행접시'를 목격했다는 보고 이후 지금까지 전 세계적으로 수만 건의 UFO 목격이 보고되었다. 우리나라에서도 여러 차례 보고되었으며, 수년 전에는 「영남일보」 사진기자도 목격했다고 하면서 사진을 공개한 적이 있다. 어떤 사람은 아예 UFO를 타고 혹성에 다녀왔다고 하는 사람들도 있고, 심지어 어떤 사람은 UFO에 탄 외계인들에 의해 강간을 당했다고 하는 사람도 있다. 나도 국내 주요 장로교단의 목사를 한 사람 만났는데, 그는 외계인을 만났으며 UFO를 타고 외계인들의 혹성에 다녀왔다는 얘기를 했다.

아래에서는 시카고 애들러 천문관(Adler Planetarium)에 전시된 내용들을 중심으로 대표적인 몇몇 UFO 목격담들을 소개하겠다. 하이네크의 분류를 염두에 두고 다양한 UFO 목격자들의 대하여 생각해 보자.

새크라멘토의 불빛

처음으로 UFO를 목격했다는 보고는 비행기나 엔진으로 움직이는 비행선이 등장하기 여러 해 전인 1896년 11월, 캘리포니아에서였다. 처음에는 새크라멘토(Sacramento) 밤하늘에 신비로운 불빛이 있다는 보고가 있었다. 어떤 날 저녁에는 많은 사람들이 이 이상한 불빛을 보기 위해 모여들기도 했다.

이후에도 사람들의 보고는 이어졌다. 어떤 사람들은 이상한 빛만을 본 것이 아니라 그 비행선에 있는 기체백(gas bag)과 곤돌라, 프로펠러, 심지어 승무원까지 보았다는 사람들도 있었다. 그리고 이러한 목격담은 1896년 겨울 내내 계속되었다. 1897년 초에는 텍사스, 네브라스카, 캔사스, 아이오와, 일리노이주에서도 목격자들이 이어졌다. 1897년 4월 11일에는 「시카고 타임스-헤럴드」(*Chicago Times-Herald*)가 시카고 남부의 하이드 공원(Hyde Park) 위를 날아가고 있는 비행선의 그림을 보도하기도 했다.

그림 8-4 「시카고 타임즈-헤럴드」가 그려서 발표한 비행선.

그러나 그 후 정밀한 조사 결과 사람들이 보고한 이상하고 밝은 불빛은 대부분 별들이나 행성, 별똥별 등 자연 현상을 잘못 본 것이었다. 게다가 비행선과 더불어 승무원까지 보았다는 보고들은 의도적인 사기극이었다. 때때로 이러한 사기극은 신문들이 판매 부수를 늘리기 위해 조작한 것임이 밝혀졌다.

아놀드가 목격한 '비행접시'

새크라멘토의 불빛이 착시와 사기극임이 밝혀지면서 신비한 비행선에 대한 사람들의 관심은 사라져갔다. 그러다가 오늘날 우리가 비행접시라고 생각하는 본격적인 UFO 소동이 시작된 것은 미-소간의 냉전이 한창이던 1940년대 후반이었다. UFO에 대한 최초의 보고는 미국의 아놀드(K.A. Arnold)에 의해서였다.[19] 아놀드는 1947년 6월 24일 오후 3시경, 자신의 경비행기를 몰고 미국 워싱턴주 체할리스(Chehalis)를 출발하여 야키마(Yakima)를 향해 캐스케이드 산맥(Cascade Mountains)을 넘어가던 중 레이니어산(Mount Rainier) 인근 2,700m 상공에서 번쩍이면서 날아가는 아홉 개의 원반 모양의 비행물체를 발견하였다.

지상에 내려와 신문기자들을 만난 아놀드는 그가 본 비행기는 북쪽에서 남쪽으로 향하는 이 비행물체들은 파도치듯 두 줄을 그으면서 날아갔다고 보고했다.[20] 아놀드는 이 비행물체들의 크기가 DC-4기의 2/3 정도 크기였으며, 이들이 알려진 인근의 두 산봉우리 사이를 지나가는 시간을 측정함으로써 속도가 시속 약 2,900km 정도였다고 말했다.[21] 이것은 당시의 어떤 비행기보다도 빠른 속도였다.

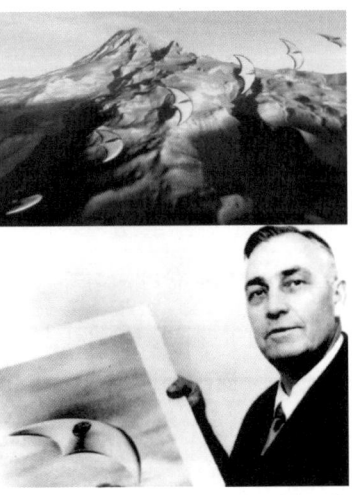

그림 8-5 아놀드가 보았다는 반달형 비행 물체.

아놀드가 보았다는 비행물체는 원반이나 접시 형태가 아니라 반달(crescents) 모양 내지 박쥐(bat) 모양의 물체였다. 그러나 그는 이 이상한 비행물체의 운동을 기자에게 설명하면서 그 물체는 "마치 물 위로 접시를 던졌을 때 물수제비 뜨듯이 날아갔다"고 했다.[22] 그런데 그 설명을 듣던 기자는 비행물체의 운동하는 모습이 접시로 물수제비를 뜨는 것 같았다는 아놀드의 설명을 비행물체의 모습이 접시 같았다는 말로 잘못 듣고 '비행접시'(flying saucers)라는 말을 만들어냈다.

그러나 아놀드의 목격담은 지역 신문인 「이스트 오레고니언」(*East Oregonian*), 싸구려 잡지(pulp magazine)인 「어메이징 스토리들」(*Amazing Stories*) 등을 통해 크게 보도되었다. 이후 그 해 미국에서는 그의 보고 외에도 121건의 UFO 목격 보고가 있었다. 아놀드의 보고로 인해 처음으로 '비행접시'(flying saucer)라는 말이 등장했고, 그는 매스컴의 도움을 받아 UFO 바람을 일으키는 방아쇠를 당겼다.[23] 그런데 흥미 있는 사실은 최초의 목격자인 아놀드는 반달 모양의 비행물체를 보았다고 했지만, 매스컴들이 '비행접시'라고 보도한 후에는 UFO를 목격했다는 사람들은 모두 하나 같이 날아가는 접시 모양의 비행물체를 보았다고 했다.

아놀드가 무엇을 보았는지는 아직까지 확실하지 않지만, 그가 보았다는 것은 자연적인 현상으로 설명할 수 있다. 예를 들면, 해발 4,400m에 이르는 레이니어산로부터 바람에 날려 날아가는 눈 조각들이나 렌즈 모양의 구름, 혹은 가까이서 날아가고 있던 펠리칸 등이다. 물론 이런 것들로서는 아놀드가 말한 것과 같이 비행물체가 엄청난 속도로 움직이는 것을 설명할 수는 없다. 그러나 그가 말한 속도는 믿을만한 장치로 측정한 것이 아니라 공포에 질린 상태에서 눈짐작으로 추산한 것이기 때문에 신빙성이 없다고 할 수 있다. 이런 UFO 착시는 그 후에도 계속되었다.

그림 8-6 1952년에 출판된 아놀드의 책. UFO에 대한 최초의 책[24]

외계인에 의한 납치?

정신상태가 건전하다고 해도 사람들은 자기가 믿고 싶은 바를 본다는 약점이 있다. "개 눈에 똥만 보인다"는 속담과 같이 일단 UFO에 심취한 사람은 때로는 설명이 분명한 현상들까지 UFO 현상으로 착각하는 경우가 종종 있다. 또한 때로는 심한 두려움으로 인해 착시를 넘어 환상 속의 경험을 실제로 착각하기도 한다. 그 한 예가 바로 미국 뉴햄프셔주에서 일어난 외계인에 의한 납치 소동이었다.

1961년 9월, 베티와 바니 힐 부부(Betty and Barney Hill)는 자동차를 몰고 화이트 산맥(White Mountains)을 달리고 있었다. 그 때 그들은 밝은 불빛 하나가 자기들의 차를 따라오고 있는 것을 보았다. 그들이 길 가에 차를 세웠을 때 바니는 인근에 떠 있는 듯이 보이는 하나의 비행물체를 보았고, 그 비행물체의 앞쪽 유리창을 통해 보이는 작은 외계인들을 보았다.

그 후 그들은 예정보다 몇 시간 늦게 집에 돌아왔다. 그런데 흥미롭게도 그들이 비행물체를 목격한 후 집에 돌아올 때까지 운전한 기억이 희미했다. 그 후 베티는 그 이상한 비행물체를 다시 만나는 악몽에 시달리게 되었고, 결국 힐씨 부부는 정신분석학자인 사이몬(Benjamin Simon)의 도움을 요청했다. 최면상태에서 힐씨 부부는 그들이 비행물체를 만난 것과 그들이 '작은 회색의 외계인들'(little grey aliens)에게 잡혀가 검사를 받았다는 것을 회상해냈다.

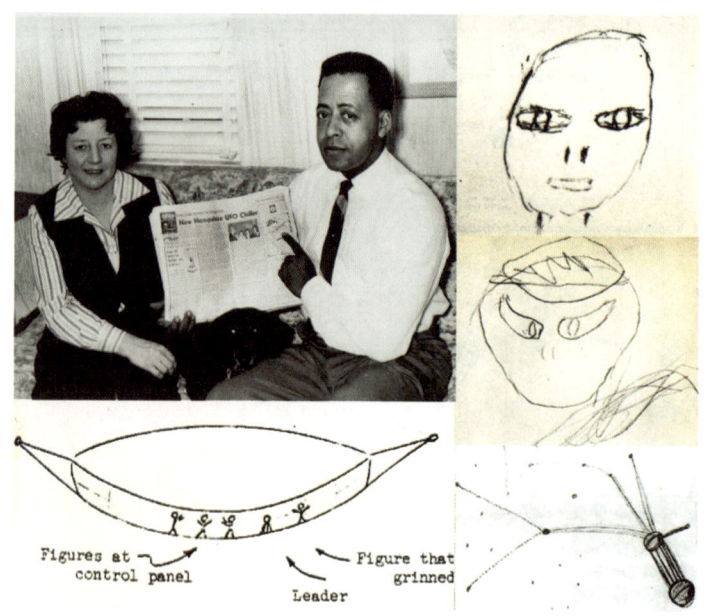

그림 8-7 힐씨 부부. 남편 바니 힐이 그린 UFO와 외계인들의 모습과 베티 힐이 그린 별 그림(star map).

1965년 「보스톤 트레블러」(Boston Traveler)의 기자인 러트렐(John Ruttrell)은 힐씨 부부가 UFO 단체들에게 제공한 얘기를 근거로 "으스

스한 UFO 얘기: 그들은 부부를 납치했는가"(A UFO Chiller: Did THEY Seize Couple)라는 기사를 발표했다. 그의 기사는 UPI 통신에 의해 보도되었고, 이것은 다시 「새터데이 리뷰」(Saturday Review)의 컬럼니스트 풀러(John G. Fuller)의 관심을 끌었다. 풀러는 이 얘기를 기초로 1965년에 이 사건에 관한 얘기를 『방해받은 여행』(The Interrupted Journey)이라는 베스트 셀러를 발표했다.

9년 후 NBC 방송은 이 이야기를 텔레비전용 영화로 만들었다. 이 영화에서는 존스(James E. Jones)와 파슨스(Estelle M. Parsons)가 바니와 베티 부부의 역을 했다. 이 영화는 인기리에 방영되었는데, 이 후 작은 회색의 외계인은 가장 자주 보고되는 외계인 타입이 되었다.

그림 8-8 힐씨 부부의 경험을 소개한 보도들.

이렇게 인기리에 영화로까지 방영된 얘기였지만, 실제는 사실과 달랐다. 힐씨 부부가 목격한 그 신비로운 빛은 밝게 빛나는 목성이었다. 힐씨 부부를 치료한 사이몬은 최면상태에서 회상된 납치 기억은 베티의 악몽으로부터 만들어진 일종의 환상이라는 결론을 내렸다. 그는 심리학 학술지를 통해 이 사건을 일시적인 심리학적 정신착란(psychological aberration)이었음을 보고했다.

자모라의 목격

아마 가장 유명한 UFO 얘기 중 하나는 1964년 4월 24일, 미국 뉴멕시코주 소코로(Socorro)의 순찰경찰이었던 자모라(Lonnie Zamora)의 얘기일 것이다. 자모라는 소코로를 통과해서 지나가는 속도 위반자를 추적하고 있었는데, 그 때 그는 다이너마이트가 터지는 듯한 큰 폭발음을 들었다. 그래서 그는 속도 위반자를 추적하는 것을 그만 두고 그 폭발음의 원인을 조사하기 시작했다. 그는 언덕을 넘어 그 소리가 났던 곳으로 가

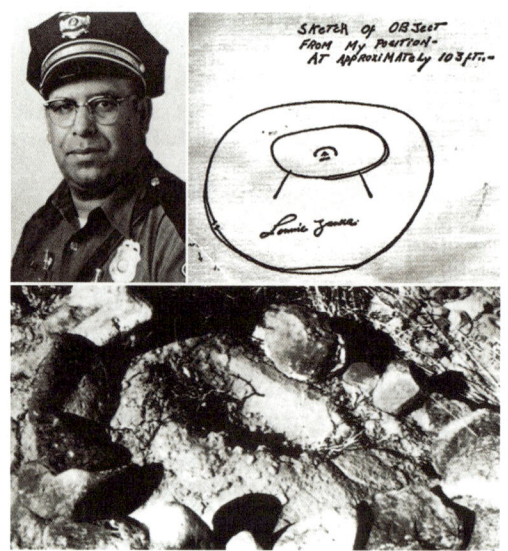

그림 8-9 자모라와 그가 그린 비행 물체의 모습과 '착륙 패드'(Landing pad)의 흔적.

까이 갔을 때, 그는 전복된 차와 그 옆에 점퍼 차림으로 서 있는 두 아이들을 보았다. 그들은 자모라가 가까이 오는 것을 보자 깜짝 놀라는 듯이 보였다. 그런데 좀 더 가까이 가서 보니 그것은 차가 아니었고, 네 개의 금속 다리에 의해 지지되고 있는 계란 모양의 물체였다.

자모라가 무전기로 보고하기 위해 차를 멈추자 쿵쿵하는 소리가 들리면서 그 물체의 아래 부분에서 불꽃이 분출되기 시작했다. 자모라는 그것이 곧 폭발할지도 모른다는 두려운 생각이 들어서 차 뒤로 몸을 숨겼으며 그러는 도중에 안경을 잃어버렸다. 그 사이 그 물체는 공중으로 떠오른 뒤 인근 산을 넘어 날아가 버렸다.

자모라가 UFO를 본 것은 다른 사람들의 목격과는 달리 구체적인 증거들이 남아있었다. 예를 들면, 불에 탄 숲과 그을린 바위, 그리고 그 비행물체가 있었던 흙에 남겨진 네 개의 지지대 자국 등이었다. 공군 조사팀과 개인 UFO 조사자들은 이런 증거들은 '정직하고 믿을 만'(honest and reliable)하고, 게다가 '상상력이 없는'(unimaginative) 자모라가 일부러 사기를 치기 위해 꾸며낸 것들이 아니며, 다른 자연적 혹은 인공적 흔적들도 아니라는 결론을 내렸다. 그래서 공군 조사팀은 이것을 '설명할 수 없는'(unexplained) 사건이라는 공식적인 보고서를 제출했다.

어떤 사람들은 자모라가 정교한 사기극을 꾸몄다고 생각하기도 하지만, 그의 성품으로 봐서 이것은 별로 가능성이 없는 것으로 보인다. 어떤 사람들은 자모라가 근처에 있는 화이트 샌즈 미사일 실험장(White Sands Missile Range)에서 비밀리에 실험하고 있는 미사일을 본 것이라는 등의 추측도 있지만, 당시 사람들이 흔히 사용하던 열기구(hot air balloon)를 UFO로 착각했을 거라는 주장이 가장 신빙성이 있는 것으로 생각된다. 일반적으로 열기구의 모양은 계란 모양이며, 이륙할 때는 뜨거운 공기를 불어넣기 위해 프로판 가스 불꽃을 분사하기 때문이다.

파스카굴라의 납치극

아마 두 번째로 유명한 외계인에 의한 납치 보고는 1973년 미시시피 주의 파스카굴라(Pascagoula)에서 일어난 사건일 것이다. 힉슨(Charles Hickson)과 파커(Calvin Parker)는 파스카굴라강(Pascagoula River) 강변에 있는 데크에서 낚시를 하고 있었다. 그들의 주장에 의하면, 그 때 길이 30피트(약 9.1m) 정도, 높이 8-10피트(약 2.4-3m) 정도 되는 풋볼 모양의 물체가 다가왔다. 그리고 그 물체의 문이 열리더니 세 명의 로봇과 흡사한 이상한 모양의 외계인들이 그들을 향해 다가왔다.

힉슨과 파커에 의하면, 그들은 약 5피트(약 1.5m) 정도의 키에 주름이 많고 회색빛을 띠고 있었다. 그들은 벙어리 장갑(mitten)이나 가제 집게(claw)와 같은 손을 갖고 있었다. 눈은 없었고, 얼굴 가운데와 좌우의 코와 귀가 있어야 할 부위는 뾰족하게 튀어나와 있었다. 그들을 보고 있는

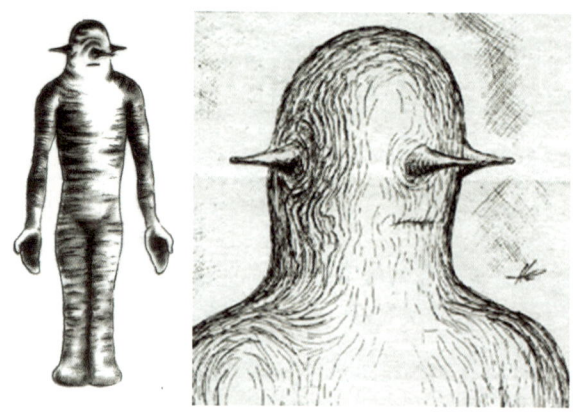

그림 8-10 힉슨과 파커가 보았다는 외계인의 한명을 스케치 한 것과 외계인의 머리를 스케치 한 것.

동안 힉슨과 파커는 온 몸이 마비가 되는 듯 꼼짝 할 수가 없었으며, 그대로 우주선 내로 운반되었다고 했다. 그리고 그들은 그곳에서 여러 가지 검사를 받은 후 풀려났다고 했다.

그러나 파스카굴라 납치 사건을 자세히 조사한 결과 이것은 완전히 사기극임이 밝혀졌다. 힉슨과 파커는 조사할 때마다 얘기를 다르게 했다. 특히 구체적인 정황을 묻는 질문들에 대해서는 얼렁뚱땅 넘어갔다. 또한 그들이 UFO를 보았다고 하는 장소는 많은 차들이 다니는 고속도로에서 불과 몇 백 피트밖에 떨어지지 않은 곳이었는데도 그것을 본 다른 사람들이 아무도 없었다. 힉슨과 파커는 그 후에도 계속 외계인들과 접촉하고 있으며, 그들과 수많은 회합을 했다고 하나 믿을 수 있는 근거가 하나도 없었다.

벨기에의 '삼각형 불빛'

1989년 11월 29일, 두 명의 벨기에 경찰관은 세 모퉁이에 백색의 불빛을 발하고 가운데는 붉은색 불빛을 발하는 삼각형 모양의 UFO를 목격했다고 보고했다. 그들은 이것을 세 시간동안이나 보았으며, 그 동안 150명의 사람들도 공중에 있는 이 이상한 불빛을 보았다. 비슷한 것을 목격했다는 보고가 그 후에도 몇 달간 계속되었다.

1990년 3월 30-31일 저녁, 벨기에 국방부는 경찰관들이 보고한 그 이상한 불빛들을 다른 사람들도 보았다는 것에 주목하고, 이를 조사하기 위해 두 대의 F-16 전투기를 보냈다. 비행기 조종사들은 별다른 이상한 것을 보지 못했으나, 제트기 레이더 중 하나에 매우 빨리 움직이는 한 물체가 촬영되었다. 그러나 후에 자세히 조사해 본 결과, 그 이상한 물체는 기상 이상으로 인해 장비가 오작동 하여 일어난 것임이 밝혀졌다.

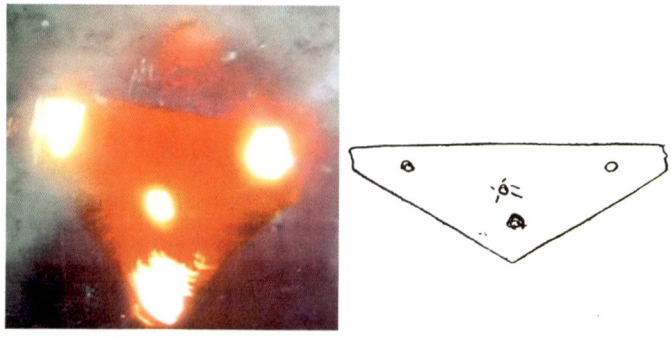

그림 8-11 1990년 벨기에 쁘띠-르솅(Petit-Rechain)에서 촬영한 이상한 '삼각형 불빛' 과 1989년 벨기에 유펜(Eupen)에서 한 경찰관이 보았다고 하는 물체의 스케치.

그 후 이 이상한 '삼각형 불빛' 의 실체는 완전히 밝혀졌다. 이 기간 동안에는 금성이 가장 밝게 빛나며 서쪽 하늘의 낮은 고도에 위치할 때였다. 밝은 행성이나 별들이 지평선 근처에 있을 때 그들이 때때로 서로 다른 불빛을 발하면 여러 개로 보일 수 있다. 여러 가지 정황으로 미루어볼 때, 적어도 처음에 보고된 몇몇 목격들은 확실히 금성을 잘못 본 것이었다. 비디오로 촬영된 몇몇 보고들은 가로등을 잘못 본 것이었음도 드러났다.

애리조나의 불빛

1997년 3월 13일 저녁, 미국 애리조나주 피닉스(Pheonix)에 살고 있는 수천 명의 사람들은 몇 개의 불빛이 V자와 비슷한 대열을 이루어 하늘을 날고 있는 것을 보았다. 한 그룹의 사람들은 다섯 개의 불빛이 빠르게 움직이고 있는 물체를 보고했고, 다른 그룹의 사람들은 멀리 있는 산등성이에 일곱 개의 불빛이 가만히 떠있는 것을 보았다고 했다. 이것은 곧 바로 경찰과 UFO 연구자들에게 알려졌는데, 특히 두 번째 그룹의 불빛은 꽤 오랫동안 가만히 떠 있었기 때문에 많은 사람들이 사진기나 비디오로 촬영하였다. 이것은 곧 매스컴을 통해 전국으로 알려지게 되었다.

그림 8-12 애리조나주 피닉스의 불빛들.

그러나 좀 더 자세히 조사해 본 결과 빠르게 움직이는 불빛들은 인근 공군기지에 대형을 이루어 착륙하는 제트 전투기들로부터 나온 것이었음이 밝혀졌다. 그리고 가만히 떠 있는 듯이 보이거나 좀 더 천천히 움직이는 여러 개의 불빛들은 그 비행기들이 군사훈련을 하면서 떨어뜨린 조명탄들(flares)이었다.

스코틀랜드의 구름

착시로 인한 UFO 보고는 지금도 계속되고 있다. 근래에는 스코틀랜드 상공에 UFO가 나타났다는 보고가 있었다. 2010년 6월 중순, 윌튼 부부(Brian and Isobel Wilton)는 퍼스셔(Perthshire)에서 UFO를 목격하고 촬영을 했다. 윌튼은 "처음 봤을 땐 믿기 힘들었다. 영화 <미지와의 조우>(Close Encounters of the Third Kind)의 한 장면 같았다"고 말했다. 영화 <미지와의 조우>는 1977년에 개봉한 스티븐 스필버그 감독의 작품으로 UFO의 흔적을 발견하고 외계인과 교신하기 위해 애쓰는 과학자의 이야기다.[25]

그림 8-13 〈미지와의 조우〉

하지만 월튼 부부가 보고한 UFO는 렌즈나 아몬드 모양의 렌즈 고적운(altocumulus lenticularis)으로 확인되었다. 이 구름은 덥고 습한 공기가 상승하다가 차가운 공기를 만나게 되면 응결되어 형성된다. 특히 이 구름이 해질녘에 형성되면 햇빛을 받아 신비로운 형상을 띠기도 한다. 신기한 형상의 구름이 UFO로 오인되는 것은 UFO 목격담의 가장 흔한 예이다.

6. 로스웰 사건

UFO 현상과 관련된 가장 드라마틱한 사건은 로스웰(Roswell) 사건이라고 할 수 있다. 1947년 6월 14일, 미국 뉴멕시코주 로스웰 북서쪽 120km 지점에 있는 제이비 포스터 목장(J.B. Foster sheep ranch)에 어떤 물체가 떨어졌다. 이 목장을 경영하던 브라젤(W.W. Mac Brazel)이 이 물체를 발견한 것은 아놀드(K.A. Arnold)가 최초의 현대적인 첫 UFO 목격을 보고하기 열흘 전의 일이었다. 이 때 떨어진 물질은 '알루미늄과 비슷한' 금속성 포일, 스코치 테이프, 꽃이나 '상형문자' 같은 것이 표시된 다른 테이프들, 나무 막대 등 총 5파운드(약 2.3kg) 내외의 물질이었다.

브라젤은 누가 이 쓰레기들을 이곳에 버렸는지, 누구에게 이것들을 청소하라고 해야 할지를 곰곰이 생각하다가 인근에 있는 로스웰 공군기지(Roswell Army Air Field, RAAF)가 책임이 있을 것이라고 생각했다. 그래서 그는 로스웰 공군기지로 가서 보안관과 공군기지의 담당자들을 만났다.

그림 8-14 브라젤의 농장에서 발견된 잔해들.

브라젤의 방문 후 RAAF의 공보장교였던 마르셀(Jesse A. Marcel) 소령은 잔해들을 텍사스 포트 워쓰(Fort Worth)에 있는 제8공군(Eighth Air Force) 사령부로 운반하였다. 이들은 명백히 금속성 포일과 고무 등으로 만든 기구(balloon)의 잔해였다. 그런데 마르셀 휘하의 호트(Walter Haut) 중위가 이들을 근래에 떠들썩하고 있는 비행접시와 관련된 것이라고 생각하고, 공군이 신비로운 비행원반을 포획했다고 발표했다. 이것은 곧 "RAAF가 로스웰 지역 목장에 떨어진 비행원반을 포획하다" (RAAF Captures Flying Saucer on Ranch in Roswell Region)란 제하의 헤드라인 뉴스로 전 세계에 퍼졌고, RAAF에는 기자들로부터 전화가 빗발쳤다. 예상치 않은 반응에 당황은 공군에서는 기상장교 뉴턴(Irving Newton)과 제8공군 사령부의 램시(Roger Ramsey) 준장을 통해 그들이 발견한 것은 일상적인 기상 관측용 기구와 레이더 반사경이라는 정정기사를 발표했다. 이러한 해명은 널리 받아들여졌고, 시간이 지나면서 '로스웰 사건'은 전문 UFO 연구자들의 뇌리에서조차 사라졌다. 그 당시에는 어떤 매스컴에서도 '외계인의 시신'(alien bodies)에 대해 언급하지 않았다.

로스웰 신화의 진실

로스웰 이야기가 다시 수면위로 떠오른 것은 1980년이었다. 이미 1950년경에 사기극으로 기소된 뉴턴(Silas Newton)과 게바우어(Leo GeBauer)가 꾸민 얘기를 언론들이 다시 흥미진진하게 각색하여 발표하였기 때문이다. 이에 의하면, 브라젤의 농장에 UFO가 추락했으며, 이 때 UFO의 잔해와 4구의 외계인으로 추정되는 시체가 발견되었다고 했다. 그리고 1995년에는 외계인으로 추정되는 시체를 해부하는 필름까지 공개하면서 이것이 진실인 것처럼 선전했다.

로스웰 사건은 단순한 호기심의 문제만이 아니었다. 이것을 떠벌린 사

그림 8-15 (a) 비행접시 사기꾼들인 뉴턴과 게바우어; (b) 이 사건을 진짜인양 보도한 신문.

람들은 브라젤 농장의 잔해들은 고도의 기술을 가진 외계인 비행선으로부터 수거한 것이라고 하면서 그들은 이 외계인 기술을 이용하여 '유전탐사기'(oil finder)를 개발했다고 주장하기도 하였다. 그리고 이런 황당한 루머에 속는 어리숙한 여러 투자자들을 모으기도 했다. 그러나 비행접시가 추락했다는 사기극은 이미 많은 사람들에게 알려졌기 때문에 여러 해 동안 UFO 조사자들도 공식적인 제재조치를 취하지 않았다.

그러다가 이 근거 없이 꾸민 얘기가 점점 증폭되자 급기야 미 공군은 1994년에 공식적으로 로스웰에서 발견된 잔해는 '프로젝트 모굴'(Project Mogul)이라는 일급기밀의 기구실험 결과임을 발표하였다. 이 실험은 구 소련이 핵실험을 할 때 발생되는 음파를 검출하기 위한 목적으로 진행된 것이었다. 그리고 외계인 시체와 관련된 루머는 인형을 고공의 기구로부터 떨어뜨린 실험이 왜곡되게 전해진 결과라고 밝혔다.

이처럼 전모가 명백히 밝혀졌음에도 불구하고, 일부 UFO 지지자들은 아직까지도 미국 정부가 UFO 잔해와 외계인들의 시체를 보관하고 있다고 주장하면서 이 사건의 전모를 공개하라고 주장한다. 1995년 11월 26일 KBS 1TV가 일요스페셜을 통해 공개한 로스웰 필름은 이 사건의 핵심적 내용을 담고 있다. 그러나 많은 사람들은 이 때 등장한 여러 사진들이 희미하고 필름이 조작된 것이라고 주장한다.

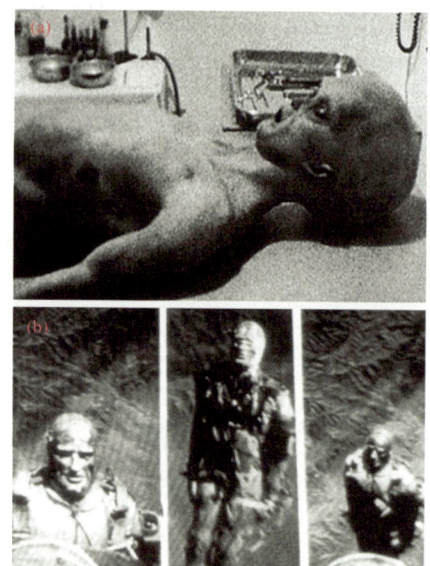

그림 8-16 (a) 로스웰 사건과 관련하여 신문 기사에 난 외계인 시체; (b) 고공의 기구로부터 떨어뜨린 인형.

하지만 이 세기적 의문은 무어(Charles B. Moore) 박사에 의하여 완전히 해명되었다. 1997년 무어 박사 등은 『로스웰에서의 UFO 추락: 현대적 신화의 시작』이란 책을 통해 이 문제를 자세히 밝혔다. 1947년 6월에 수행된 프로젝트 모굴의 선임과학자였던 무어는 1992년까지 그 프로젝트에서 수행된 실험의 구체적인 목적을 모르고 있었다. 그러나 후에 그는 자신의 노트와 기록들을 재구성 해보고서야 비로소 로스웰에 떨어진 잔해가 프로젝트 모굴에서 사용된 특수 임무의 기구(NYU Balloon

Flight 4)에서 떨어진 것임을 확인하였다.[26]

당시 기구 코너에는 레이더 추적을 위한 반사경들이 달려있었는데, 이 반사경들은 발사 나무(balsa wood), 스카치 테이프, 뉴욕의 한 장난감 회사가 만든 테이프 등으로 서로 고정되어 있었다. 테이프에는 자주색, 녹색의 꽃무늬 디자인이 있었는데, 우습게도 몇몇 사람들을 이것을 상형문자(hieroglyphics)라고 해석하였다.[27]

로스웰 신화의 탄생과 종말

사실 이러한 미국 공군의 공식적인 발표에 대해 그 후 30여 년 간 아무도 의심을 제기하지 않았다. 그런데 30여년이 지난 후 사람들의 기억이 희미해지고 관련된 당사자들의 분명한 증언을 확보하기 어렵게 되자 UFO 신봉자들이 초기의 잘못된 발표를 꼬투리 삼아 황당무계한 거짓 시나리오를 만들어 유포하였던 것이다. 그런데 어떻게 그런 거짓말이 전 세계적으로 널리 퍼질 수 있었을까? 이것은 미국 정부의 기밀문건을 다루는 방식과 관련이 있었다.

미국과 소련의 냉전이 시작되던 1947년 당시, 미국 정부는 기밀정보를 분류할 때 1급 비밀(top secret), 2급 비밀(secret), 3급 비밀(confidential)로 나누어 단계마다 필요한 조치를 취했다. 그러나 더 중요한 정보인 경우에는 '구획화된' 정보(compartmentalized information)라고 분류해서 공식적으로 그 정보에 '접근할 필요가 있는'(need to know) 사람들 외에는 접근이 원천적으로 봉쇄된 정보가 있었다. 말할 필요도 없이 그런 정보에 접근하는 사람들의 책임과 이를 위반했을 때의 처벌은 더 가혹한 것이었다. 그러니 이런 것을 연구하는 학자들의 접근은 불가능했고, 이것이 일반인들이 보기에는 정부에서 뭔가 꺼림칙한 것을 숨기고 있는 듯이 보였다.

실제로 이 정보는 당시 냉전 상황 하에서는 매우 예민한 정보였다. 프로젝트 모굴에서 사용한 비행기구는 언뜻 보기에는 평범한 기상관측용 기구였지만, 당시 미국 정부는 소련의 핵실험을 감지하기 위해 비밀리에 특수 음향감지 장비를 여기에 탑재하였다. 세간의 여러 의혹들이 제기되었음에도 불구하고 냉전 시대 적국의 군사 실험 정보를 수집하기 위한 실험 장치의 일부였기 때문에 오랫동안 군사 비밀로 분류되어 일반인들에게 공개되지 않았다. 심지어 이 사실은 특급기밀의 '구획화된' 정보로서 프로젝트 모굴의 책임자였던 무어 교수조차 자신의 연구 프로젝트의 이름도, 기구에 실린 장치가 무엇을 위한 것임도 몰랐다. RAAF의 호트 중위나 마르셀 소령은 물론 제8공군 사령관 램시 준장이나 기상장교 뉴턴도 당시 소련의 핵폭발감지실험을 몰랐을 것이다.[28]

결국 로스웰 사건은 직후에 일어난 최초의 UFO 목격담과 냉전시대 미국의 기밀문서 취급 방법을 교묘하게 활용한 지능적인 사기극이었다고 할 수 있다. 지능적인 사기극에는 반드시 이익을 보는 사람들이 있는가 하면 손해를 보는 사람들이 있다. 그 사건을 미끼로 특종에 목마른 매스컴들은 목을 축이게 되었고, UFO 신봉자들은 자신들의 주장을 세상에 전할 기회를 갖게 되었다. 또한 이 거짓 시나리오를 대서특필해서 매상을 올린 출판사들도 이익을 본 집단이라고 할 수 있다. 하지만 이러한 음모를 몰랐던 대중들은 손해를 본 집단이라고 할 수 있다.

> 토의와 질문

1. UFO는 과연 존재하는가? 자신이 직접 UFO와 흡사한 것을 보았거나 가까운 사람들로부터 그런 경험을 들은 적이 있다면, 당시의 구체적인 정황과 공통점을 말해보자. UFO의 존재 유무에 초점을 맞추는 사람들의 문제는 무엇인가?

2. UFO는 뚜렷한 근거가 없음에도 불구하고, UFO 지지자들은 엄청난 확신을 가지고 선전을 하고 있다. UFO 지지자들이 UFO의 종교성보다는 과학성에 더 초점을 두고 선전하는 이유는 무엇이라고 생각하는가?

3. 외계생명체를 찾으려는 노력과 UFO를 찾으려고 하는 노력에 있어서 유사점과 상이점을 말해 보라.

외계생명체와 거짓 정보

제9강

"그 바퀴의 모양과 그 구조는 황옥 같이 보이는데 그 넷은 똑같은 모양을 가지고 있으며 그들의 모양과 구조는 바퀴 안에 바퀴가 있는 것 같으며" – 에스겔 1:16

UFO 추종자들은 한편으로는 과학주의에 흠뻑 젖어있으면서도, 또 한편으로는 매우 비과학적인 면이 있는 사람들이다. 이들 중에는 상식보다도 희한한 소식을 더 선호하는 사람들이 많다. 앞에서 언급한 것과 같이, 많은 전문 과학자들이나 대중들에게 함부로 얘기할 수 없는 위치의 사람들이 적어도 현재까지는 분명한 UFO의 증거가 없음을 거듭 밝히고 있음에도 불구하고, UFO 추종자들은 이들보다 과학적 권위가 없는 일종의 사이비 과학자들이나 삼류 잡지 기자의 말을 더 신뢰하고 있다.

1. 러복의 불빛들

UFO와 관련된 사기극들은 UFO 보도 역사만큼이나 오래되었다. 1951년, 무더운 여름날 밤, 미국 텍사스주 러복(Lubbock)에서는 몇몇 텍사스 공과대학(Texas Tech University) 교수들이 여러 개의 희미한 불빛들이 뚜렷한 편대를 이루지 않고 조용히, 그러나 빠른 속도록 날아가는 가는 것을 목격하였다. 불빛들은 부드럽게 빛나는 청록색을 띠고 있었다. 비슷한 광경은 그 후에도 몇 차례 관찰되었다.

그해 8월 31일, 텍사스 공과대학 1학년생인 하트(Carl Hart, Jr.)는 다섯 장의 사진을 찍었는데 그는 이 사진들에 찍힌 것들이 러복시 상공을 날아가는 신비한 불빛들이라고 주장했다. 하트의 사진에는 뚜렷하게 편대를 이룬 밝은 불빛이 있었으며, 이 사진들은 러복의 지방 신문에 발표되었다. 이 이야기는 곧 전국적으로 알려지게 되었고, 미 공군에서 조사를 하게 되었다.

하지만 미 공군의 조사는 예상 외로 싱겁게 끝났다. 이 조사와 관련하

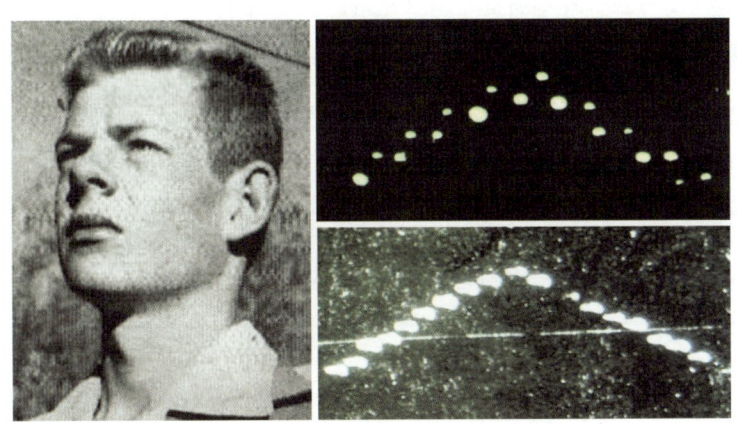

그림 9-1 하트와 그가 찍은 편대 비행물체 사진들.

여 결정적인 제보를 한 사람은 텍사스주 브라운필드(Brownfield)에 사는 브라이언트(Joe Bryant)였다. 그는 조사관들에게 자기 뒤뜰에 앉아 있을 때 이상한 물체들이 머리 위로 세 차례 지나갔는데, 첫 두 비행물체는 러복에서 관측된 것과 거의 비슷한 모습으로 날아갔지만, 세 번째 비행물체는 고도를 낮추어 자기 집 상공을 선회하였다고 했다. 그 때 브라이언트는 그 비행물체로부터 새들이 지저귀는 소리를 들었는데, 그 소리는 텍사스 지방에서 흔히 볼 수 있는 물떼새(plover)였다!

그러면 하트가 촬영한 사진은 무엇인가? 하트의 사진들에서 볼 수 있는 비행편대들은 다른 여러 목격자들이 본 러복의 불빛들과는 전혀 달랐다. 결국 이 사진은 하트가 만든 어설픈 사기극으로 판명되었다.

2. 달과 화성에서 온 외계인?

UFO 현상의 가장 큰 문제점은 이것이 현대 상업주의와 결탁하여 많은 거짓 정보들의 진원지가 되고 있다는 사실이다. 몇 년 전에 워싱턴에서 활동하는 "엔터프라이즈 미션"(Enterprise Mission)이라는 단체에서는 외계인이 틀림없이 존재하며, 실제로 달 표면에는 그들이 만든 인공구조물이 존재한다고 발표하여 국내에서 UFO 소동을 일으킨 적이 있다. 그러나 달 표면을 손바닥 살피듯 조사하고 있는 NASA 과학자들이나 여타 달에 대한 전문가들 중에 달 표면에 지구에서 보낸 우주선 외에 다른 인공구조물이 있다는 사실을 인정한 사람은 아무도 없다.

이것은 화성에 대해서도 마찬가지이다. 1960년대까지만 해도 사람들은 화성에 우주선을 보낼 것이라고는 상상도 하지 못했다. 이런 점을 악용하여 화성인들이 우주선을 타고 지구에 왔다는 황당한 주장을 퍼뜨리는 사람들이 있었다. 1965년 5월, 에어로제트 제너럴사(Aerojet General Corporation)에서 미사일 유도장치 장착을 책임지고 있었던 프라이(Daniel W. Fry)는 캘리포니아주 죠슈아 트리(Joshua Tree) 근처에서 '팽이처럼 도는'(spinning like a top) 화성인의 UFO를 목격했다고 보고했다. 그는 아래와 같은 멋진 사진까지 제시했다. 그러나 앞에서 언급한 바와 같이, 화성에 우주선을 보내고 있는 요즘 과학자들은 화성에는 (잠정적이지만) 우주인은커녕 미생물조차 살지 않는다는 결론을 내렸다. 많은 사람들은 이 그림이 프라이의 탁월한 기술에 근거한 조작이라고 주장한다.

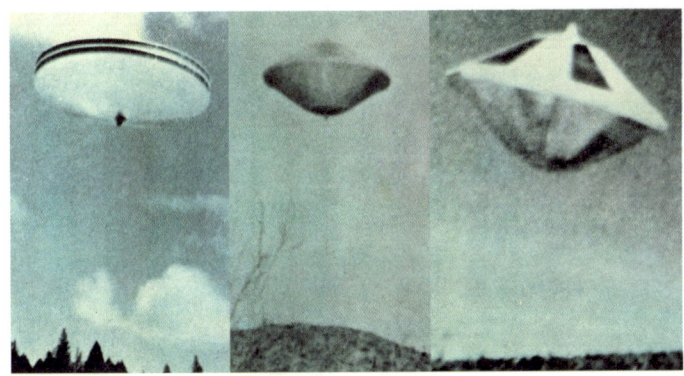

그림 9-2 프라이가 화성인의 UFO라고 주장한 사진. 이 사진은 엔지니어였던 프라이가 교묘하게 조작한 것으로 알려져 있다.[1]

3. 애덤스키의 UFO 여행

UFO를 목격하였을 뿐 아니라 처음으로 UFO를 타고 외계여행을 하였다고 주장한 애덤스키(George Adamski)도 비슷한 거짓말을 한 적이 있다.[2] 그는 폴란드에서 태어났으나, 유년 시절에 부모를 따라 미국으로 이민 왔다. 애덤스키는 늘 환상과 철학적 사색을 즐기는 사람이었는데, UFO에 대한 관심을 갖기 이전부터 많은 신비주의적 강연을 하였다. 천체 관측과 사진 촬영에 몰두하던 그는 1946년, 별나라 여행의 염원을 담은 『우주의 개척자들』(Pioneers of Space)이라는 공상과학소설을 쓰기도 하였다.

그 해 유명한 캘리포니아주 팔로마산천문대(Palomar Observatory)로 올라가는 산 중턱에서 햄버거 가게를 하던 중 애덤스키는 UFO를 목격하였으며, 다음 해 8월에는 184대의 UFO가 종대로 8대씩 나란히 비행하는 것을 목격하였다고 한다. 애덤스키는 햄버거 가게 뒤에 작은 천문대를 만들고 집에서 만든 반사망원경을 설치했다. 그는 이 망원경으로 비행접시를 촬영했다고 주장했다. 이상하게도 세계에서 가장 큰 망원경에는 도무지 보이지 않는 비행접시가 바로 인근에 있는 어설픈 아마추어의 망원경에만 보였다!

때때로 그의 가게에는 팔로마산천문대로 가는 천문학자들이 들르기도

그림 9-3 애덤스키와 반사망원경.

했다. 한 천문학자가 신분을 숨기고 애덤스키에게 팔로마산천문대에 있는 천문학자들도 비행접시를 보았느냐고 묻자 그는 의미심장한 미소를 지으며 "그럼요, 그들은 비행접시에 관해서 많이 알고 있습니다"(Oh, they know plenty about the saucers)라고 대답했다.

시간이 지나면서 사람들의 호기심이 폭발적으로 증가해 가자 애덤스키의 목격담도 점점 더 신비감을 더해 갔다. 1952년 11월에는 모하비 사막(Mojave Desert)에 UFO가 착륙하는 것을 목격하였으며, 심지어 그것의 조종사를 만났다고도 했다. 조종사는 금성에서 온 오르톤(Orthon)이라는 남자이며, 오르톤과 그의 금성인 동료들은 애덤스키에게 지구인들을 향한 평화의 메시지를 전하고, 지구의 핵무기 실험(atomic testing)에 관한 염려를 전하기 위해 왔다고 했다.

1953년에 발표된 저서 『비행접시 착륙하다』(Flying Saucers Have Landed)와 이에 이은 여러 책들로 인해 애덤스키는 외계인 접촉에 관한 가장 영향력 있는 사람이 되었다. 애덤스키는 두 종류의 비행접시가 있다고 했는데, 하나는 '정찰선'(scout ship)으로 아래쪽에 세 개의 분리할 수 있는 둥근 칸이 있으며, 다른 하나는 훨씬 더 큰 시가 모양의 우주선

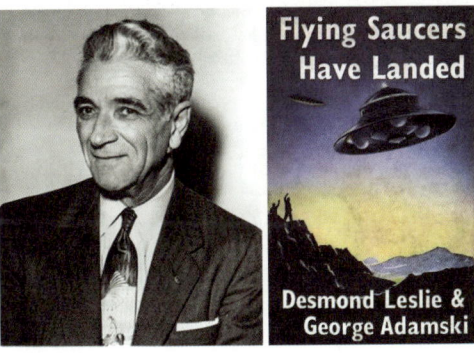

그림 9-4 UFO를 보았을 뿐 아니라 UFO를 타고 외계 여행을 했다고 주장한 애덤스키와 그가 쓴 『비행접시 착륙하다』의 표지.

으로 정찰선단들의 모선이라고 했다. 애덤스키는 처음으로 '모선' (mother ship)이라는 말을 사용했다.

같은 해 애덤스키는 한 술 더 떠서 화성인과 토성인도 만났다고 했다. 점입가경(漸入佳境)으로 그의 두 번째 저서 『우주선 안에서』(Inside the Spaceships)에서 그는 금성인, 화성인, 토성인과 더불어 UFO를 타고 우주여행까지 하였다고 했다. 재미있는 것은 우주여행을 하면서 달 가까이 가보니 달에는 토양이 비옥하고 무성한 숲도 있으며 털로 덮인 네 발의 짐승도 있다고 했다. 또한 금성에도 가 보았는데, 금성에는 산과 강은 물론 도시들까지 있다고 주장하였다.

아마 이런 주장을 요즘 했다면 백발백중 정신병자 취급을 받았겠지만, 그때는 아폴로 우주선은 물론 아직 최초의 인공위성인 스푸트니크 1호(Sputnik 1)도 발사되기 전이었다. 오늘날에는 달은 물론 화성이나 금성, 토성은 푸른 숲이나 네발 달린 짐승은 고사하고 미생물조차도 살기 어렵다는 것이 너무나 잘 알려져 있다. 다행스럽게도 애덤스키는 인간을 실은 아폴로 11호(Apollo 11)가 처음으로 달에 착륙하기 4년 전인 1965년에 세상을 떠났기 때문에 생전에 사기꾼이라는 소리는 듣지 않았다. 만일 애덤스키가 요즘 살았다면, 사람들이 조사하기 어려운 시리우스나 플레이아데스 성단, 안드로메다 은하 등에서 온 사람을 만났다고 운운했을 것이다.[3]

그러나 애덤스키의 사기극은 오래 가지 않았다. 그의 사기극을 결정적으로 폭로한 것은 1957년, UFO 전문연구가인 모슬리(James W. Moseley, 1931-)가 쓴 기사였다. 이 기사에서 그는 애덤스키와 그의 동료들을 인터뷰 한 후 애덤스키가 의도적으로 여러 차례 거짓 인용(misquote)을 했으며, 노골적인 거짓말을 했다고 폭로했다.

4. 황당무계한 주장들

이런 주장을 한 사람은 애덤스키만이 아니었다. 미스 프랑스와 결혼하여 세상을 떠들썩하게 했던 유리마라는 한국인은 자신이 바로 화성인이라고 주장했는데, 그는 지금은 이혼하여 프랑스에서 혼자 살고 있다. 또한 이스라엘 출신의 초능력자 유리겔러(Uri Geller, 1946-)는 자신의 초능력은 수천 광년 떨어진 후바(Hoova)라는 별에서 온 외계인으로부터 받은 것이라고 했으며, 신비주의자 스웨덴보르그(Immanuel Swedenborg)는 사람보다 키가 작은 달 사람을 보았다고 했다. 미국의 멘저(Howard Menger, 1922-2009)라는 사람은 금성인, 화성인, 목성인, 토성인을 만났다고 주장했다.

UFO와 관련된 이와 같이 황당무계한 주장은 우주만을 배경으로 한 것이 아니었다. 스위스 태생의 데니켄(Erich von Däniken)은 지구상의 온갖 신기한 현상이나 유적은 대부분 외계인들에 의한 것이라고 주장하였다.[4] 예를 들면, 그는 돌에 해골이 새겨진 마야 문명의 유물을 두고 고대 마야인들이 외계인들의 도움으로 해골의 구조를 수술한 흔적이라고 주장하였다. 후에 이것은 민속 공예품을 만드는 페루의 어느 돌 세공업자가 관광객들이 남미의 문명을 신비롭게 생각하는 것에 착안하여 의도적으로 돌에 새겨 넣은 것임이 밝혀졌다. 또한 데니켄은 이집트 피라미드의 거대한 돌을 쌓는 데 필요한 밧줄이 보이지 않는 점에 착안하여 피라미드도 외계인의 도움으로 설계와 건축이 가능했다고 주장했다. 그러나 피라미드를 쌓는 데 필요한 밧줄을 사용한 흔적은 기록과 유물에 분명히 남아 있다.[5]

혹자는 인류의 최초 문명도 외계인으로부터 유래했다고 주장한다. 세이건(C.E. Sagan)은 인류 최초의 문명인 수메르 문명을 전파해 준 것은 바로 외계인 오안네스(Oannes)라고 하였다. 오안네스는 지구에서 9.7광년 떨어진 시리우스에서 온, 반인반어(半人半魚)의 존재로 고대 수메르인들에게 문명의 기술을 가르쳐 준 문화영웅이라고 하였다. 그러나 이들이 이러한 주장을 하는 이유는 오안네스에 관한 기록이 "실재 여부를 확인할 수 없는 모호한 신화적 존재가 아니라, 분명히 누군가에 의해 목격된 것처럼 그 외모와 역할이 고대 사가들에 의해 명료하게 기술되었다"는 사실 때문이다. 그러나 이러한 이유만으로 고대 문명의 유래를 외계인에게서 찾는 것은 너무나 경솔한 결론으로 보인다.[6]

이 외에도 데니컨은 과테말라 팔랑케(Palenque)의 무덤 뚜껑에 새겨진 그림도 UFO가 이륙하는 그림이라고 주장하였다. 하지만 사실 이것은 하늘, 땅, 죽음을 나타내는 고대 마야족의 독특한 문자를 이해하지 못한 데서 온 무식의 소치였다. 또한 그는 페루 남쪽 나스카 평원(Nazca Plains)에 있는 이상한 그림을 UFO 모선의 착륙지점과 관련이 있다고 주장했으나, 실제로 현장을 조사한 사람들에 의하면 그 장소는 불과 1m 내외밖에 되지 않으며, 30여 년 간 나스카 그림을 연구한 독일의 수학자이자 천문학자였던 라이헤(Maria Reiche) 박사는 이 그림들이 천문 달력과 관련이 있다고 하였다.[7]

그림 9-5 데니컨 지구상의 온갖 신기한 현상이나 유적은 대부분 외계인들에 의한 것이라고 주장하였다.

5. 고양시의 가짜 UFO 사진

 2010년 1월 13일, 초등학생인 윤현준군(13 · 경기 고양시 덕양구 화정동 달빛마을)은 경기도 고양 달빛마을에 UFO가 출현했다면서 경향신문사에 제보했다. 그는 "2009년 12월 28일 오후 4시 4분 36초와 49초에 아파트 20층 집 베란다 유리창 밖 상공에 떠 있는 물체를 어머니의 휴대폰(LG싸이언)으로 찍었다"고 밝혔다. 윤군이 촬영한 물체는 전형적인 UFO(애덤스키형)의 모습이다. 좌우대칭형으로 위쪽에는 둥근 돔 형태, 아래는 좌우 2개의 막대형 돌기가 선명하다. 윤군은 "누나 방에서 우연히 베란다 창밖 하늘에 정지된 상태로 떠 있는 작은 크기의 검은색 물체를 발견하고 휴대폰으로 촬영했다"고 설명했다.[8]

그림 9-6 경향신문 인터넷판에 게재된 경기도 고양의 UFO 사진. 불과 며칠 만에 조작임이 드러나자 곧 바로 사진을 삭제했다.

 경향신문은 윤군의 제보 사진 3장을 입수한 뒤 한국UFO조사분석센터에 정밀분석을 의뢰했다. 분석센터는 사진 분석과 함께 검증, 현장답사 등을 벌였다. 그리고 UFO조사분석센터 서종한 소장(51)은 "모든 정황을 분석한 결과 사진이 편집·수정된 것이 아니며, 사진 속 물체도 새나 항공기 등 기존 비행물체일 가능성이 없다"고 확인했다. 그는 이어 "빛 반사의 법칙상 물체의 상단부가 하단부보다 더 밝게 나타나야 하는데 이 경우는 반대"라며 "이는 빛 반사의 법칙과 무관하게 작용하는 어떤 현상으로 볼 수 있다"고 말했다. 또 "만약 그래픽으로 조작을 했다면, 상단부가 밝게 나오게 된다"고 설명했다.

이렇게 세상을 떠들썩하게 했던 UFO 사진이었지만, 불과 수 일 만에 조작이었음이 드러났다. 그것도 전문가가 사진을 다시 정밀 분석해서 조작임이 밝혀낸 것이 아니라 사진을 찍은 초등학생이 아버지에게 이실직고 했고, 그 아버지가 이 사실을 KBS에 제보해서 알려진 것이라고 한다. 이 사건은 UFO조사분석센터라는 곳이 전혀 UFO 사진 분석과 무관한 곳이든지, 아니면 단지 일방적으로 UFO를 선전하기 위한 곳이든지 둘 중의 하나가 아닌가 하는 의구심이 들게 만든다. 이번에 문제가 된 사진은 UFO 그림을 유리에 붙여서 디지털카메라로 찍은 것이라고 한다. 전문가라는 사람이 그런 엉성한 모조품도 가려내지 못하니 이번 사건은 UFO 연구가 다른 과학적 연구와는 전혀 다른 모티브로 이루어지고 있음을 보여주는 것이라 하겠다.

6. '충격 실화' 라던 그 영화, 알고 보니 순 거짓말

UFO를 둘러싼 거짓말은 영화계에서도 중요한 이슈가 되고 있다. 이전에도 UFO를 주제로 한 영화들이 여럿 있었지만, 근래에 들어 가장 시끄러웠던 영화는 2010년 1월 25일 국내에서 개봉된 <포스 카인드>(The Fourth Kind)라는 영화였다. 국내 언론에 소개된 바에 의하면, 미국 유니버설 픽쳐스(Universal Pictures)가 제작한 이 영화는 지난 2000년 베링해협에서 가까운 미국 알래스카 서부 해안의 작은 마을 놈(Nome)에서 벌어진 외계인 납치사건을 다룬 다큐멘터리였다. 제작사에 의하면, 이 영화는 외계인이 자신의 딸을 납치하는 것을 봤다고 주장하는 심리학자 애비게일 타일러(Abigail Tyler) 박사의 주장을 기초로 제작되었다고 한다.[9]

<포스 카인드>는 감독 오선샌미(Olatunde Osunsanmi)가 타일러 박사를 인터뷰하는 형식으로 중간 중간에 '실제 영상'과 '실제 녹음'이 여러 번 삽입되었다고 한다.[10] 영화 장면 중에는 타일러 박사로부터 최면치료를 받던 환자들이 갑자기 괴성을 지르고, 심지어 공중부양 했다가 떨어지는 장면도 나온다. 그리고 그때마다 실제로 전파 방해를 받은 듯 화면이 일그러진다. 영화는 이들이 내뱉는 말이 고대 수메르어이며, 해석하면 "나… 여기… 연구… 중단하라"는 뜻으로 외계 언어라고 주장한다. 또 경찰 카메라에 UFO가 찍히고 경찰이 "맙소사, 저게 뭐야! 뭔가 하늘에서 그들을 끌고 가고 있다!"고 소리치는 장면도 나온다. 이 영화에 대한 보도 자료에는 "1960년대부터 지금까지 이 작은 마을(인구 3,500명)에서 1,200명이 실종됐고, FBI가 2,000회나 방문 조사했으나 진상을 밝히지 못했다"는 그럴듯한 설명도 붙었다.

제작사는 이 영화에 등장하는 장면이나 음성은 실제 영상이며 녹음이라고 주장했기 때문에 개봉 전부터 사람들의 비상한 관심을 끌었다. 실제로 제작사는 "이 영화는 실화다," "외계인 납치 실제 영상" 같은 광고 문구를 앞세워 대대적인 판촉을 했다.

하지만 이 영화는 처음부터 끝까지 허구였다. 알래스카 지역 신문들의 취재결과 이 모든 것은 가짜로 밝혀졌다. 우선 영화의 핵심인 애비게일 타일러란 심리학자가 알래스카에 없다. 알래스카 심리학협회(Alaska Psychological Association)의 딜러드(Denise Dillard) 회장은 "애비게일 타일러란 이름이나 그가 운영한다는 「알래스카 정신치료 저널」(Alaska Psychiatry Journal)을 들어본 적이 없다"고 했다.

이 영화의 미국 마케팅이 시작된 2009년 9월만 해도 인터넷 사이트 「알래스카 정신치료 저널」이 있었으나, 현재 폐쇄된 상태다. 현지 신문에 따르면, 이 웹사이트는 2009년 8월 개설됐다. 당시 인터넷에선 알래스카 지역 신문인 「놈 너깃」(The Nome Nugget)의 맥과이어(Nancy McGuire) 기자가 타일러 박사의 연구에 대해 쓴 기사도 검색됐으나, 맥과이어 기자는 "그 기사는 완전히 창작됐으며, 나는 결코 그런 기사를 쓴 적이 없다"고 말했다. 현지 신문 「페어뱅크스 데일리 뉴스마이너」(Fairbanks Daily News-Miner)는 "유니버설 픽쳐스가 알래스카 기자협회에 22,250달러를 배상하기로 했다"며 "영화사가 마케팅을 위해 기사를 만들어냈음을 처음으로 인정한 것"이라고 보도했다. 「앵커리지 데일리 뉴스」(Anchorage Daily News)는 또 유니버설 픽쳐스 대변인이 보낸 이메일을 공개했다. 그러나 그 내용은 "2006년 FBI가 연쇄살인범은 없다고 결론 내렸으나, 실종 또는 사망자에 대한 불편한 감정은 여전하다"는 것이 전부였다.

실제 알래스카 놈에서는 1960년부터 24건의 실종 또는 의문사가 있었으나, FBI 수사결과 만취한 사람들이 강에 빠져 익사하거나 동사(凍死)한 것이었다. 한 실종자의 가족은 현지 신문과의 인터뷰에서 "삼촌이 1998년 실종된 것을 인종 차별 탓으로 의심하긴 하지만, '외계인 납치'

는 황당한 소리"라고 말했다. 이 영화는 게다가 놈에서 찍지도 않았다. 인터넷 영화 DB(데이터베이스)인 IMDB.com에 따르면 촬영 장소는 불가리아와 캐나다이다. 놈 상공회의소(Nome Chamber of Commerce)의 에릭슨(Mitch Erickson) 소장은 "영화처럼 우리 마을에도 나무가 많았으면 좋겠다"고 했다.

결국 <포스 카인드> 소동은 '마케팅 과잉이 낳은 사기극'이라 할 수 있다. 영화 마케팅이 도를 넘어 '거짓말 마케팅'으로 치달은 것이다. 창작된 허구를 실제 다큐멘터리인 척 위장하는 수준을 넘어 '충격 실화'라고 주장하는 등 적극적으로 거짓말을 하였다. 이들은 거짓말 마케팅을 위해 허구의 인물을 만들어내는 것은 물론 가짜 신문기사와 가짜 통계까지 만들어냈다.

흥미로운 것은 이 영화가 미국발 '사기 사건'임이 만천하에 알려진 후에도 국내에 수입한 배급사와 홍보사는 여전히 "영화 속 내용은 모두 사실"이라고 주장한다는 점이다. 이 영화의 마케팅을 담당하는 배급사 N.E.W. 측은 "유니버설 본사 측에 몇 차례에 걸쳐 문의했으며, '영화 내용은 모두 사실'이라는 대답을 받았다"며 "미국에서도 아직 논란이 벌어지고 있는 것으로 알고 있다"고 했다. 국내 홍보사는 여전히 "이 영화 내용은 모두 사실"이라고 말하면서 당시의 신문기사라는 기사 복사본 세 개를 제시했다. 그 중 두 개는 「페어뱅크스 데일리 뉴스」의 케이트 리플 기자가 쓴 것으로, 이 영화의 내용을 일부 입증한다고 했다. 하지만 그런 이름의 신문 자체가 미국에 없다고 한다. 비슷한 이름의 「페어뱅크스 데일리 뉴스마이너」라는 신문은 있지만, 이 신문사는 국내 언론사와의 통화에서 "케이트 리플이란 기자는 우리 신문에서 일한 적이 없다"고 했다.

영화들 중에는 다큐멘터리처럼 찍은 픽션 영화가 있다. 흔히 '모큐멘터리'(mocumentary)라고 불리는 이런 영화는 진짜라고 주장하지 않으면서 다큐멘터리 흉내를 낸다. 하지만 <포스 카인드>는 처음부터 끝까지 거짓을 사실인 것처럼 속여서 관객들을 우롱한 영화였다. 과연 이것을 '마케팅 팽창의 시대가 낳은 기형아' 혹은 '도를 넘어선 일종의 사기'라고만 치부할 수 있을까? UFO 신드롬 자체가 가진 거짓된 속성 때문은 아닐까!

7. UFO와 정치

과학자는 아니지만 UFO와 관련하여 언급할 필요가 있는 기독교 지도자는 카터(Jimmy Carter) 전 미국 대통령이다.[1] 1969년 조지아주 리어리(Leary) 지역에서 UFO로 추정되는 물체를 직접 본 적이 있는 카터는 1976년 가을 민주당 대통령 후보가 되었을 때, UFO와 관련된 정부문서를 모두 공개하겠다는 것을 선거공약으로 제시하였다. 실제로 그는 대통령이 되었을 때 정보자유화법에 의해 UFO와 관련하여 미국 정부가 보유하고 있는 비밀문서들을 공개하였다. 물론 이 내용들은 UFO 추종자들의 욕구를 충족시킬 수 있는 수준의 것이 아니었다. 그래서 그들은 미국 정부가 은폐하고 있는 사실이 있다고 주장한다. 그러나 독실한 기독교인으로서 도덕 및 인권 정치를 외쳤던 카터 대통령이 대통령 선거공약으로 제시한 것이니 만큼 그의 재임 중에 밝혀진 UFO 관련 문서는 미국 정부가 보유하고 있는 주요한 정보를 담고 있다고 보는 것이 타당하다.

카터 외에도 전 미국 대통령이었던 포드(Gerald Ford), 레이건(Ronald

Reagan), 머큐리호(Mercury)의 우주인이었던 쿠퍼(Gordon Cooper), 러시아 우주비행사 파포비치(Pavel R. Papovich), 영국의 오성장군 노튼(Peter John Hill-Norton) 등도 UFO를 목격한 주요 인사들이다. 특히 NASA 부소장이었던 폰 브라운(Wernher von Braun) 박사나 아폴로 우주인들 중에는 독실한 기독교 신자들이 많았다. 아마 UFO를 목격할 수 있는 가능성을 생각한다면, 이들보다 더 좋은 위치에 있는 사람들이 없을 것이다. 그러나 그들은 어디에서도 자신들이 일생동안 의심할 나위 없이 UFO라고 생각되는 것을 관측했다는 보고를 한 적이 없다.

미국 이외에도 구 소련이나 영국, 프랑스 등에서도 50여 회 이상 외계인 탐사작업을 실시하였지만, 외계생명체나 UFO가 존재한다는 것을 확인하지 못했다. 중증 장애인이면서 천체물리학과 우주론에서 탁월한 업적을 내고 있는 영국의 호킹(Stephen W. Hawking) 박사도 UFO가 우주로부터 온 생명체와 관련이 있다는 주장은 받아들일 수 없음을 분명히 하고 있다.[12]

이처럼 지금까지의 부정적인 연구 결과에도 불구하고, UFO 열기는 사라지지 않고 있다. 특히 유명한 영화 제작자인 제임스 폭스(James Fox)가 UFO 현상에 대해 철저하게 조사한 TV 다큐멘터리 <Out of the Blue>를 5주년을 맞아 재출시 하면서, 그리고 '9.11. 테러 이후 기존의 비행기나 헬리콥터 등이 아닌 레이더 신호들을 더 이상 무시할 수 없다"는 현실적인 이유 때문에 UFO 열기는 다시 달아오르고 있다. 2007년 11월 12일, 워싱턴 DC 전국기자클럽(National Press Club)에서는 UFO와 관련된 정치, 군사 지도자들이 모여서 회의를 했다. 사회를 맡은 전 애리조나 주지사 시밍톤(Fife Symington)을 비롯하여 7개국으로부터 여러 정부, 군사, 항공 분야의 고위 전문가들이 모였다. 이 회의의 패널리스트들은 모두 자신이 직접 UFO를 목격했거나 공식적 혹은 비공식적으로 UFO 탐사에 참가한 사람들이었다. 하지만 이들 역시 UFO에 대한 어떤 분명한 결론도 내리지 못하고 있다.[13]

이처럼 많은 전문 인력과 돈을 투입하여 조사한 연구에서 아직까지 UFO에 대한 분명한 긍정을 하지 않고 있는 현실에 착안하여 미국 캘리포니아대학의 티플러(Frank J. Tipler) 교수는 소위 '티플러 이론' 이라는 것을 주장한 적이 있다. 이 이론에 의하면, 한 마디로 지구 이외에는 생명체가 없다는 것이다. 이 이론이 맞는지의 여부는 아직까지 확인할 길이 없지만, 한 가지 분명한 것은 아직까지는 이 이론에 대한 '결정적 반증' 이 없다는 것이다.[14]

8. R-UFO

UFO와 관련된 황당무계한 주장과 거짓 보고들, 때로는 의도된 조작들이 있었음에도 불구하고 모든 UFO 목격자들의 진술을 자연적인 현상으로 설명할 수 있을까? 대부분의 UFO 목격은 별똥별, 습지에서 분출된 기체, 근접한 금성, 신무기 실험, 혹은 의도적인 사기극 등으로 설명이 가능하지만, 일부는 이런 설명들이 불가능 한 것들도 있다.[15] 실제로 근대적인 첫 UFO 목격이 시작된 1947년부터 1969년까지 UFO 목격보고는 총 12,168건이었는데, 설명하기 곤란한 목격은 총 701건이었다. 로스(Hugh N. Ross) 등은 이처럼 설명할 수 없는 보고들을 '설명할 수 없는 UFO' (Residual UFO)라고 했다. R-UFO에 대해서는 다음 몇 가지 가능성을 생각해 볼 수 있다.[16]

그림 9-7 설명할 수 없는 UFO(R-UFO)에 대한 비디오, NavPress에서 출간한 Lights in the Sky and Little Green Men(2002)를 근거로 "Reasons to Believe"에서 제작한 비디오이다.

① 우선 목격된 것은 자연적인 현상이었지만, 목격자들이 UFO로 착각했을 수 있다는 이론이다. 하지만 여기에 대해 로스는 UFO 목격자들의 진술 중에는 자연적 원인으로는 도저히 설명할 수 없는 현상들이 있기 때문에 R-UFO를 모두 자연적인 현상으로 볼 수는 없다고 주장한다. UFO 목격자들의 증언을 살펴본다면, UFO는 물리학의 가장 기본적인 법칙들을 따르지 않는다. 예를 들면, UFO의 순간적인 방향 전환은 운동의 법칙은 물론 중력의 법칙 등도 따르지 않는다.

② 다음으로 목격된 것은 정말 외계인이 타고 온 우주선이지 않았을까 하는 설명이다. 여기에 대해서 로스는 생명체가 자연 발생할 수 있는 가능성이 없음은 이미 증명되었다는 점, 그리고 생명체가 존재할 가능성이 있는 천체까지의 우주여행이 현실적으로 불가능하다는 점과 더불어 근래 우주론에서 제기되고 있는 소위 '인간중심원리'(anthropic principle)를 들어 반대한다. 생명체가 자연적으로 발생할 수 없음은 이미 본서 앞부분

에서 충분히 논의했기 때문에 생략하고, 여기서는 지성을 가진 존재가 다른 행성에서 지구까지 우주여행을 하는 것이 가능한지를 생각해보자.

지구에서 태양을 제외하고 가장 가까운 별까지의 거리가 4.3광년에 이르고, 이것은 NASA의 가장 빠른 우주선을 타고 가더라도 112,000년이 걸리는 거리이다. 또한 현재까지 외계생명체탐사(SETI) 프로젝트에서는 지구에서 155광년 이내에 존재하는 태양계와 흡사한 우주의 202개 행성들을 샅샅이 조사하였지만, 이들 별 중 어느 하나로부터도 지성을 가진 존재가 발사했으리라고 생각되는 전파 신호를 감지하지 못했다.[17] 물론 그보다 멀리 있는 별들 중에 지성을 가진 생명체가 있을 수 있지 않느냐고 생각할 수도 있다. 하지만 그런 별들은 너무 멀리 떨어져 있어서 어떤 존재라도 그곳에서 지구까지 우주선을 보낼 수가 없다. 왜 그럴까?

속도가 빨라지면 빨라질수록 우주선의 연료와 엔진 등의 무게가 기하급수적으로 증가하기 때문에 우주선의 속도는 무한히 빨라질 수 없다. 또한 우주선의 속도가 증가할수록 우주선(宇宙線, cosmic ray)의 위험이나 우주 먼지 등으로 인한 우주선의 파괴와 표면의 마모 등의 위험 역시 증가하기 때문에 역시 무한히 빨라질 수 없다. 인간이 상상할 수 있는 가장 빠른 우주선의 속도는 광속의 1/10 정도의 속도(초속 3만km)의 우주선을 생각한다고 해도 그런 속도로 155광년 바깥에서 지구까지 이르는 데는 1,550년이 걸리며, 왕복 여행을 위해서는 3,000년 이상이 소요되기 때문에 그런 우주여행은 불가능하다.[18]

다음에는 근래에 세속학계에서 제기되고 있는 '인간중심원리'를 생각해보자. "'인간중심원리'에 의하면 우리와 같은 사람은 이런 종류의 우주에서만 진화할 수 있기 때문에 현 우주는 우리들을 위해 맞춤형으로 만들어진(tailor-made) 것처럼 보인다."[19] 한 때 미국의 진화론자 세이건은 우주에는 지구와 같이 생명체가 살 수 있는 행성이 무수히 많을 것이라고 예측하면서 우리 은하계 내에만도 10,000개 이상의 행성에 생명체가 있을 것이라고 예측하였다. 그는 어느 별이라도 단 두 가지 조건만 만족되면, 생명체가 존재할 수 있다고 주장했다.

그러나 외계생명체 탐사에 대한 연구가 진행되면 될수록 생명체가 존재할 수 있는 조건들의 숫자는 늘어나고 있으며, 근래에는 140개 이상으로 늘어났다. 생명체 존재의 조건들이 늘어나면서 지구 외에 그런 조건을 갖춘 별을 찾을 수 있으리라는 희망은 점점 더 사라져가고 있다. 이런 이유로 인해 근래에 들어와서 종교적 신념에 무관하게 많은 학자들은 오직 지구에만 생명이 살 가능성이 있다는 주장을 조심스럽게 제기하고 있는 것이다.[20]

③ 그래서 R-UFO 현상의 원인으로서 로스가 주장하는 바는 종교적, 영적 현상이라는 설명이다. 앞에서 언급한 바와 같이, UFO 목격자들의 진술에 의하면, UFO는 기존의 알려진 물리적 법칙을 따르지 않는다. 즉, UFO는 비물리적 실체에 의해 일어난 물리적 현상이라는 것이다.

많은 사람들은 UFO가 실재하는지에만 지대한 관심을 갖고 있지, 이것의 영적 특성은 간과하고 있다. UFO 신봉자들은 바로 이것을 노리고 있다. 이들은 UFO 현상의 종교성을 가장하고, UFO 논쟁을 현대인들이 가장 신뢰하는 과학의 문제로 몰고 가려고 안간힘을 쓴다. 그래서 지금까지 살펴본 것과 같이, 이들은 UFO가 실재한다는 것을 증명하기 위해 온갖 노력을 다하는 것이다.

UFO 현상이 물리적 현상이 아니라 종교적, 영적 현상이라는 것은 몇 가지 증거들로부터 확인될 수 있다. 예를 들면, UFO 신봉자들은 대체로 기존 교회를 부정하거나 기독교에 대해 반감을 갖고 있다. 또한 이들은 공통적으로 천국, 영생불사 등과 같은 종교적인 이슈에 관심을 갖고 있다. UFO가 종교적, 영적 현상임을 보여주는 인물들 가운데서 국제적으로 가장 널리 알려진 인물을 들라면, 역시 "국제라엘리안운동"의 창시자인 라엘(Claude Vorilhon Raël)을 들 수 있다.[21]

9. 속임수의 메신저

1946년 9월 30일 프랑스 앙베르에서 태어난 라엘은 15세에 가출하여 샹송 가수 등을 거쳐 카 레이서이자 스포츠카 전문지의 발행인이자 기자로 일했다. 그러다가 1973년 12월 13일 그는 프랑스 중부지방의 클레르몽 페랑(클레로 콩페랑 어느 것이 정확한 지명인지는 불분명)에 있는 한 사화산 분화구에서 외계로부터 온 우주인을 6일 동안 만났다고 한다. 그는 인류의 조상이 지구로부터 1광년 떨어진 어느 혹성으로부터 왔다고 주장했다.

그러나 천문학에서는 지금까지 발견된 항성 중 태양계로부터 가장 가까운 항성은 지구로부터 4.3광년 떨어진 켄타우루스 알파성(Alpha Centauri)으로 알려져 있다. 도대체 항성이 없는 곳에 생명체 존재의 가능성이 있는 혹성이 존재할 수 있을까? 천문학의 상식이 없기 때문에 생긴 촌극이라고 할 수 있다. 이와 같이 UFO 현상을 두고 일어나는 많은 허무맹랑한 주장이나 거짓 정보들을 보고 프랑스의 발레(J.F. Vallée)는 UFO 접촉자들을 '속임수의 메신저'(Messengers of Deception)라고 주장했다.[22]

실제로 수많은 UFO 목격자들의 증언은 거짓인 경우가 많았다. 어떤 경우는 증언자가 자신이 본 것을 과장하기도 하였지만, 어떤 경우에는 목격자가 의도적으로 거짓말을 했다. 예를 들면, 1968년 9월 1일 새벽 3시 30분, 아르헨티나 멘도자(Mendoza)의 카지노에서 점원(cashier)으로 일하던 페치네티(Juan C. Peccinetti)와 빌라가스(Fernando J. Villegas)가 귀가하는 길에 UFO를 보았으며 그 곳에 타고 있던 다섯 명의 외계인과 대화를 나누었다고 주장한 것은 완전히 조작극임이 밝혀졌다.[23] 때때로 재주 있는 사람들은 UFO 사진을 교묘하게 조작하기도 했다. 한 예로 가장 분명한 UFO 사진이라고 했던 아래 빌라(Paul Villa)의 사진들은 대표적인 조작 그림으로 알려져 있다. 특히 최근에는 컴퓨터 그래픽 기술이 발달하면서 점점 더 교묘한 조작의 가능성이 높아지고 있다.

그림 9-8 (a) 1965년 4월 18일, 빌라가 미국 뉴멕시코 앨버커크(Albuquerque)에서 찍었다는 UFO 사진. 빌라는 이 UFO에 세 외계인이 타고 있었다고 주장했다; (b, c) 빌라가 1963년 6월 16일에 찍었다는 UFO 사진들. 빌라는 이 UFO에 아홉 명의 외계인이 타고 있었다고 주장했으나, 이 사진들 역시 조작된 것으로 알려졌다.

10. UFO를 추종하는 기독교인들

이런 UFO와 관련된 헤프닝은 비단 비기독교인들만의 문제가 아니다. 자칭 기독교인들이라고 하는 사람들 중에도 UFO를 신봉하는 사람들이 가끔 있다. 자칭 신학자라는 미국인 스트레인지스(Frank E. Stranges)가 그 중 한 사람이다. 그는 "1959년 12월 어느 날 추운 아침, 나는 이상하고도 신기한 환경을 통하여 외계에서 온 사람과 이야기를 나눌 수 있는 기회를 가지도록 초대받았다"고 주장했다. 그는 미국방성 직원으로 일하고 있는 우주인을 미국 펜타곤에서 만났다고 했다. 그리고 그는 우주인으로부터 예수는 금성인이며, 금성인 77명이 현재 인간 사회에 살고 있고, 계속적으로 지구를 드나들고 있다는 얘기를 들었다고 했다.[24]

그러나 스트레인지스의 얘기도 이상한 구석이 많다. 그는 "국제복음선교회 총회장, 국제신학대학원 총장, 사회심리학협회 회원(WASH., DC), 미국립 UFO조사위원회 위원장, Oklahoma 사립수사관협회 종신회원, 신학박사, 범죄수사학 박사, 기타 저서 11권"이라고 소개되어 있다. 그런데 이렇게 대단한 경력을 가진 사람인데도 그는 신학대학원에 재직하고 있는 사람들이 거의 들어본 적이 없는 참으로 '이상한'(strange)한 사람이었다.

또한 그는 예수는 금성인이고 금성인들이 다수 지구에 와서 살고 있다고 했지만, 최근 연구에 의하면 금성에는 어떤 생명체도 살 수 없다는 것이 너무나 명백하다. 금성에는 지구 대기압의 90배에 이르는 높은 압력의 이산화탄소 대기가 존재하고 있으며, 이산화탄소의 강력한 온실효과로 인해 표면 온도가 130-470℃에 이른다. 이것은 금성에 비해 태양으로부터 절반 거리에 있는 수성보다도 더 뜨거운 것이다. 납이 녹아 물처럼 되는 높은 온도의 행성에 어떤 생물이 산다고 주장하는 것은 정신 나간 사람이 아니면 상상할 수가 없다.

이런 사람들은 외국에만 있는 것이 아니다. 내가 1995년 년말, 서울에서 인터뷰한 김도현(金道顯)씨도 비슷한 사람이었다. "국제우주의식운동본부" 회장 김도현씨는 스스로 기독교인이라고 말하면서도 UFO를 추종하고 있었다. 본인 스스로 합동진리측 신학교를 졸업하고 목사안수를

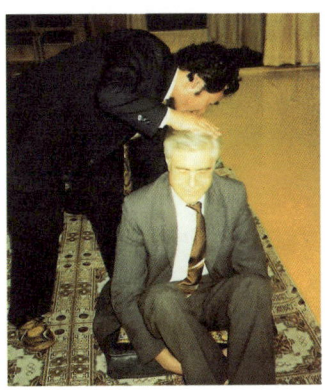

그림 9-9 1991년 9월 28일, 우주 에너지를 받기 위해 김도현에게 안수를 받는 미국의 자칭 신학자 스트레인지스.

받았다는 김도현씨는 12세가 되던 해 6월 중순, 비가 억수로 쏟아지는 저녁 10시경 묵호(현 동해시) 인근 바닷가에서 UFO를 만났다고 했다. 그는 UFO로부터 눈부신 광선을 받고 의식을 잃었는데, 후에 정신을 차리고 보니 UFO 안의 안락의자 위였다고 했다. 그는 UFO의 외계인들로부터 "① 인간 세상 3만 년에 해당하는 정보가 너에게 입력되어 있다. ② UFO가 위기로부터 항상 너를 보호할 것이다. ③ 너에게 투시력(초능력)을 준다. ④ 때가 이를 때까지 입력된 정보는 보안유지 될 것이다" 등의 말을 듣고 다음 날 새벽 6시경 바닷가로 되돌아왔다고 한다.

그 이후 그는 여러 차례 순간 이동으로 태양계 밖에 있는 UFO 모선을 다녀왔다고 했다. 그는 1980년 4월경, "신(神)으로부터 기독교 신자들이 말하는 성령 체험을 하게 되었다"고 했으며, 그 이후 온갖 방언과 신유 능력이 생겼으며, 텔레파시를 통해 하나님의 지시를 받는다고 했다. 그는 1983년 6월에는 태백산에 올라가 UFO를 타고 은하계 내에 대기하고 있는 UFO 모선으로 갔으며, 그곳에서 UFO 선단의 라파엘 사령관을 만났다고 했다. 그 때 이미 자신은 성인이 되어 있었다고 했다: "라파엘 사령관과 만난 후 이미 성인이 된 나는 그와 심도 있고 허심탄회한 대화를 나누었다." 그는 사령관으로부터 "우리는 2천 년 전 성경에(눅 2:8-20) 나타났던 바로 그 천사 군단이었으며, 예수 무덤가에 나타난 그 천사들이다(마 28:1-7)"라는 말을 들었다고 했다. 그는 마리아가 우주인들의 초능력에 의해 처녀 잉태를 했다는 말도 들었다고 했다. 이는 전형적인 사이비 종교가 태동하는 과정이라고 할 수 있다.[25]

11. 성경의 자의적 해석

UFO 현상이 종교적 현상임은 UFO신봉자들이 성경의 신비한 내용들을 대부분 UFO 현상과 관련하여 자의적으로 해석하고 있다는 점으로부터도 알 수 있다. UFO 추종자들은 성경의 기적이나 신비라고 하는 것들은 성경을 기록할 당시의 과학적 수준으로 볼 때 신비하게 보였을 뿐이며, 실제로는 현대의 첨단과학이나 지구보다 훨씬 뛰어난 과학을 가지고 있는 외계문명의 관점에서 보면 얼마든지 과학적 해석이 가능하다는 주장을 펴고 있다. 이들의 주장은 현대 과학과 기술을 앞세우고 있기 때문에 과학주의와 기술주의에 세뇌되어 있는 현대인들에게, 심지어 정통 교단의 신학교를 졸업한 목회자들에게까지 파고들고 있다.

예를 들면, UFO 추종자들은 소돔과 고모라의 멸망을 UFO와 관련짓고 있다. 1959년 초 당시 창간된 지 얼마 되지 않았던 「소년한국일보」에 실린 기사는 다음과 같이 말하고 있다: "소련의 한 과학자에 의하면 구약성경의 창세기에 나오는, 하늘에서 유황불과 돌벼락이 떨어져 죄악의 도시 소돔과 고모라를 멸망하게 했던 기록은 실제로 외계인들이 핵무기를 사용하여 일어난 사건이었다. … 또 레바논의 바알베크(Baalbek)에 있는 무게 2천 톤이나 되는 장방형의 기다란 돌은 아마도 지구인이 아닌 외계인들이 만들었던 것인지도 모른다. …"[26]

UFO추종자들의 상상력은 여기서 그치지 않는다. 그들은 에스겔서에 기록된 여호와 하나님에 관한 기록이 외계인과 UFO를 가리킨다고도 말한다.[27] 그러나 에스겔이 본 것은 실재가 아니라 환상이다. 실재라 하더라도 앞뒤의 문맥을 맞추어 볼 때, 본문에서의 '생물'을 여호와 하나님으로, '바퀴'를 UFO라고 하는 것은 터무니없는 해석이다. 성경은 E.T.나 UFO에 대하여 어떤 명시적 언급이나 암시적 시사도 하지 않고 있다. UFO 지지자들은 수많은 책들과 매스컴을 통하여 UFO가 실재하는 것처럼 선전하고 있다. 그러나 지금까지 일만 여 건 이상의 보고들을 객관적으로 조사한 사람들은 대부분 UFO 목격자들의 진술이나 사진들이 신빙성이 없음을 지적하고 있다.[28]

그림 9-10 에스겔의 환상에 나오는 바퀴가 UFO일까? UFO 추종자들은 에스겔서 1장에 나오는 하나님에 대한 묘사가 UFO와 외계인에 대한 묘사라고 주장한다. 그리는 사람마다 에스겔 바퀴의 모양이 전혀 다르다.

UFO 추종자들은 아브라함에게 나타난 천사나 노아 홍수 이전에 살았던 네피림도 외계인이라고 한다. 이들은 엘리야가 회오리바람에 실려 승천한 것을 UFO를 타고 간 것이라고 해석하는가 하면, 야곱의 꿈에 나타난 사닥다리도 UFO에 올라가는 사닥다리라는 희한한 해석을 한다. 앞에서 언급한 바 있는 데니컨 같은 사람은 출애굽기에 나오는 광채에 둘러싸인 법궤는 UFO의 통신시설이라는 주장을 하기도 하였다. 이스라엘 백성들이 출애굽 할 때 시내 광야에서 그들을 인도했던 불기둥과 구름기둥이나 예수 그리스도의 탄생 때 나타났던 베들레헴의 별도 UFO라고 주장한다.[29]

12. UFO 추종자들의 삶의 열매들

UFO 현상이 종교적, 영적 현상임은 UFO 추종자들이 성경 해석을 왜곡하고 있을 뿐 아니라 삼위일체론, 기독론을 포함한 신관, 구속관, 인간관 등 기독교의 기본적인 교리들을 부정 내지 왜곡하고 있다는 사실로부터도 알 수 있다. 예를 들면, 이들은 성경의 하나님이 바로 외계인이라고 주장한다. 이러한 주장을 하는 사람의 대표적인 예는 앞에서 언급한 바 있는 라엘이다.

라엘은 자신이 만난 외계인의 이름을 엘로힘이라고 했다. 그는 이 엘로힘으로부터 지구상의 모든 인류에게 전해달라는 메시지를 받았으며, 이를 전 세계에 보급하기 위해 1975년 스위스에서 "국제라엘리안운동"을 창설했다고 한다. 그는 기독교를 포함하여 인류 역사상 유명한 대부분의 성인들을 외계인이라고 한다.[30]

비슷한 주장이 앞에서 언급한 스트레인지스에 의해서도 제기된 적이 있다. 우리나라에서도 여러 차례 집회를 가진 적이 있는 자칭 신학자 스트레인지스는 예수는 금성인이었다고 주장하면서 외계인 예수를 믿어야 한다는 황당무계한 주장을 한 적이 있다.

이러한 UFO 추종자들과 관련하여 지적할 수 있는 현상은 이들이 보여주는 삶의 열매들이다. UFO 추종자들에게서는 지금까지 지녀온 정상적인 윤리와 도덕의 파괴현상이 자주 목격되고 있다. 특히 성적인 부분에서 전통적인 혹은 성경적인 윤리관과 배치되는 경우가 많다. 한때 포르노 소설을 발표하여 재판에까지 회부되고 결국 교수직을 박탈당하기까지 했던 연세대 모 교수도 성에 대한 자신의 주장은 수십 권의 UFO 관련 서적들을 읽으면서 발견한 것이라고 주장한 적이 있다.[31]

많은 사람들이 UFO를 과학적 현상으로 이해하려는 경향이 있지만, 이상에서 살펴본 바와 같이 UFO 현상은 다분히 영적, 종교적 현상이라고 할 수 있다.[32] 그 이유는 우선 UFO 현상에 심취한 사람들이 어떤 형태로든지 종교화 되어가고 있다는 사실에서도 찾을 수 있다. 그들은 UFO 현상을 어떤 형태로든지 성경과 연관지으려고 한다. 흥미로운 것은 그러면서도 UFO에 심취한 사람들은 예외 없이 반기독교적이 된다는 사실이다. 이것은 UFO 신드롬 뒤에 어떤 영적인 세력이 있음을 밝히 보여주는 것이라고 할 수 있다.

13. UFO와 과학의 제사장

몇 년 전부터 국내 매스컴들도 경쟁적으로 UFO에 관한 기사를 다루고 있다. 그러나 대부분의 '정통' 기독 과학자들은 유사과학적(pseudo-scientific)인 특성이 강한 UFO 문제를 회피하려는 경향이 있다. 자칫 그러한 문제에 개입했다가는 사이비 과학자라는 비난을 받지 않을까 하는 두려움 때문일 것이다. 그러나 이제는 UFO 현상을 쉬쉬하면서 덮어두기에는 우리들에게 너무나 가까이 와 있고, 이로 인해 실족하는 사람들이 너무 많다. 불신자들 중에는 말할 것도 없고, 신자들 중에서도 이에 미혹되는 사람들이 많으며, 심지어 정통 신학 훈련을 받은 목회자들 중에서도 이에 미혹된 사람들이 있다. 그러므로 UFO 현상의 진면목을 주시하고 이에 대한 명백한 기독교 세계관적인 입장을 분명히 해야 할 때가 온 것이다.

현대는 과학 기술에 대한 대중들의 신뢰가 거의 절대화 되어가고 있는 시대라고 할 수 있다. 이러한 때 과학과 기술은 사람들에게 엄청난 유익을 줄 수도 있지만, 또 한편으로는 자칫하면 가장 좋은 사탄의 도구가 될 수도 있다. 조덕영 목사의 지적처럼 "검증되지 않고 있는 여러 UFO 현상의 대부분은 과학기술문명과 접속하여 하나님과 외계인을 혼돈케 하려는 사탄의 인간에 대한 교묘히 위장된 보여주기 게임일 수도 있다." 그러므로 기독과학자들은 이 문제에 대한 본질을 정확하게 파헤쳐 사람들에게 알려주어야 할 책임이 있다.[33]

UFO 목격의 진위 여부를 두고 논쟁하는 것은 끝이 없다. UFO 목격의 95% 정도의 주장은 착시(錯視)가 분명하지만, 나머지 5% 주장은 긍정도, 부정도 할 수 없다. 수 만 건에 이르는 UFO 목격자들을 따라다니면서 한 사람 한 사람의 주장을 모두 부정하거나 증명한다는 것 자체가 불가능하기 때문이다. UFO 추종자들은 명백히 착시라고 단정할 수 없는 UFO 목격은 모두 긍정되어야 한다는 식으로 말하지만, 이것은 터무니없는 주장이다. '부정할 수 없는 것' 과 '증명되었다고 하는 것' 사이에는 엄청난 차이가 있기 때문이다. 우리가 분명히 말할 수 있는 바는 95% 이상의 분명한 착시와 증명되지 않은 5%가 있다고 할 수 있을 뿐이다. 결국 UFO는 존재하지 않으며, 다만 IFO(Identified Flying Object: 확인

가능한 비행물체), MFO(Mis-identified Flying Object: 착시한 비행물체), FFO(Faked Flying Object: 꾸며낸 비행물체), 그리고 마지막으로 증명되지 않은 R-UFO가 있을 뿐이다.

이러한 논의를 종합한다면, UFO 논의에서 UFO 목격의 진위 여부에 집중하는 것은 바람직하지 못하다고 할 수 있다. 도리어 UFO 현상과 관련된 영적, 성경적 의의를 살펴보는 것이 더 바람직한 것으로 보인다. 성경적으로 볼 때, 우선 UFO 추종은 일종의 우상숭배라고 할 수 있다. 숭배의 대상은 일차적으로는 외계인들이라고 할 수 있지만, 외계인 숭배의 이면에는 과학 기술의 숭배가 교묘하게 숨겨져 있다. UFO 추종자들은 인류에 비해 월등한 과학 기술을 갖고 있는 외계인을 신으로 섬긴다고 해도 별 무리가 없는 주장을 편다. 그리고 그들은 외계인들이 고도의 과학의 힘을 빌려 만들었으며, 따라서 인간의 조상이라는 주장까지 한다. 결국 UFO 현상은 마음에 하나님 두기를 싫어한 사람들의 부패한 잠재의식이 과학이라는 허울을 뒤집어쓰고 나타난 것이라고 할 수 있다(롬1:28).

과학자들의 책임과 관련하여 독일 천문학자 케플러(Johannes Kepler)의 자세는 우리에게 좋은 귀감이 된다.[34] 그는 성직자들이 성경을 연구하여 하나님의 뜻을 깨달아 사람들에게 알려주는 사람이라면, 자신은 천체들의 운행을 연구하여 거기에 나타난 하나님의 섭리와 뜻을 발견하고 이것을 사람들에게 가르쳐주는 '천문학의 제사장'이라고 하였다. 그렇다면 기독과학자들은 자신의 연구 분야에서 하나님의 뜻을 발견하여 사람들을 하나님의 뜻대로 바르게 인도하는 '과학의 제사장'이 되어야 하지 않을까?

지금까지 여러 가지 과학적 증거들과 이에 대한 분석을 통해 우리가 내릴 수 있는 잠정적인 결론은 다음과 같이 말할 수 있을 것이다: "신비는 그저 신비 자체로 두어야 한다. 우리 사람들은 여러 부분에서 한계를 지니고 있기 때문이다. 그런 의미에서, 우리가 확인할 수 있는 이 UFO 현상의 여러 반기독교적인 측면에도 불구하고, 우리는 결론을 유보하는 것이 옳을지 모른다. 다만 하나님이 이 시대에 그런 UFO를 통해서 우리에게 자신을 계시하시는 분은 절대 아니라는 것이다. 지금 우리에게 주신 하나님의 계시는 오직 성경뿐이다."[35]

토의와 질문

1. UFO 추종자들이 쉽게 종교화되는 이유를 찾아보라. UFO에 심취하는 사람들과 이단종교에 쉽게 빠지는 사람들의 심리적 공통점을 찾아보라.

2. UFO 추종자들이나 일반 대중들이 UFO의 종교적 특성보다는 존재 여부에 관심을 갖는 이유는 무엇이라 생각하는가?

3. 저자가 UFO 추종자들에 대해 앞으로는 과학을 내세우지만 뒤에는 종교적 측면이 있다고 하는 주장에 대해 논의해 보라.

주(註)

제1강

1) J.B.S. Haldane, "When I am Dead," *Possible worlds* (London: Chatto and Windus, 1927). 할데인(John Burdon Sanderson Haldane, 1892-1964): 스코틀랜드 출신의 영국 수리생물학자이자 작가.

2) Karin Zeitvogel, "Scientists oppose electing leader who doubts evolution," *The Vancouver Sun* (2008.1.5.), A13. "I would worry that a president who didn't believe in the evolution arguments wouldn't believe in those other arguments either. … This is a way of leading our country to ruin."

3) Ibid. "We don't teach astrology as an alternative to astronomy, or witchcraft as an alternative to medicine. … We must understand the difference between what is and is not science. We must not teach creationism as an alternative to evolution."

4) 다윈(Charles Robert Darwin, 1809-1882): 영국의 생물학자. 1859년, 『종의 기원』을 발표하여 현대 생물 진화론의 효시가 되었다.

5) <The faithful messenger remembered: Henry M. Morris and modern creation movement> (ICR, 2006) DVD#1 - Rupert Sheldrake, "All nature is evolutionary. The cosmos is like a great developing organism, and evolutionary creativity is inherent in nature herself."

6) <The faithful messenger remembered : Henry M. Morris and modern creation movement> (ICR, 2006) DVD#1 - Paul Davis, "In recent years, more scientists have come to recognize that matter and energy possess and innate ability to self-organize …"

7) Russell W. Maatman, *The Bible, natural science, and evolution* (Grand Rapids, MI: Reformed Fellowship, 1970) - 한국어판, 황창기 역, 『성경, 자연과학, 진화론』(서울: 개혁주의신행협회, 1979), 205.

8) Henry M. Morris and Institute for Creation Research, *Scientific creationism*, 2nd edition (El Cajon, CA: Master Books, 1985), 13의 표를 다시 편집.

9) 생명의 자연발생설(Theory of Spontaneous Generation of Life)과 화학진화론(Chemical Evolution Theory)은 둘 다 무생명체로부터 생명체가 저절로 탄생한다고 주장한다는 점에서 동의어이다. 하지만 구태여 구분한다면 생명이 자연에서 저절로 생긴다고 주장하는 전통적 이론을 자연발생설이라고 할 수 있고, 이 자연발생설을 유기화학적, 생화학적 차원에서 좀 더 구체적이고, 미시적인 메커니즘으로 설명하는 것이 화학진화론이라고 할 수 있다. 본서에서는 두 용어를 구분하지 않고 혼용한다.

10) Charles R. Darwin, *The descent of man* (1871), Closing words - "Man with all his noble qualities ⋯ still bears in his bodily frame the indelible stamp of his lowly origin."

11) Marvin L. Lubenow, *Bones of contention : a creationist assessment of human fossils* (Grand Rapids, MI: Baker Book House, 1992), 12.

12) 린네(Carl von Linné, 혹은 Carl Linnaeus, 1707-1778): 스웨덴 생물학자이자 창조론자. 현대 생물 분류체계를 만들었다.

13) Randy L. Wysong, *The creation-evolution controversy* (Midland, MI: Inquiry Press, 1976), 57.

14) Wysong, *The creation-evolution controversy*, 58.

15) Wysong, *The creation-evolution controversy*, 59..

16) 예를 들면 Drosophila pseudoobscura × D. persimilis와 D. equinoxialis × D. willistoni 등.

17) 새로운 종이 나타난다는 주장에 대해서는 Joseph Boxhorn, "Observed instances of speciation," (1995.9.1), http://www.talkorigins.org/faqs/faq-speciation.html (accessed 2010.6.4)을 보라.

18) 종을 분류할 때 먼저 생식성에 기초하여 분류하고 이것이 곤란한 특수한 몇몇 경우에만 형태를 근거로 종을 분류하는 것은 생물학자 Frak Lewis Marsh, *Evolution, creation and science* (Washington: Review and Herald Pub. Assn., 1947)에 의해 이미 오래 전에 제안되었다. cf. Wysong, *The creation-*

evolution controversy, 59-60.

19) Solly Zuckerman, *Functional affinities of man, monkeys, and apes* (New York, Harcourt, Brace and Co., 1933), 155.

20) Horatio Hackett Newman, *Outlines of General Zoology* (New York: The MacMillan Co., 1924), 407.

21) Louis T. More, "The more one studies paleontology, the more certain one becomes that evolution is based on faith alone; exactly the same sort of faith which it is necessary to have when one encounters the great mysteries of religion." from *The Dogma of Evolution* 2nd printing (Princeton University Press: Princeton NJ, 1925), 160; 모어(Louis T. More, 1870-1944): 물리학자이자 미국 신시내티대학(University of Cincinnati) 학장.

22) Kent Hovind, "God's Big Bang," <World Views> (Calvary Chapel: 3800 S. Fairview, Santa Ana, CA92704, 714-979-4422), Video Tape Series #1.

제2강

1) Aleksandr I. Oparin. *The origin of life* (New York: Dover Publications, 1953), 196.

2) Julian Huxley, *Evolution in action* (New York: New American Library, 1960), 20-21.

3) Robert C. Cowen, "The Cosmic Cradle," *Technology Review* 80(5): 6-7, 19 (1978).

4) 아레니우스(Svante August Arrhenius, 1859-1927): 1887년 산·염기 등을 물에 용해시키면 물 속에서 해리(解離)되어 이온(전하를 띤 원자나 분자)으로 전리(電離)된다는 전리설을 제창하여 1903년에 노벨 화학상을 받은 스웨덴의 물리화학자.

5) Stanley L. Miller and Leslie E. Orgel, *The origins of life on the earth*

(Englewood Cliffs, NJ: Prentice-Hall, 1974) - 한국어판, 박인원역,『생명의 기원』(서울: 민음사, 1990), 19-20.

6) 아리스타르쿠스(Aristarchus of Samos, ca. BC 310-230): 그리스 사모스 출신의 철학자.

7) 호일(Sir Fred Hoyle, 1915-2001): 영국 물리학자이자 천문학자. 런던왕립협회 회원(Fellow of the Royal Society, FRS)이었으며, 우주의 기원에 대하여 정상상태 이론을 제창하였다. 그러나 후에 자신이 주장한 정상상태이론은 물론 대폭발이론까지도 부정하였다. 호일의 우주론에 대해서는 후에 우주의 기원을 다루는 부분에서 좀 더 자세히 다룰 것이다.

8) 왓슨(James Dewey Watson, 1928-): 1953년, DNA의 이중나선구조를 밝혀서 노벨상을 받은 미국 과학자.

9) Francis Crick, *Life itself : its origin and nature* (New York: Simon and Schuster, 1981), 192. - 한국어판 : 홍영남역,『생명의 출현』(서울: 안국출판사, 1985), 6-7. 크릭(Francis Harry Compton Crick, 1916-2004): 영국의 생물학자로서 미국의 왓슨(James D. Watson), 영국의 윌킨스(Maurice Hugh Frederick Wilkins)와 더불어 DNA의 이중나선구조를 해명한 공로로 노벨상을 받았다.

10) George Wald, "Theories of the Origin of Life," in Gairdner Bostwick Moment, *Frontiers of modern biology* (Boston: Houghton Mufflin, 1962), 187; George Wald, "The Origin of Life," in *The physics and chemistry of life* (New York: Simon and Schuster, 1955), 5.

11) P. William Davis and Eldra Pearl Solomon, *The world of biology* (New York: McGraw-Hill, 1974), 395.

12) 탈레스(Thales of Miletus, ca. BC 625-547): 밀레투스 출신의 그리스 최초의 자연철학자로서 우주의 원물질(arche)을 물이라고 하였다.

13) 아낙시만드로스(Anaximander, ca. BC 610-546): 탈레스의 제자이자 그리스의 자연철학자로서 온냉건습(溫冷乾濕) 등의 대립자가 분열하여 생물이나 인

간 등이 발생한다는 진화론적 설명을 제시하였다.

14) 아리스토텔레스(Aristotle, BC 384-322): 플라톤의 제자이자 그리스의 자연철학자로서 고대 그리스 과학을 집대성하였다.

15) David Christian, *Big history: the big bang, life on Earth, and the rise of humanity*, Part 2 (Chantilly, VA: The Teaching Company, 2008), Lecture transcript, 44에서 재인용.

16) 데카르트(René Descartes, 1596-1650): 프랑스의 철학자이자 수학자로서 과학혁명의 철학적 기초를 놓았다. 데카르트로부터 오파린까지 생명의 기원 논쟁에 관한 중요한 학술서로는 John Farley, *The spontaneous generation controversy from Descartes to Oparin* (Baltimore: Johns Hopkins University Press, 1977)를 들 수 있다.

17) 레에벤후크(Antonie Philips van Leeuwenhoek, 1632-1723): 네덜란드의 생물학자이자 현미경 연구의 개척자. 현미경 학자로서 현미경을 사용하여 처음으로 미생물의 존재를 확인하였다. 당시 레에벤후크는 미생물을 애니멀큘(animulcule)이라고 불렀다.

18) 라마르크(Jean-Baptiste Lamarck, 1744-1829): 다윈의 선구자로서 프랑스의 진화론자이며 용불용설(用不用說)을 주장했다.

19) Louis Pasteur, Mémoire sur les corpuscules organisés qui existent dans l' atmosphère, examen de la doctrine des générations spontanée (대기 속에 존재하는 유기체성 미립자에 관한 보고서-자연발생설의 검토) - 한국어판, 이동선역, 『자연발생설의 검토』 (서울: 안국출판사, 1988); 김학현역, 『자연발생설 비판』 (서울: 서해문집, 1998). 야마구찌 세이사부로(山口淸三郞)가 위 책 뒷 부분에 쓴 "해설", 184-185. 파스퇴르(Louis Pasteur, 1822-95): 프랑스의 화학자이자 미생물학자.

20) 레디(Francesco Redi, 1626-1697): 이탈리아의 의사로서 생명의 자연발생설에 반대하였다.

21) "이탈리아 과학원"(Academia del Cimento)은 갈릴레오(Galileo Galilei)의

제자였던 토리첼리(Evangelista Torricelli), 비비아니(Vincenzo Viviani) 등을 중심으로 실험에 의한 자연 탐구를 목적으로 이탈리아 피렌체에 설립되었던 학회이다.

22) 레디의 원 논문은 F. Redi, *Experimenta circa res diversas naturales* (다양한 자연에 관한 실험) (Amsterdam, 1675); Miller and Orgel, *The origins of life on the earth* - 한국어판, 박인원역, 『생명의 기원』.

23) 조블로(Louis Joblot, 1645-1723): 프랑스의 생물학자.

24) 현미경을 통한 조블로의 연구는 *Micrographia illustrata, Observations d'Histoire Naturelle, faites avec le microscope* 등의 저서들을 통해 발표되었다.

25) 니담(John Turberville Needham, 1713-1781): 영국의 로마 가톨릭 신부.

26) John Turberville Needham, *An account of some new microscopical discoveries founded on an examination of the calamary and its wonderful milt-vessels* (London, 1745).

27) 스빨란짜니(Lazzaro Spallanzani, 1729-1799): 이탈리아 성직자이자 생리학자.

28) Lazzaro Spallanzani, *Nouvelles recherches sur les découvertes microscopiques, et la génération des corps organisés* (니담의 노트와 더불어 현미경 관찰과 미생물 발생에 관한 새로운 연구) (Londre et Paris, 1767).

29) Miller and Orgel, *The origins of life on the earth* - 한국어판, 박인원역, 『생명의 기원』, 13-15. 스빨란짜니의 원 논문은 L. Spallanzani, *Opuscules de physique animale et végétale* (Genève, 1777).

30) 파스퇴르(Louis Pasteur, 1822-1895): 프랑스 화학자, 미생물학자.

31) Christian, *Big History* Part 2, 46

32) Pasteur, *Mémoire sur les corpuscules organisés qui existent dans l'atmosphère, examen de la doctrine des générations spontanée* - 한국어판, 이동선역, 『자연발생설의 검토』; 김학현역, 『자연발생설 비판』. 본서에서는 이동선씨의 번역이 더 좋다고 생각되어 전자의 번역을 참고하였다.

33) Jules Albert Francois Dastre, *La vie et la mort* (Paris, 1903) - 이동선역, 『자

연발생설의 검토」, "해설", 195에서 재인용.

34) George Wald, "The Origin of Life," *Scientific American* 191 : 44-53 (1954.8.)

35) Rob van de Weghe, "Does God Exist?" *Prepared to nswer*, http://www.windmillministries.org/frames/CH5A.htm (accessed 2010.6.4).

제3강

1) Harold C. Urey, quoted in *Christian Science Monitor*, 4 (1962.1.4.) - "all of us who study the origin of life find that the more we look into it, the more we feel that it is too complex to have evolved anywhere."

2) 오파린(Alexander Ivanovich Oparin, 1894-1980): 구 소련의 생화학자 생명의 자연발생 가설 제창자.

3) Aleksandr Ivanoivitch Oparin, *Proiskhodh' denie zhizni* (1936) - 영어판, Sergius Morgulis, translator, *The origin of life*, 1st edition (New York: MacMillan, 1938). 2nd edition (New York: Dover Publications, 1953) - 한국어판, 양동춘 역, 『생명의 기원』 (서울: 한마당, 1990). 원래 이 책은 1923년에 모스크바에서 출판되었으나 일반인들이 이해하기 어려워서 1936년에 쉽게 다시 썼다. 이 1936년도 판은 영어로 번역되면서 번역자 모굴리스가 일반인들이 더욱 이해하기 쉽도록 관주를 달았다. 할데인의 이론은 J.B.S. Haldane, *Rationalist Annual* 148: 3-10(1928)을 참고.

4) 다윈은 1871년 후커에게 쓴 편지에서 처음으로 "warm little pond"에 대한 언급을 하였다: Francis Darwin, Sir, *The life and letters of Charles Darwin, including an autobiographical chapter* (New York: D. Appleton and company, 1898), vol.2, 202.

5) J.D. Bernal, *The origin of life* (London: Weidenfeld and Nicolson, 1969); Bill Bryson, *A short history of nearly everything* (London: Black Swan, 2004), 300-302.

6) Aleksandr I. Oparin, *The origin of life* – 한국어판, 성백능 편역, 『生命의 脈』 (서울: 신원문화사, 1982).

7) Richard E. Dickerson, "Chemical Evolution and the Origin of Life," *Evolution : A Scientific American Book* (San Francisco: W. H. Freeman, 1978), 43. 이 책의 9개 장은 원래 *Scientific American* 1978년 9월호에 실렸던 기사임.

8) 미국 워싱턴 D.C. 소재 Smithsonian Institution의 국립자연사박물관(National Museum of Natural History) 전시물 중 "생명의 기원"에 관련된 설명문 (2003.1).

9) 스미스소니언의 National Museum of Natural History, 전시물 중 "생명의 기원"에 관련된 설명문 (2003.1).

10) 스미스소니언의 National Museum of Natural History, 전시물 중 "생명의 기원"에 관련된 설명문 (2003.1).

11) Hubert P. Yockey, "A calculation of the probability of spontaneous biogenesis by information theory," *Journal of Theoretical Biology* 67(3): 377-396(1977.8) - "The 'warm little pond' scenario was invented ad hoc to serve as a materialistic reductionist explanation of the origin of life. It is unsupported by any other evidence and it will remain ad hoc until such evidence is found. One must conclude that, contrary to the established and current wisdom, a scenario describing the genesis of life on earth by chance and natural causes which can be accepted on the basis of fact and not faith has not yet been written."

12) 유레이(Harold Clayton Urey, 1893-1981): 미국의 화학자. 환원성 대기에 대한 그의 가정은 Harold C. Urey, "On the early chemical history of the Earth and the origin of life," *Proceedings of the National Academy of Sciences USA* 38(4): 351-363(1952.4)을 보라.

13) 밀러(Stanley Lloyd Miller, 1930-2007): 유레이의 제자이자 미국의 화학자.

14) Christopher Wills and Jeffrey Bada, *The spark of life: Darwin and the primeval soup* (Oxford: Oxford University press, 2001).

15) Stanley L. Miller and Harold C. Urey, "Organic compound synthesis on the primitive Earth," *Science* 130: 245-251(1959.7.31); Miller and Orgel, *The origins of life on the earth* - 한국어판, 박인원역, 『생명의 기원』.

16) Stanley L. Miller, "A production of amino acids under possible primitive Earth conditions," *Science* 117: 528-529(1953.5.15).

17) Miller-Urey 실험에 대한 좀 더 자세한 비판적 논의를 위해서는 Wysong, *The creation-evolution controversy*, 220-223을 보라.

18) Jonathan Wells, *Icons of evolution : science or myth?* (Washington, DC: Regnery Pub., 2000), 12.

19) 오르겔(Leslie Eleazer Orgel, 1927-2007): 미국의 화학진화론자. 캘리포니아 산디에고에 있는 솔크생물학연구소(Salk Institute for Biological Studies) 교수로 재직하였다.

20) Miller and Orgel, *The origins of life on the earth* - 한국어판, 박인원역, 『생명의 기원』, 59.

21) Harold C. Urey, "If God did not do it this way, then He missed a good bet." *Origins of Life and Evolution of Biospheres* 37(2-4) : 107-112 (2000.8.). Stanley Miller의 70회 생신을 축하하는 특별호.

22) 선캄브리아기(Precambrian): 지질학적으로 고생대 아래의 모든 지층을 의미하며 전 지질시대의 90%를 차지한다. 고생대의 첫 지질시대인 캄브리아기보다 앞선 지질시대라는 의미이며 시생대(始生代, Archeozoic era)와 원생대(原生代, Proterozoic era)로 구분된다. 창조론자들은 선캄브리아기 암석을 홍수 등에 의해 퇴적된 지층이 아니라 창조 때부터 존재했던 암석이라고 하여 "창조 암석"(Creation Rock)이라고도 부른다. 고생대 이후의 지층과는 달리 선캄브리아기 지층에서는 화석이 매우 드물게 발견된다.

23) "New evidence on evolution of early atmosphere and life," *Bulletin of the*

American Meteorological Society 63: 1329(1982.11).

24) 스미스소니언의 National Museum of Natural History, 전시물 중 "생명의 기원"에 관련된 설명문 (2003.1).

25) 1nm는 1백만분의 1mm, 십억 분의 1m를 말한다.

26) 프레온(freon)은 듀퐁사(DuPont)의 상표명. 정식명칭은 염화불화탄소(鹽化弗化炭素, chlorofluorocarbon, CFC) 이다.

27) 물론 오존이 항상 지상 생명체들에게 이롭게만 기능하는 것은 아니다. 지표 부근의 오존은 질소산화물과 반응하여 광화학적 스모그를 발생시키기도 한다.

28) 최근에는 국제적으로 CFC 규제가 본격화됨으로 인해 오존층 파괴가 정체 내지 감소하고 있다는 보고도 나오고 있다.

29) 스미스소니언의 National Museum of Natural History, 전시물 중 "생명의 기원"에 관련된 설명문 (2003.1).

30) *Bulletin of the American Meteorological Society* 63: 1329.

31) 스미스소니언의 National Museum of Natural History, 전시물 중 "생명의 기원"에 관련된 설명문 (2003.1).

32) 스미스소니언의 National Museum of Natural History, 전시물 중 "생명의 기원"에 관련된 설명문 (2003.1).

33) Sidney W. Fox and Klaus Dose, *Molecular evolution and the origin of life*, revised edition (New York: Marcel Dekker, 1977), 44.

34) James C.G. Walker, *Evolution of the atmosphere* (New York: Macmillan, 1877), 224.

35) S.M. Awramik et al., "Biogeochemical evolution of the ocean-atmosphere system state of the art report," in H.D. Holland and M. Schidlowski, editors, *Mineral deposits and the evolution of the biosphere* (Berlin: Springer-Verlag, 1982), 309-320.

36) Harry Clemmey and Nick Badham, "Oxygen in the Precambrian atmosphere : An evaluation of the geological evidence," *Geology* 10(3):

141-146(1982.3).

37) "Smaller planets began with oxidized atmosphere," *New Scientist*, 112(1980.7.10).

38) 예를 들면 $CO_2 + 2H_2 \rightarrow CH_4 + O_2$의 반응을 통해.

39) 예를 들면 $N_2 + 3H_2 \rightarrow 2NH_3$의 반응을 통해.

40) Heinrich D. Holland, "Model for the Evolution of the Earth's Atmosphere," in A.E.J. Engel, Harold L. James and B.F. Leonard, editors, *Petrologic Studies : A Volume in Honor of A.F. Buddington* (New York: Geological Society of America, 1962), 447-477. 원시 대기가 화산 기체로 이루어졌을 것이라는 주장은 그 이후에도 계속 제기되었다. 예를 들면 "New evidence on evolution of early atmosphere and life," *Bulletin of the American Meteorological Society* 63: 1329(1982.11).

41) *Bulletin of the American Meteorological Society* 63: 1329.

42) Philip H. Abelson, "Chemical events on the primitive Earth," *Proceedings of the National Academy of Sciences USA* 55(6): 1365-1372(1966.6.15) - "What is the evidence for a primitive methane-ammonia atmosphere on Earth? The answer is that there is no evidence for it, but much against it." (저자 강조)

43) Marcel Florkin, "Ideas and experiments in the field of prebiological chemical evolution," *Comprehensive Biochemistry* 29B: 231-260(1975), 플로킨(Marcel Florkin, 1900-1979): 벨기에 생화학자.

44) Fox and Dose, *Molecular Evolution and the Origin of Life*, 43, 74-76.

45) Jon Cohen, "Novel center seeks to add spark to origins of life," *Science* 270: 1925-1926(1995.12.22).

46) Wells, *Icons of evolution*, 21.

47) Fox and Dose, *Molecular Evolution and the Origin of Life*, 43, 74-76.

48) Heinrich D. Holland, *The chemical evolution of the atmosphere and oceans*

(Princeton, NJ: Princeton University Press, 1984), 99-100.

49) Gordon Schlesinger and Stanley L. Miller, "Prebiotic synthesis in atmospheres containing CH_4, CO, and CO_2," *Journal of Molecular Evolution* 19(5): 376-382(1983.9).

50) Robert Shapiro, *Origins : a skeptic's guide to the creation of life on earth* (New York: Summit Books, 1986), 112 - "mythology rather than science."

51) 생명체에서 사용되는 아미노산에는 Glycine, Alanine, Valine, Leucine, Isoleucine, Serine, Threonine, Cysteine, Cystine, Methionine, Glutamic Acid, Astartic Acid, Lysine, Arginine, Histidine, Phenylalanine, Tyrosine, Tryptophan, Proline, Hydroxyproline 등 20여 종류가 있다. 이 중 Glycine만을 제외한 나머지는 모두 L-형과 D-형의 광학 이성질체를 갖는다. cf. Wysong, *The creation-evolution controversy*, 71.

52) Harold F. Blum, *Time's Arrow and Evolution* (Princeton, NJ: Princeton University Press, 1968), 159.

53) "펩티드," <한국 브리태니커 온라인>, http://preview.britannica.co.kr/bol/topic.asp?article_id=b23p2556a (accessed 2010.6.4) - 펩티드 결합이란 아미노산 두 분자 사이, 즉 한 쪽 아미노기와 다른 쪽 카르복시기(carboxyl group) 사이에서 물이 한 분자 빠져 나가면서 -CO-NH- 결합, 좀 더 자세히 말하면 탄소원자 C와 질소원자 N 사이의 결합을 말한다. 펩티드란 "단백질분자와 구조적으로 비슷하면서 보다 작은 유기물질"로서 "여러 가지의 호르몬, 항생제와 생물체의 물질대사 과정에 관여하는 여러 화합물들이 포함된다. 앞 각 주에서 언급한 바와 같이 펩티드는 2개 이상의 아미노산으로 구성되어 있으며, 이때 각 아미노산의 카르복시기와 다른 아미노산의 아미노기가 아미드를 형성하면서 결합된다."

54) "Terrestrial explanations are impotent and nonviable." from Mike Riddle, <The Origin of Life: Scientific Evidence That Demands a Creator God> DVD Lecture에서 재인용.

55) John Keosian, *The origin of life* (New York: Reinhold, 1968), 93.

56) Aleksandr I. Oparin, *Life : its nature origin and development* (Edinburgh: Oliver and Boyd, 1961), 280.

57) 이상복 박사는 서울대에서 학사, 석사, 박사 학위를 마친 뒤 LG 세미콘(97-99년)에서 연구원으로 일하다가 지난 2000년 미국으로 건너가 플로리다 대학 내 찰스 마틴(Charles R. Martin) 교수의 연구실에서 연구원(post-doc)으로 일해 왔으며, 라세미 혼합물의 분리에 대한 연구를 인정받아 2002년 7월부터 미국 메릴랜드대학 조교수로 임용되었다.

58) S.B. Lee, D.T. Mitchell, L. Trofin, T.K. Nevanen, H. Söderlund and C.R. Martin, "Antibody-based bio-nanotube membranes for enantiomeric drug separations," *Science* 296(5576): 2198-2200(2002.6.21). 국내 보도 자료로서는 연합뉴스 김길원 기자, "한인과학자, 이성질체 분리기술 개발"「조선일보」(2002.7.2), http://www.chosun.com /w21data/html/news/200207/20020 7020124.html (accessed 2010.6.4)을 보라.

59) Richard Monastersky and O. Louis Mazzatenta, "The rise of life on Earth," *National Geographic* 193(3) :54-81(1998.3).

60) Fox and Dose, *Molecular Evolution and the Origin of Life*, 43, 74-76.

61) "Stanley Miller - Father of Prebiotic Chemistry," *National Geographic*, 60(1998.3) - "Approximating conditions on the early Earth in 1952 experiment. Stanley Miller - now at the University of California at San Diego - produced amino acids. 'Once you get the experiment together it's very simple.' he says."

62) Robert M. Hazen, *Origins of life*, Part 1 (Chantilly, VA: The Teaching Company, 2008), Lecture transcript, 213.

63) Keosian, *The origin of life*, 13, 54.

64) Hazen, *Origin of life*, Part 1, 172.

65) Ibid.

66) Ibid.

67) Ibid.

68) 폭스(Sidney Walter Fox, 1912-1998): 미국의 화학진화학자로서 폭스의 실험을 할 당시에는 마이애미 대학(University of Miami)의 "분자 및 세포 진화연구소"(Institute for Molecular and Cellular Evolution) 소장이었다.

69) 1㎛(마이크론)은 1천분의 1mm, 즉 1백만분의 1m.

70) Sidney W. Fox, *The emergence of life : Darwinian evolution from the inside* (New York: Basic Books, 1988).

71) 중합반응(重合反應, polymerization)은 여러 개의 간단한 분자들이 결합하여 전혀 다른 물리적 성질을 갖는 복잡한 화합물이 되는 것을 말하고, 축합반응(縮合反應, condensation)은 두 가지 이상의 화합물이 반응하여 공유결합에 의해 새로운 화합물을 만들면서 물을 만드는 것을 말한다.

72) Stanley L. Miller and Harold C. Urey, "Origin of life," *Science* 130(3389): 1622-1624(1959.12.11); J. Vallentyne in Sydney W. Fox, editor, *The origins of prebiological systems and their molecular matrices* (New York: Academic Press, 1965), 379.

73) Carl Sagan in Sydney W. Fox, editor, *The origins of prebiological systems and their molecular matrices* (New York: Academic Press, 1965), 377.

74) Fox 실험에 대한 비판적 논의를 위해서는 Wysong, *The creation-evolution controversy*, 223-229를 참조하라.

75) Ibid., 227-228.

76) Sydney W. Fox, "The evolutionary significance of phase-separated microsystems," reprint of *International Moscow Seminar*, 13(1974.8.2).

77) Sydney W. Fox and Kaoru Harada, "The thermal copolymerization of amino acids common to protein," *Journal of the American Chemical Society* 82(14), 3745-3751(1960.7); Sydney W. Fox, Kaoru Harada, Kenneth Woods and Charles R. Windsor, "Amino acid compositions of

proteinoids," *Archives of Biochemistry and Biophysics* 102(3): 439-445(1963.9).

78) Roger Oakland, <Searching for the truth on origins> (Understand the Times), DVD - "This idea that molecules can become cells is nothing more than science fiction." cf. www.understandthetimes.org

79) "More than 30 years of experimentation on the origin of life in the fields of chemical and molecular evolution have led to a better perception of the immensity of the problem of the origin of life on Earth rather than to its solution. At present all discussions on principal theories and experiments in the field either end in stalemate or in a confession of ignorance." from Klaus Dose, "The Origin of Life: More Questions than Answers," *Interdisciplinary Science Reviews* 14(4): 348 (1988)

80) "마이코플라스마," <한국 브리태니커 온라인>, http://preview.britannica.co.kr/bol/topic.asp?article_id=b07m0794a (accessed 2010.6.4).

81) Amie Amariglio and Henri Amariglio, "Unsuccessful attempts of asymmetric synthesis under the influence of optically active quartz - Some comments about the possible origin of the dissymmetry of life," in R. Buvet and Cyril Ponnamperuma, editors, *Chemical evolution and the origin of life* (Amsterdam, North-Holland Pub, 1971), 63 - "Racemization is a thermodynamically favored transformation." (이 내용은 Wysong, *The creation-evolution controversy*, 71에서 재인용).

82) Abraham White, Philip Handler and Emil L. Smith, *Principles of biochemistry* (New York: McGraw-Hill, 1964), 11,99,100.

83) George Wald, "The origin of optical activity," *Annals of the New York Academy of Science* 69: 352-368(1957.8). 단행본으로서는 White, Handler and Smith, *Principles of biochemistry*, 11,100; Harold F. Blum, *Time's arrow and evolution* (Princeton, NJ: Princeton University Press, 1968), 159.

84) Wysong, *The creation-evolution controversy*, 70-71.

85) 펩티드 결합이란 한 아미노산의 카르복실기(carboxyl group)와 다른 아미노산의 아미노기와의 사이(구체적으로 탄소원자 C와 질소원자 N 사이)에 이루어지는 결합이다. m-RNA(messenger RNA)로부터 단백질 합성과정에는 ATP가 필요하지만 펩티드 결합은 ATP를 소모하지 않고도 만들어질 수 있다. 아래 구조식에서 R1, R2를 기(基, group)라고 하면 펩티드 결합은 아래와 같이 주어진다:

$$R1 - \underset{\underset{O}{\|}}{C} - OH + H - \underset{\underset{H}{|}}{N} - R2 \rightleftarrows R1 - \underset{\underset{O}{\|}}{C} - \underset{\underset{H}{|}}{N} - R2 + H_2O$$

↑
펩티드 결합

86) "아데노신삼인산," <한국 브리태니커 온라인>, http://preview.britannica.co.kr/bol/topic.asp?article_id=b14a0688a (accessed 2010.6.4).

87) 大島泰郎(오오시마 다이로오), 『生命の 誕生』 (日本: 講談社, 1978) - 한국어판, 백태홍역, 『생명의 탄생: 원시생물로의 물질의 진화』 (서울: 전파과학사, 1978), 89.

88) Wells, *Icons of evolution*, 22.

89) RNA를 최초의 생명 구성 물질로 생각한 역사에 대해서는 Kelly Kruger, Paula J. Grabowski, Arthur J. Zaug, Julie Sands, Daniel E. Gottschling and Thomas R. Cech, "Self-splicing RNA: Autoexision and autocyclization of the ribosomal RNA intervening sequence of tetrahymena," *Cell* 31(1): 147-157(1982.11); Cecilia Guerrier-Takada, Katheleen Gardiner, Terry Marsh, Norman Pace and Sidney Altman, "The RNA moiety of ribonuclease P is the catalytic subunit of the enzyme," *Cell* 35(3): 849-857(1983.12).

90) Walter Gilbert, "The RNA World," *Nature* 319(6055): 618(1986.2.20).

91) 왜 RNA가 최초의 생체 분자가 될 수 없는가에 대해서는 Klaus Dose, "The origin of life : more question than answers," *Interdisciplinary Science*

Reviews 13(4): 348-356(1988.12); Robert Shapiro, "Prebiotic ribose synthesis: a critical analysis," *Origins of Life and Evolution of Biospheres* 18(1-2): 71-85(1988.3); Norman R. Pace, Origin of life-facing up to the physical setting," *Cell* 65(4): 531-533(1991.5).

92) Leslie E. Orgel, "The origin of life - a review of facts and speculations," *Trends in Biochemical Sciences* 23(12): 491-495(1998.12); Robert Shapiro, "Prebiotic cytosine synthesis: A critical analysis and implications for the origin of life," *Proceedings of the National Academy of Sciences USA* 96(8): 4396-4401(1999.4).

93) Gerald F. Joyce, "RNA evolution and the origins of life," *Nature* 338(6212): 217-224(1989.3.16).

94) Wiley-Blackwell, "New research rejects 80-year theory of 'primordial soup' as the origin of life," *ScienceDaily* (2010.2.3), http://www.sciencedaily.com /releases/2010/02/100202101245.htm (accessed 2010.6.4).

95) Victoria Gill, " 'Artificial life' breakthrough announced by scientists," <BBC> (2010.5.20), http://news.bbc.co.uk/2/hi/science_and_environment/ 10132762.stm (accessed 2010.6.4).

96) "First self-replicating synthetic bacterial cell," <J. Craig Venter Institute> http://www.jcvi.org/cms/research/projects/first-self-replicating-synthetic-bacterial-cell/overview (accessed 2010.6.4).

97) Raymond Hawkey, *Evolution : the story of the origins of humankind* (New York: Putnam, 1987), 1 - "After countless chance encounters between organic molecules, an event as miraculous as that which created the universe occurred in the depths of the seas. About 3,500 million years ago groups of organic molecules come together to form living cells, from which all life was ultimately to descend."

98) Wells, *Icons of evolution*, 23.

99) 바균(Elso Sterrenberg Barghoorn, 1915-1984): 뉴욕시에서 태어났으며 1941년 하버드대학에서 박사학위를 받았다. 후에 하버드대학의 Fisher Professor of Natural History가 되어 고식물학(paleobotany)을 가르쳤으며, 1967년 미국국립과학한림원(National Academy of Sciences) 회원으로 선출되었다.
100) 초기 해조류 미화석과 관련해서는 Elso S. Barghoorn이 Andrew H. Knoll과 공저한 몇몇 논문들을 보라: Andrew H. Knoll and Elso S. Barghoorn, "Precambrian eukaryotic organisms: a reassessment of the evidence," *Science* 190(4209): 52-54(1975.10.3); Andrew H. Knoll and Elso S. Barghoorn, "A Gunflint-type microbiota from the Duck Creek dolomite, Western Australia," *Origins of Life and Evolution of Biospheres* 7(4): 417-423(1976.12); "Archean microfossils showing cell division from the Swaziland system of South Africa," *Science* 198(4315): 396-398(1977.10.28).
101) Gerald L. Schroeder, *The hidden face of God : how science reveals the ultimate truth* (New York: Free Press, 2001) - 한국어판, 손광호, 박영혜 역, 『신의 숨겨진 얼굴: 과학이 드러낸 궁극적 진실』 (서울: 하늘곳간, 2006), 66-67면에서 재인용.
102) Jagdish Mehra and Freeman Dyson, "Honoring Dirac," *Science* 185(4157): 1160-1161(1974).
103) Freeman Dyson, *Origin of Life* (1999), pp.25-26.
104) Dose, *Interdisciplinary Science Reviews* 13(4): 348-356.
105) Orgel, *Trends in Biochemical Sciences* 23(12): 491-495.
106) Nicholas Wade, "Life's origins get murkier and messier; genetic analysis yields intimations of a primordial commune," *The New York Times* (2000.6.13), D1-D2.
107) John Reader, *The rise of life : the first 3.5 billion years* (New York: Crescent Books, 1991), 9 - "The chemical constituents of organisms have

been identified, the biochemical processes that keep organisms alive are known in complex detail, but the vital spark that initiates life awaits precise definition. Life: so obvious and simple a phenomenon, yet so hard to explain."

108) N.W. Pirie, "Some assumptions underlying discussion on the origins of life," *Annals of the New York Academy of Sciences* 69: 369-376(1957).

109) Aleksandr I. Oparin, *Life : its nature, origin and development*, 33.

110) Harry Rubin, "Life, Even in Bacteria, Is Too Complex to Have Occurred by Chance" in Henry Margenau & Roy Abraham Varghese, editors, *Cosmos, Bios, Theos : Scientists Reflect on Science, God, and the Origins of the Universe, Life, and Homo Sapiens*, (Open Court, 1992), 203.

111) Paul Davis, *The 5th Miracle: The Search for the Origin and Meaning of Life* (1999), 17-18. - "Many investigators feel uneasy about stating in public that the origin of life is a mystery, even though behind closed doors they freely admit they are baffled. They worry that a frank admission of ignorance will undermine funding …"

112) Peter T. Mora, "Urge and molecular biology," *Nature*, 199: 212-219(1963.7.20).

113) Robert Gange, *Origins and Destiny* (1986), 77. - "The likelihood of life having occurred through a chemical accident is, for all intents and purposes, zero."

제4강

1) 본 강을 이해하려면 열역학에 대한 어느 정도의 사전 지식이 있어야 한다. 내용을 이해하기 곤란한 독자들은 다음 강으로 넘어가도 된다.

2) Titus Lucretius Carus, *De Rerum Natura* Book I, 1.155 - "…Nil posse creari

de nilo." (Nothing can be created out of nothing). 위 인용은 루크레티우스가 "무에서부터 창조"(creatio ex nihilo)를 반대하는 말이다. 루크레티우스 (Lucretius c.96-c.55 B.C.) : Titus Lucretius Carus 태생의 로마 시인이자 에피쿠로스 학파 철학자.

3) P.W. Bridgman, "Reflections on thermodynamics," *Proceedings of the American Academy of Arts and Sciences* 82(7): 301-309.

4) Richard Rhodes, *The making of the atomic bomb* (New York: Simon & Schuster, 1986).

5) 클라우지우스(Rudolf Julius Emanuel Clausius, 1822-1888): 독일 물리학자. 열역학의 핵심적인 개념들을 정립하였다.

6) Tony Rothman, "The seven arrows of time," *Discover* 8(2): 63-77(1987.2) - "In terms of confusion-to-understanding ratio, probably no concept in physics rates higher-or has caused more headaches-than entropy."

7) 계(系, system): 열역학에서 사용하는 개념으로 닫힌 경계면(closed boundary)에 의하여 구별되는 영역을 가리키며, 경계면에서의 에너지, 물질 출입여부에 따라서, 고립계(孤立系, isolated system: 에너지, 물질 출입 없음), 폐쇄계(閉鎖系, closed system, 에너지만 출입가능), 개방계(開放系, open system, 에너지, 물질 출입 가능)으로 나뉜다.

8) 양승훈, 『창조론 대강좌』, 개정증보판 (CUP, 1996), 138.

9) 양승훈, 『창조론 대강좌』, 143.

10) Will Lepkowski, "The social thermodynamics of Ilya Prigogine," *Chemical and Engineering News* 57(16): 30-33(1979-4-16).

11) Aleksandr I. Oparin, "Problem of the origin of life - Present state and prospects," in R. Buvet and Cyril Ponnamperuma, editors, *Chemical evolution and the origin of life* (Amsterdam, North-Holland Pub, 1971), 3-9.

12) 양승훈, 『창조론 대강좌』, 141.

13) Fritjof Capra, *The web of life : a new scientific understanding of living*

systems> (New York: Anchor Books, 1996), 347. 카프라(Fritjof Capra, 1939-): 가장 영향력 있는 "뉴에이지" 과학자인 카프라는 현재 미국 캘리포니아주 버클리에 있는 The Center for Ecoliteracy의 소장이다.

14) Arthur Newell Strahler, *Science and earth history : the evolution/creation controversy* (Amherst, NY : Prometheus Books, 1999), 90 - "creationists ignore the existence of open energy systems that can locally and temporarily reverse the universal trend toward increasing entropy and increasing disorder."

15) John W. Patterson, "Thermodynamics and Evolution," in Laurie R. Godfrey, editor, *Scientists confront creationism* (New York: W.W. Norton, 1983), 114-115 - "Because the second law of thermodynamics is nonintuitive and because few people have studied it in depth, it is ideally suited to the apologists' favorite techniques of obscurantism. Moreover, the second law does provide a criterion for determining if certain processes are impossible in nature. Hence, by misinterpreting the second law, whether by ignorance or deliberate deception or both, the creationists are able to convince unwitting audiences that evolution is impossible."

16) 반응물질 A, B, C, …가 반응하여 L, M, N, …와 같은 생성물질을 생성하고 이 때 반응 분자수를 각각 a, b, c, …와 l, m, n, …이라고 하면 반응식은 $aA + bB + cC + \cdots \rightleftarrows lL + mM + nN + \cdots$ 와 같이 나타낼 수 있다. 이것이 균일계에서 일어나는 가역반응(可逆反應)이고 평형상태에 도달했다고 가정하면 평형상수(平衡常數) K 는 $[L]^l[M]^m[N]^n \cdots / [A]^a[B]^b[C]^c \cdots$ 가 되는데 이것을 질량작용의 법칙이라고 한다. [ ]는 각 성분의 농도를 나타내며, K 는 온도가 일정하면 각 성분의 농도에는 관계가 없다. cf. "Equilibrium constant," <Wikipedia>, http://en.wikipedia.org/wiki/Equilibrium_constant (accessed 2010.6.4). 굴베르그(Cato Maximilian Guldberg, 1836-1902): 노르웨이 화학자. 보게(Peter Waage, 1833-1900): 노르웨이 물리화학자.

17) 이 절을 이해하려면 기본적인 열역학에 대한 지식이 필요하다. 그렇지 않은 독자들은 다음 절로 넘어가기 바란다.

18) 주광열 교수의 주장에 대한 논의는 양승훈, "과학적 창조론 비판에 대한 소고",「한국과학교육학회지」, 7(2): 89-95(1987.12)에서 인용한 것이다. 나머지는 양승영, 이재일, 이창중, 양서영, 이웅상, 이원국, 손기철, 강신후, "진화론 vs 창조론",「과학동아」, 72-85(1995.10)의 지상 토론을 중심으로 살펴본 것이다.「과학동아」기고자들 중 앞의 네 명은 진화론자들이고 뒤의 네 명은 창조론자들이다.

19) 주광열,『과학과 환경』(서울: 서울대학교출판부, 1986), 190-192.

20) Charles B. Thaxton, Walter L. Bradley, Roger L. Olsen "Thermodynamics and the Origin of life," in *The Mystery of Life's Origin : Reassessing Current Theories* Chapter 8, 127-143.

21) 엔탈피(enthalpy)란 열역학적 계에서 계의 압력과 부피를 서로 곱한 값에 내부 에너지를 더한 값으로서 에너지와 유사한 성질의 상태함수이다. 엔탈피는 계가 지나온 과정에 관계없이 온도, 압력, 그 계의 조성에 의해서만 결정되며 기호로 표시하면 엔탈피 H는 내부 에너지 E에 압력 P와 부피 V의 곱을 더한 값, 즉 H=E+PV이다. 엔탈피는 계의 내부에너지와 부피변화에 따른 일을 고려한 상태함수로서 부피의 변화가 없을 때의 엔탈피 변화량은 내부에너지 변화량과 같다.

22) 자유에너지에는 헬름홀츠 자유에너지(Helmholtz free energy)와 깁스 자유에너지(Gibbs free energy) 등 2종류가 있다. 압력을 P, 온도를 T, 엔트로피를 S, 내부에너지를 E, 엔탈피를 H(H=E+PV)라고 하면, 헬름홀츠 자유에너지 A는 A=E-TS, 깁스 자유에너지 G는 G=H-TS=A+PV=E+PV-TS로 표시된다. 만일 부피의 변화가 없는 경우라면 $\Delta G = \Delta E - T\Delta S$가 되어 헬름홀츠 자유에너지와 깁스 자유에너지는 같아진다($\Delta A = \Delta G$). 일반적으로 헬름홀츠 자유에너지는 일정한 부피 내에서의 반응을 고려할 때, 깁스 자유에너지는 일정한 압력 하에서의 반응을 고려할 때 주로 사용한다.

23) 주광열, 『과학과 환경』, 195.
24) 볼츠만 상수는 1.380662×10^{-23}J/K 또는 1.380662×10^{-16}erg/K 이다.
25) 이재일 et al., "진화론 vs 창조론", 『과학동아』, 80.
26) Ibid.
27) 양승훈, 『창조론 대강좌』, 147.
28) 이하 본 절의 내용은 유승훈, "화학진화 비판에서 자유에너지 개념의 유용성," 『창조론오픈포럼』 4권 2호 (2010.8.2. 제7회 창조론 오픈포럼)에 게재한 논문에 기초하고 있음.
29) David A. Porter and Kenneth E. Easterling, *Phase Transformations in Metals and Alloys*, 2nd edition (London: Chapman & Hall, 1996).
30) 일반적인 화학반응에서 다루는 것과 같은 1 mole(6.023×10^{23}개)의 L-형, D-형 아미노산 분자가 섞여있는 경우라면 $\Delta G = 3.457$kJ 이라는 무시하지 못할 수치가 된다.
31) 프리고진(Ilya Prigogine, 1917-2003): 비평형 열역학에 대한 연구로 노벨상을 수상한 물리화학자이며 벨기에 Universite Libre de Belgique의 교수였다. 프리고진이 Isabelle Stengers와 공저한 *Order out of Chaos* (New York, NY: Bantam Books, 1984)는 대우학술총서의 일부로 우리말로 번역되었다.
32) Ilya Prigogine, Gregoire Nicolis, and Agnes Babloyantz, "Thermodynamics of evolution," *Physics Today* 25(12): 38-44(1972.12).
33) Ibid.
34) Prigogine and Stengers, *Oder out of Chaos*, 349.
35) Prigogine, Nicolis, and Babloyantz, *Physics Today* 25(12):38-44.
36) Ilya Prigogine, "Can thermodynamics explain biological order?" *Impact of Science on Society* 23(3): 159-179(1973.7-9)..
37) "There are no known violations of the second law of thermodynamics. Ordinarily the second law is stated for isolated systems, but the second law applied equally well to open system." from John Ross, *Chemical and*

Engineering News (1980.7.27.), 40.

38) Aleksandr I. Oparin, "Problem of the origin of life - Present state and prospects," in Buvet and Ponnamperuma, editors, *Chemical evolution and the origin of life*, 6.

39) Jeffrey S. Wicken, "The generation of complexity in evolution: A thermodynamic and information-theoretical discussion," *Journal of Theoretical Biology* 77(3): 349-365(1979.4).

40) Yockey, *Journal of Theoretical Biology* 67(3): 377-396.

41) Wysong, *The creation-evolution controversy*, 76-95.

42) Emile Borel, *Elements of the theory of probability* (Englewood Cliffs, NJ: Prentice-Hall, 1965), 57 - "Events whose probabilities are extremely small never occur."

43) William A. Dembski, *The design inference : eliminating chance through small probabilities* (Cambridge: Cambridge University Press, 1998), 209.

44) Bradley W. Carroll and Dale A. Ostlie, *An introduction to modern galactic astrophysics and cosmology* (San Francisco: Pearson Addison Education, 2006), 548-549.

45) 어떤 사건이 우주 내에서 일어나는 것이 불가능한 기준으로 보렐(Emile Borel)은 $1/10^{50}$의 확률을 제시하지만 뎀스키(William A. Dembski)는 그의 책 『설계추론』(*The design inference : eliminating chance through small probabilities*)에서 $1/10^{150}$의 확률을 제시한다.

46) Harold J. Morowitz, *Energy flow in biology* (New York: Academic Press, 1968), 2-3.

47) Fred Hoyle, *The Intelligent Universe: A New View of Creation and Evolution* (Michael Joseph Limited, 1983), 19.

48) Chandra Wickramasinghe, "Threats on Life of Controversial Astronomer," *New Scientist* (1982), 140.

49) Fred Hoyle, "The Big Bang in Astronomy," *New Scientist* 92(1280): 521-527 (November 19, 1981).
50) Fred Hoyle and N.C. Wickramasinghe, *Evolution from space* (New York: Simon & Schuster, 1984), 176.
51) 왈드(George Wald, 1906-1997): 뉴욕시에서 태어났으며 1932년 Columbia 대학에서 동물학으로 박사학위를 받았다. 1932-34년까지 National Research Council Fellowship in Biology를 받아서 Berlin-Dahlem에서 연구하는 동안 비타민A를 발견하였다. 1934년 이래 하버드대학에서 가르쳤으며, 1950년 미국국립과학한림원(National Academy of Sciences) 회원으로 선출되었으며, 1967년 노벨생리의학상을 수상하였다.
52) Schroeder, *The hidden face of God : how science reveals the ultimate truth* - 한국어판, 손광호, 박영혜역, 『신의 숨겨진 얼굴: 과학이 드러낸 궁극적 진실』, 66에서 재인용.
53) Robert Jastrow, *The Enchanted Loom: Mind In the Universe* (Simon & Schuster, 1981), 19.

제5강

1) Stephen C. Meyer, "Not By Chance," *National Post* (Canada, 2005.12.1)에서 인용 - "DNA is like a computer program, but far, far more advanced than any software we' ve ever created."
2) 멘델(Gregor Johann Mendel, 1822-1884): 오스트리아 부린의 작은 수도원 원장이었으며, 1865년에 유전법칙을 발표하여 유전학의 아버지가 되었다.
3) 아베리(Oswald Theodore Avery, 1877-1955): 캐나다 태생의 미국 의사 및 의학자. 1944, 공동연구자인 Colin MacLeod, Maclyn McCarty 등과 함께 DNA가 염색체와 유전자의 구성물질임을 밝혔다.
4) 미이셔(Johann Friedrich Miescher, 1844-1895): 스위스 바젤 출신의 의사. 월

킨스(Maurice Hugh Frederick Wilkins, 1916-2004): 뉴질랜드 Pongaroa 출신의 영국 물리학자 및 생물물리학자. 1962년 DNA 이중 나선구조를 발견한 공로로 1962년 왓슨 및 크릭과 더불어 노벨 생리 의학상(Nobel Prize for Physiology and Medicine)을 수상. 프랭클린(Rosalind Elsie Franklin, 1920-1958): 영국 켐브리지 대학 출신의 유전학자 및 X-선 결정학자. DNA 구조 해명에 중요한 기여를 했음에도 불구하고 애석하게도 노벨상을 수상하지 못했다.

5) Vernon Blackmore and Andrew Page, *Evolution, the great debate* (Oxford: Lion Pub, 1989), 143.

6) 왓슨(James Dewey Watson, 1928-): 미국 과학자로 그의 영국인 지도교수 크릭과 더불어 DNA의 구조를 발견하여 노벨 생리 의학상을 수상했다. 왓슨은 최근까지 Human Genome Project의 지도자로 활약하고 있다. 크릭(Francis Harry Compton Crick, 1916-2004): 영국 과학자로 왓슨과 더불어 DNA의 구조를 발견하여 노벨 생리 의학상을 받았다.

7) Arthur Beiser and the editors of Life, *The Earth* (New York: Time, inc., 1962), 148-149.

8) Werner Gitt, *In the Beginning was Information* (1997), 99. - "Since the findings of James D. Watson and Francis H.C. Crick, it was increasingly realized by contemporary researchers that the information residing in the cells is of crucial importance for the existence of life. Anybody who wants to make meaningful statements about the origin of life, would be forced to explain how the information originated. All evolutionary views are fundamentally unable to answer this crucial question."

9) BlacKmore and Page, *Evolution the Great Debate*, 139; R.J. Berry, editor, *The encyclopaedia of animals* (Oxford, England: Equinox Ltd, 1986) - 한국어판, 『동물대백과』 18권(진화와 유전) (서울: 아카데미 서적, 1995), 108-109; Linda Gamlin and Ron Hayward Associates, *Origins of life* (New York: Shooting Star Press, 1993), 34.

10) DNA의 유전적 가능성에 대해서는 Wysong, *The creation-evolution controversy*, 6장을 참고하라.
11) Wald, "The Origin of life," in *The physics and chemistry of life*, 12.
12) "우주에서 $1/10^{50}$의 확률을 가진 사건은 일어나지 않는다"는 것을 흔히 확률의 법칙(Law of Probability)라고 부른다.
13) Merle d' Aubigne, "How Is It Possible to Escape the Idea of Some Intelligent and Organizing Force?" in Henry Margenau & Roy Abraham Varghese, editors, *Cosmos, Bios, Theos : Scientists Reflect on Science, God, and the Origins of the Universe, Life, and Homo Sapiens* (Open Court, 1992), 158.
14) Chandra Wickramasinghe, interview in *London Daily Express* (1981.8.14) - "We are used to have an open mind; now we realize that the only logical answer to life is creation-and not accidental random shuffling." 위크라마싱 (Nalin Chandra Wickramasinghe, 1939-): 영국 카디프(Cardiff)에 있는 카디프 대학(Cardiff University)의 응용수학 및 천문학 교수이다.
15) Sir John Eccles, "A Divine Design : Some Questions on Origins," in Henry Margenau & Roy Abraham Varghese, editors, *Cosmos, Bios, Theos : Scientists Reflect on Science, God, and the Origins of the Universe, Life, and Homo Sapiens* (Open Court, 1992), 163

제6강

1) 외계생명체에 대한 연구를 소개하는 책으로는 Donald Goldsmith and Tobias Owen, *Search for Life in the Universe* (Mill Valley, CA : University Science Books, 2001) 등을 들 수 있다.
2) 프랭크 드레이크(Frank Donald Drake, 1930-): 시카고 출신의 미국 천문학자. 세이건(Carl Edward Sagan, 1934-1996): 미국 천문학자이자 진화론자로서 『코

스모스』(*Cosmos*)라는 책과 TV 프로그램에 출현해서 유명하게 되었다.

3) 드레이크 방정식에 관한 좀 더 자세한 논의를 위해서는 다음 홈페이지를 참고하라: "The Drake Equation," *The Active Mind* (2005.3.28), http://www.activemind.com/Mysterious/Topics/SETI/drake_equation.html (accessed 2010.6.4).

4) Carl Sagan, *Cosmos* (New York: Random House, 1980) - 한국어판, 홍승수 역, 『코스모스』 (서울: 사이언스북스, 2004); 조덕영, 『UFO와 신비주의-과학과 성경의 미스터리』 (서울: 두루마리, 1996), 26-32.

5) 드레이크 방정식의 유용함과 제한에 대해서는 Neil deGrasse Tyson, *My Favorite Universe* (Chantilly, VA : The Teaching Company, 2003), Lecture transcript, 198-200을 참고하라.

6) 콘드률은 감람석(橄欖石, $(Mg, Fe)_2SiO_4$)과 사방휘석(斜方輝石, $(Mg, Fe)SiO_3$)을 함유하는 직경 0.3-3mm 정도의 둥근 알갱이로서 용융상태에서 급격하게 식을 때 형성된다.

7) 베르젤리우스(Baron Jöns Jakob Berzelius, 1779-1848): 스웨덴의 유기화학자.

8) 알라이 산맥(Alai Mountains): 키르기즈스탄(Kirghizstan) 남부에 있는 산맥으로서 최고봉의 높이는 5,544m.

9) Miller and Orgel, *The origins of life on the earth* - 한국어판, 박인원역, 『생명의 기원』, 284.

10) 기체 색층분석기(氣體 色層分析機, gas chromatography): 혼합기체의 성분을 분석하는 화학기기. 작동 원리를 보면 우선 활성탄, 실리카겔 등을 삼투시킨 규조토를 나선형 금속관(column)에 충진한다. 다음에는 분석하려는 기체 시료를 그 금속관에 흡착시킨 후 금속관의 한쪽 끝으로 수소나 헬륨 같은 캐리어 기체를 주입시키면 금속관의 다른 끝으로는 캐리어 기체와 더불어 흡착성이 작은 기체부터 먼저 분리되어 나온다. 이 때 분리되어 나오는 기체들의 열전도도를 정밀하게 측정하면 분석하려는 시료의 성분을 분석할 수 있다.

11) 몰(mole): molecular weight의 준말로서 분자량과 같은 숫자의 그램을 갖는 화합물의 양을 말한다. 1몰 속에는 아보가드로 수(數)인 6.02214×10^{23}개의

분자가 들어있다. 예를 들어 산소분자 1몰은 32g이며 그 속에는 산소분자가 6.02214×10^{23}개 들어있다.

12) 멀치손 운석이 포함하고 있었던 아미노산과 여타 유기물질이 어떤 것인지에 관해서는 Miller and Orgel, *The origins of life on the earth* – 한국어판, 박인원역, 『생명의 기원』, 284-288을 참고하라.

13) K. Kvenvolden, J. Lawless, K. Pering, E. Peterson, J. Flores, C. Ponnamperuma, I.R. Kaplan and C. Moore, "Evidence for extraterrestrial amino-acids and hydrocarbons in the Murchison meteorite," *Nature* 228: 923-926(1970.12.5). Miller and Orgel, *The origins of life on the earth* – 한국어판, 박인원역, 『생명의 기원』, 287에서 재인용.

14) 혜성의 관측과 촬영에 관해서는 Terence Dickinson, *Nightwatch : a practical guide to viewing the universe* 3rd edition, (Willowdale, Ontario: Firefly Books, 1998), 4를 보라.

15) "Scientists hope new technology will find alien life by 2025," *The Vancouver Sun* (2007.10.12.), A8.

16) Ibid., 캘리포니아 마운틴 뷰(Mountain View)에 있는 SETI 연구소(SETI Institute)의 천문학자 쇼스탁(S. Shostak)의 말을 인용.

17) Ibid.

18) 1ppm(part per million)은 백만 분의 일이고, 1ppb(part per billion)는 십억 분의 일.

19) Christopher Chyba, "The new search for life in the universe," *Astronomy* 38(5): 34-39(2010.5).

20) 슈메이커(Eugene Merle Shoemaker, 1928-1997): 미국의 천문학자로서 레비(David Levy)와 더불어 목성에 충돌한 슈메이커-레비 혜성을 발견하였다.

21) 유로파(Europa): 희랍 신화의 제우스가 사랑한 페니키아 공주의 이름을 따서 지은 목성 위성. 목성 위성들 중에서 네 번째로 크며 1610년 갈릴레오가 스스로 제작한 망원경으로 처음 발견하였다.

22) "목성 위성에 물 존재 가능성," 「경향신문」 (1998.3.4).
23) "목성 위성 유로파에 생명체 존재 가능성", 「영남일보」 (1996.11.16).
24) Michael Carroll, "Juno: The next mission to Jupiter," *Astronomy*, 인터넷판 (2005.12.15), http://www.astronomy.com/asy/default.aspx?c=a&id=3783 (accessed 2010.6.4).
25) 금성에 관한 연구는 구 소련이 1967년부터 1972년 사이에 비너스 4-8호를 금성 표면에 연착시켜서 연구하였다. 그 후 비너스 9-12호, 미국의 파이오니어-비너스 1-2호들에 의해서도 자세한 연구가 이루어졌다. Miller and Orgel, *The origins of life on the earth* - 한국어판, 박인원역, 「생명의 기원」, 296에서 재인용.
26) John Shibley, "Cassini's 4-Year Odyssey," *Explore the Universe 2006* Astronomy special issue: 8-15(2006).
27) Miller and Orgel, *The origins of life on the earth* - 한국어판, 박인원역, 「생명의 기원」, 305-311.
28) H-R 도표란 1905년, 덴마크 엔지니어이자 아마츄어 천문학자였던 헤르츠슈프룽(Ejnar Hertzsprung, 1873-1967)이 히야데스(Hyades) 성단과 처녀(Pleiades) 성단 등 가까운 은하 성단을 구성하는 별들을 스펙트럼형과 실시등급(實視等級)을 두 축으로 하여 그린 도표를 발표하였다. 그리고 8년 뒤인 1913년, 미국 프린스턴 대학(Princeton University)의 헨리 러셀(Henry Norris Russell, 1877-1957)이 독립적으로 태양 근방의 별로서 거리가 알려진 별들을 골라서 역시 스펙트럼 형과 절대등급(絕對等級)을 두 축으로 하여 도표를 그렸는데 헤르츠슈프룽과 동일한 결론에 이르렀다. 이 도표에서 가장 많은 별들이 나열되는 왼쪽 상단에서 오른쪽 하단으로 뻗치는 선에 놓인 별들을 주계열성이라고 한다. A0형과 K5형 사이의 주계열성이란 주계열성 중에서도 거의 직선 부분을 점하고 있는 가운데 영역의 별들을 말한다. "Hertzsprung-Russell diagram," <Wikipedia>, http://en.wikipedia.org/wiki/H-R_Diagram (accessed 2010.6.4)을 참고하라.
29) 1990년 4월 24일, 우주왕복선 디스커버리호에 실려 발사된 허블망원경

(Hubble Space Telescope)은 처음에는 초점이 잘 맞지 않아서 제 기능을 발휘하지 못했다. 그러다가 1993년 12월에 발사된 엔데버호 승무원들의 수리를 통해 제 기능을 발휘하기 시작했다. 직경 240cm의 광학망원경과 적외선 망원경을 탑재하고 있는 허블망원경은 지상 고도 480km의 지구 궤도를 돌면서 탁월한 영상을 보내오고 있다.

30) 이충환, "'네이처'가 선정한 2005 10대 이미지," 「동아사이언스」 (2005.12.30), http://news.dongascience.com/HTML/News/2005/12/30/2005123020000000 0005/20051230200000000050104000000.html (accessed 2010.6.4).

31) Tsubasa Fukue, Motohide Tamura1, Ryo Kandori, Nobuhiko Kusakabe, James H. Hough, Jeremy Bailey, Douglas C.B. Whittet, Philip W. Lucas, Yasushi Nakajima, and Jun Hashimoto, "Extended high circular polarization in the orion massive star forming region: Implications for the origin of homochirality in the solar system," *Origins of Life and Evolution of Biospheres* 40(3): 335-346(2010.6).; 김범수, "지구생명체 우주기원설 증거 찾았다," 「한국일보」 (2010.4.8), 18.

32) Heather Couper, Nigel Henbest and Luciano Corbella, *Is anybody out there?* (New York, NY: DK Pub., 1998), 30; Wysong, *The creation-evolution controversy*, 14.

33) 1960년, 드레이크에 의해 시작된 이 프로젝트는 2주 동안 Tau Ceti와 Epsilon Eridani라는 별을 관측하는 것으로부터 시작되었다. "오즈마 프로젝트"란 이름은 드레이크에 의해 붙여진 이름이고, 오즈마란 동화 "오즈의 마법사"에 나오는 여왕의 이름이다.

34) SETI에 관한 전반적인 개요를 위해서는 Philip Morrison, John Billingham, John Wolfe and Ames Research Center, *The search for extraterrestrial intelligence, SETI* (Washington: NASA, 1977) - NASA SP-418을 보라.

35) M.D. Papagiannis, "Recent progress and future plans on the search for extraterrestrial intelligence," *Nature* 318: 135-140(1985.11.14); Andrew

Scott, *The creation of life : past, future, alien* (Oxford: Blackwell, 1986), 178. 이 내용은 Miller and Orgel, *The origins of life on the earth* - 한국어판, 박인원역, 『생명의기원』, 315에서 재인용하였다.

36) 쇼스탁(Seth Shostak, 1943-): Princeton 대학 물리학과 졸, 캘리포니아 공대(California Institute of Technology)에서 박사학위를 취득한 미국 천문학자이자 캘리포니아 마운틴 뷰(Mountain View)에 있는 SETI 연구소의 선임 연구원이다. 2004년에는 천문학의 대중화에 기여한 공로로 태평양 천문협회(Astronomical Society of the Pacific)로부터 클럼케-로버츠상(Klumpke-Roberts Award)을 수상했다.

37) 김신영, "외계생명체의 신호, 드디어 '인간의 그물'에 걸리다," 「조선일보」 (2010.03.18), http://news.chosun.com/site/data/html_dir/2010/03/18/2010031800027.html?Dep1=news&Dep2=headline3&Dep3=h3_06 (accessed 2010.6.4).

제7강

1) 화성운석 ALH 84001 발표 직후에 클린 미국 대통령이 한 담화(1996.8.7.), http://www2.jpl.nasa.gov/snc/clinton.html (accessed 2010.6.4) - "Today, rock 84001 speaks to us across all those billions of years and millions of miles. It speaks of the possibility of life."

2) 포보스(Phobos)는 "두려움"(fear)이라는 의미이며, 데이모스(Deimos)는 "공포"(terror)라는 의미이다. 이들은 모양이 길쭉하기 때문에 직경보다는 길이로 표시하는 경우가 많다.

3) 스키아파렐리가 망원경을 이용하여 관측한 화성의 "canali"를 영어로 운하들("canals")로 잘못 번역하여 미국의 실업가 로웰(Percival L. Lowell)의 상상력을 부추기게 되었다. 로웰은 지적인 존재가 이 운하들을 팠을 것이라는 확신을 갖고 아리조나에 유명한 로웰천문대(Lowell Observatory)를 설립하였다. 스키아파렐리(Giovanni Virginio Schiaparelli, 1835-1910): 이탈리아 천문학자.

4) 로웰(Percival Lawrence Lowell, 1855-1916): 미국의 부유한 아마추어 천문학자. 애리조나 플래그스텝에 로웰 천문대를 세웠다.
5) 남극에서 발견되는 운석들에 대한 사진들을 가장 잘 볼 수 있는 곳은 NASA와 Smithsonian Institution이 공동 후원 하는 ANSMET(Antarctic Search for Meteorites) 프로그램 웹사이트(http://geology.cwru.edu/~ansmet, (accessed 2010.7.2))이다.
6) David S. McKay, et al., *Search for Past Life on Mars* (Washington, DC: American Association for the Advancement of Science, 1996) ; Kenneth L. Woodward and Adam Rogers, "Come in, Mars," *Newsweek* 128(8)· 56-58(1996.8.19). 맥케이(David McKay)와 헌트레스(Wesley Huntress): 1996년 화성 운석 소동을 일으켰던 미항공우주국(NASA)의 과학자들.
7) ALH 84001의 발견과 발표의 뒷 얘기는 천문학자 Donald Goldsmith가 쓴 *The Hunt for Life on Mars* (New York: Dutton, 1997)을 보라.
8) 남극 빅토리아 랜드(Victoria Land)에서 발견된 이 운석은 아콘드라이트 (calcium-poor pyrosenite) 석질 운석이다.
9) D.S. McKay, E.K. Gibson, K.L. ThomasKeprta, H. Vali, C.S. Romanek, S.J. Clemett, X.D.F. Chillier, C.R. Maechling, R.N. Zare, "Search for past life on Mars: possible relic biogenic activity in Martian meteorite ALH84001," *Science* 273(5277): 924-930(1996.8.16).
10) Bill Clinton, "President Clinton statement regarding Mars meteorite discovery," *NASA* (1996.8.7), http://www2.jpl.nasa.gov/snc/clinton.html (accessed 2010.6.4).
11) Hazen, *Origin of Life*, Part 1, 74.
12) Hazen, *Origin of Life*, Part 1, 74.
13) Hazen, *Origin of Life*, Part 1, 74.
14) Hazen, *Origin of Life*, Part 1, 74.
15) Hazen, *Origin of Life*, Part 1, 75.

16) J. William Schopf, *Cradle of life : the discovery of earth's earliest fossils* (Princeton, NJ: Princeton University Press, 1999).
17) 이원국, "최초 생명은 하나님의 창조," 「기독신보」 (1996. 9. 7.).
18) Sharon Begley and Daniel Glick, "Mission to Mars," *Newsweek* 128(13): 52-58(1996.9.23).
19) Robert Burnham, "The red planet: seeking far horizons," *Explore the Universe 2006*, Astronomy special issue: 16(2006).
20) 패스파인더 화성 탐사 개요를 보려면 http://www.jpl.nasa.gov/missions/missiondetails.cfm?mission=Pathfinder (accessed 2010.7.2)를 보라.
21) Burnham, *Explore the Universe 2006*, Astronomy special issue: 19.
22) 크리스텐센(Phil Christensen): 애리조나 주립대학(Arizona State University)의 행성 지질학자.
23) 정효식, "화성 땅 속 거대한 얼음층," 「중앙일보」 (2003.2.18), 15.
24) 정효식, 「중앙일보」, 15.
25) Mark Peplow, "Missions to Mars," *Nature* (2004.1.26), http://www.nature.com/news/specials/mars/index.html (accessed 2010.6.4).
26) Bruce Moomaw, "Mars rovers rolls on," *Astronomy*, 인터넷판 (2005.12.9), http://www.astronomy.com/asy/default.aspx?c=a&id=3781 (accessed 2010.6.4); 이진, "여기는 화성… 생명체 찾는중!" 「동아일보」(2005.11.23), A19.
27) 전승엽, "유럽 최초 화성탐사선 '마스 익스프레스' 호," 「연합뉴스」 (2003.6.3), http://app.yonhapnews.co.kr/YNA/Basic/article/ArticleGraphic/IBW_showArticleGraphicPopup.aspx?contents_id=GYH20030602000200999 (accessed 2010.6.4); Mark Peplow, "Martian 'pebbles' don't prove watery past," *Nature News* (2004.2.10), http://www.nature.com/news/2004/040210/full/news040209-2.html (accessed 2010.6.4); Agustin Chicarro and Tanja Zegers, "Mars Express - 5000 orbits and counting," *ESA* (2007.11.23), http://www.esa.int/SPECIALS/Mars_Express/SEM3OQ63R8

F_0.html (accessed 2010.6.4).
28) 이충환, 「동아사이언스」 (2005.12.30).
29) Tyson, *My Favorite Universe*, 195.
30) Woodward and Rogers, *Newsweek* 128(8): 56-58(1996.8.19); Peplow, *Nature News* (2004.2.10), http://www.nature.com/news/2004/040210/full/news040209-2.html (accessed 2010.6.4).
31) 포퍼(Sir Karl Raimund Popper, 1902-1994): 오스트리아 태생의 유태인 철학자이며, 과학적 인식론에서 반증주의를 제창하였다.
32) 반증 가능성을 기준으로 과학과 비과학을 구분하는 반증주의자들의 견해는 여러 과학철학자들에 의해 비판을 받고 있다. 어떤 이론의 경우에도 그 핵심(core)은 반증가능하지 않으며, 반증이 시도되는 경우에는 보조 가설을 변경하거나 새로운 보조 가설을 도입하여 그 중심 가설을 항상 구할 수 있기 때문이다. 여기서는 다만 과학적 진리에 대한 지나친 신뢰에 대한 반증주의자들의 충고에 유의해야 한다는 의미이다.
33) 1277년, 파리의 대주교 땅삐에(Etinne Tempier)는 로마 교황청의 재가를 얻어 소위 219조의 금지명제를 발표하였다. 이 금지명제들 중에는 상당수가 과학적 내용과 관련된 것들로서 현대적 입장에서 보면 타당한 명제도 있었으나 일부는 터무니없는 주장도 있었다.
34) 한춘근, "지구 외에는 인간이 없다," 「크리스챤 신문」 (1996.11.30).
35) "화성 생명체 흔적 발견 논란 – 사실일 땐 기독교세계관 및 창조신앙 붕괴 우려," 「크리스챤 신문」 (1996.8.24).
36) 황인순, "하나님은 생명을 지구에만 허락하셨다," 「크리스챤 신문」 (1996.8.24).
37) I.S. Shklovskii ands Carl Sagan, *Intelligent life in the universe* (Boca Raton, FL: Emerson-Adams Press, 1998).
38) Jay M. Pasachoff, *Contemporary astronomy*, 4th edition (Philadelphia: Saunders College, 1989).
39) Arthur Compton, *Chicago Daily News* (1936). 콤프턴(Arthur Holly

Compton, 1892-1962): 미국의 물리학자로서 입자(전자)와 파동(광자)의 상호작용(彈性 散亂)을 실험적으로 증명한 공로로(콤프턴 효과) 노벨 물리학상을 수상하였다.

40) 시 19:1.

41) Isaac Newton, *Principia* (1687), 서문.

제8강

1) 클래스(Philip Julian Klass, 1919-2005): UFO 연구가이자 로스웰 사건 전문가. 항공전문 기자이자 기술자로서 35년간 *Aviation Week and Space Technology* 잡지의 수석편집자(senior editor). Robert Todd Carroll, "alien abductions, 외계인 피납," *The Skeptic's Dictionary* (2002.9.26), http://www.rathinker.co.kr/skeptic/aliens.html (accessed 2010.6.4).

2) 이 절 이후의 UFO에 관한 내용은 기독교 텔레비전의 <포럼 42> "UFO, 새로운 우상인가?" (연출: 이훈구, 백승국; 토론자: 양승훈, 이웅상, 한춘기)라는 제하에 토론한 것을 제2회 VIEW Seminar & Prayer Meeting (Willingdon Church, 1998.5.7)을 위해 수정, 보완한 것이다. <포럼 42>는 1997년 9월 8일(월) 오후에 녹화되었고 본 방송은 1997년 9월 19일(금) 21:20-22:20, 재방송은 9월 20일(토) 20:00-21:00, 3방송은 9월 24일(수) 14:30-15:30에 방영되었다.

3) 아마 UFO에 대한 성경적 입장을 가장 잘 정리한 책으로는 전 한국창조과학회 간사였으며 현재 창조신학연구소 소장으로 재임하는 조덕영 목사의 책일 것이다. 조덕영, 『UFO와 신비주의』, 109.

4) 노스트라다무스(Michel de Nostredame, 1503-1566): 라틴어 이름인 Nostradamus로 더 많이 알려져 있는 16세기 스웨덴의 점성술가.

5) 김진영, 김진경, 『수수께기의 외계문명』 (서울: 넥서스, 1995), 9-10.

6) 융(Carl Gustav Jung, 1875-1961): 스위스 Kessewil 태생의 심리학자.

7) 그 후 융도 UFO 옹호자로 바뀐 것은 주목할 만한 일이다. 조덕영, 『UFO와 신비

주의』, 10.

8) 스필버그(Steven Allan Spielberg, 1946-): 미국 신시내티 태생의 유대계 미국 영화감독. <E.T.>를 비롯하여 <미지와의 조우>(Close Encounters), <레이더스>(Raiders of the Lost Ark), <쥬라기 공원>(Jurassic Park), <라이언 일병 구하기>(Saving Private Ryan), <쉰들러 리스트>(Schindler's List) 등 히트작들을 만들었다.

9) "America's nuclear flying saucer," *Popular Mechanics* 177(11): 66(2000.11).

10) R.J. Oberto and North American Aviation Inc., *Environmental control systems selection for manned space vehicles. volume II: appendix I, missions, vehicles, and equipment* (Ft. Belvoir Defense Technical Information Center, 1962).

11) "The J. Allen Hynek Center for UFO Studies," http://www.cufos.org/org.html (accessed 2010.6.4); 조덕영, 『UFO와 신비주의』, 34; 하이네크(Josef Allen Hynek, 1910-1986): 1948년부터 1969년까지 오하이오 주립대학(Ohio State University) 천문학부 교수와 시카고 노스웨스턴대학(Northwestern University) 천문학부 부장을 거치면서 미 공군 UFO 조사계획단(Project Blue Book) 자문역을 맡았다. 그는 'UFO 연구 센터"(The Center for UFO Studies, CUFOS)를 만들어 UFO라고 보고되는 것들이 진짜 UFO인지, 금성이나 별똥별 등 다른 알려진 현상들의 착시인지를 연구하였다.

12) J. Allen Hynek, *UFO experience : a scientific inquiry* (New York: Marlowe, 1998), 33-36; Jacques Vallee, *Confrontations : a scientist's search for alien contact* (New York: Ballantine Books, 1990), 211; John Ankerberg and John Weldon, *The facts on UFO's and other supernatural phenomena* (Eugene, OR: Harvest House Publishers, 1992), 7-8.

13) Peter Brookesmith, *The UFO casebook : startling cases and astonishing photographs of encounters with flying saucers* (London: Chartwell Books,

1989), 8.

14) 조덕영, 『UFO와 신비주의』, 33-38.

15) 영국 국립문헌보관소(The National Archives)에서 발표한 것을 Sarah Lyall, "British U.F.O. shocker! Government officials were telling the truth," *The New York Times* (2008.5.26)가 인용·보도했다.

16) 원전을 보려면 "Newly released UFO files from the UK government," *The National Archives*, http://ufos.nationalarchives.gov.uk을 보라.

17) Erich Fromm, *Psychoanalysis and religion* (New Haven, CT: Yale University Press, 1978); 에리히 프롬(Erich Seligmann Fromm, 1900-1980): 독일 프랑크푸르트 출신의 스위스 사회학자이자.

18) 조덕영, 『UFO와 신비주의』, 112.

19) 아놀드(Kenneth A. Arnold, 1915-1984): 미국의 개인 비행기 조종사이자, 항공구조요원이며, 실업가.

20) 요즘 기준으로 보면 음속의 두배라는 속도는 별로 놀랄만하지 않지만 제트기 시대가 막 시작되던 당시에는 일반인들의 상상을 초월하는 대단한 속도였다.

21) 아놀드의 UFO 목격에 대한 좀 더 자세한 이야기들은 Billy Booth, "1947-The Kenneth Arnold sighting," *About.com*, http://ufos.about.com/od/bestufocasefiles/p/arnold.htm (accessed 2010.6.4)을 보라.

22) 아놀드는 기자에게 이렇게 말했다: "the objects moved like a saucer would if you skipped it across the water."

23) 조덕영, 『UFO와 신비주의』, 14-15.

24) Brookesmith, *The UFO casebook*, 6.

25) "헉, 스코틀랜드 상공의 'UFO' 알고보니…," (2010.6.23), http://photo.donga.com/view.php?idxno=20100623181 (accessed 2010.7.2).

26) Charles B. Moore, "The early New York University balloon flights," in Benson Saler, Charles A. Ziegler and Charles B. Moore, *UFO crash at Roswell : the genesis of a modern myth* (Washington: Smithsonian

Institution Press, 1997), 74-114.

27) Ibid., 169-180.

28) Hugh Ross, Kenneth R Samples and Mark Clark, *Lights in the sky & little green men : a rational Christian look at UFOs and extraterrestrials* (Colorado Springs, CO: Nav Press, 2002), 74-77.

제9강

1) Brookesmith, *The UFO casebook*, 51.

2) 애덤스키(George Adamski, 1891-1965) : 폴란드 태생의 미국 UFO 지지자.

3) 조덕영, 『UFO와 신비주의』, 38-41.

4) 데니켄(Erich Anton Paul von Däniken, 1935-): 스위스 Zofingen 태생. *Chariots of the Gods*로 일약 세계적으로 유명해졌다. 지난 2000년 5월에는 그리스 신화를 주제로 한 *Odyssey of the Gods*를 발표하였다.

5) Erich von Däniken, *Chariots of the Gods? : unsolved mysteries of the past* (New York: Putnam, 1968).

6) 김진영, 김진경, 『수수께끼의 외계문명』 (서울: 넥서스, 1995), 31-71.

7) 조덕영, 『UFO와 신비주의』, 42-47.

8) 「경향신문」 & 「경향닷컴」 (2010.1.12).

9) CNN Entertainment 및 「조선일보」 보도 참조: Breeanna Hare, " 'The Fourth Kind' of fake?" *CNN Entertainment* (2009.11.6), http://www.cnn.com/2009/SHOWBIZ/Movies/11/06/fourth.kind.real/index.html (accessed 2010.6.4); 한현우, "'충격 실화' 라던 그 영화, 알고 보니 순 거짓말," *chosun.com* (2010.2.11), http://news.chosun.com/site/data/html_dir/2010/02/11/2010021101634.html (accessed 2010.6.4).

10) "포스 카인드"는 오선샌미(O. Osunsanmi)가 처음으로 시나리오를 쓰고 처음으로 감독한 작품이다.

11) 카터(James Earl Carter, Jr., 1924-): 미국 조지아주 플레인스(Plains) 출신이자, 민주당 소속의 제39대 미국 대통령(1977-1981).

12) Stephen W. Hawking, *Life in the Universe* (Japan: NTT Shuppan, 1993) - 한국어판, 과학세대 역, 『우주에도 생명이 존재하는가?』(서울: 우리시대사, 1995). 스티븐 호킹(Stephen William Hawking, 1942-): 영국의 이론물리학자. 전신이 마비되어 가는 루게릭병에 걸려 있으면서도 우주론에서 많은 업적들을 남기고 있다.

13) David, Morgan, "Former pilots and officials call for new U.S. UFO probe," *Reuters* (2007.11.12), http://www.reuters.com/article/idUSN1248419720071112 (accessed 2010.6.4).

14) Frank J. Tipler, "Extraterrestrial intelligent beings do not exist", Tony Rothman et. al., *Frontiers of Modern Physics* (New York: Dover, 1985), 157-197. Parts of this paper originally appeared in the *Quarterly Journal of the Royal Astronomical Society* and were also reprinted in Edward Regis, Jr. (ed.), *Extraterrestrials: Science and alien intelligence* (Cambridge University Press, 1985), 133-150. A summary appeared in *Physics Today* 34 (April 1981): 9, 70-71.

15) Ross, Samples and Clark, *Lights in the Sky and Little Green Men*, 26-27.
16) Ross, Samples and Clark, *Lights in the Sky and Little Green Men*, 65-71.
17) Ross, Samples and Clark, *Lights in the Sky and Little Green Men*, 56-57.
18) Ross, Samples and Clark, *Lights in the Sky and Little Green Men*, 57-59.
19) John R. Gribbin, *Genesis : the origin of man and the universe* (New York: Delacorte Press, 1981), 309.
20) 예를 들면 Hugh Ross, *The creator and the cosmos*, reviesd edition (Colorado Springs, CO: NavPress, 1995), 132-144; Dean L. Overman, *A case against accident and self-organisation* (New York: Rowman & Littlefield Publishers, Inc., 1997); Stuart Ross Taylor, *Destiny or chance :*

our solar system and its place in the cosmos (Cambridge: Cambridge University Press, 1998); Peter D. Ward and Donald Brownlee, *Rare earth : why complex life is uncommon in the universe* (New York: Copernicus, 2000); Guillermo Gonzalez and Jay Wesley Richards, *The privileged planet : how our place in the cosmos is designed for discovery* (Washington, DC: Regnery Publishing, 2004).

21) 라엘(Claude Vorihhon Raël, 1946-): 프랑스의 스포츠 신문 기자로 출발하여 후에 유사 종교 단체인 국제라엘리안운동(International Raelian Movement)을 창시.

22) Jacques Vallee, *Messengers of deception : UFO contacts and cults* (New York: Bantam Books, 1980).

23) Brookesmith, *The UFO casebook*, 47.

24) 스트레인지스(Frank E. Stranges): 김도현, "외계인의 실체와 우주의식," 『제3회 1995년도 추계학술대회 논문집』(한국정신과학학회, 1995.10), 91-104에 의하면 스트레인지스는 "국제복음선교회 총회장, 국제신학대학원 총장, 사회심리학협회 회원(Washington, DC), 미국립 UFO 조사위원회 위원장, Oklahoma 사립수사관협회 종신회원, 신학박사, 범죄수사학 박사, 기타 저서 11권"으로 소개되어 있다.

25) 김도현, 『제3회 1995년도 추계학술대회 논문집』(한국정신과학학회, 1995.10), 91-104.

26) 김진영, 김진경, 『수수께끼의 외계문명』, 7에서 재인용.

27) 겔1:1-21 참고.

28) 예를 들면 Charles J. Cazeau and Stuart D. Scott, *Exploring the unknown : great mysteries reexamined* (New York: Plenum Press, 1978), Ch.5등을 참고하라. 또한 "Are there aliens or flying saucers / UFO's in the Bible? What happened at Roswell?", http://www.angelfire.com/mi/dinosaurs/aliens.html (accessed 2010.6.4)에 실린 내용을 참고하라.

29) http://www.geocities.com/Area51/Rampart/7131/TimeEzk.html (2004.4.10 에 인용했지만 지금은 페이지가 사라짐)

30) 조덕영, 『UFO와 신비주의』, 107.

31) 조덕영, 『창세기로 돌아가자』 (한국창조과학회 & 한국창조과학후원회, 1996.12), 72.

32) Ibid., 72-74.

33) 조덕영, 『창세기로 돌아가자』, 74.

34) 케플러(Johannes Kepler, 1571-1630): 독일의 개신교 천문학자. 케플러는 가난과 싸우면서도 과학혁명기 천문학의 가장 중요한 업적의 하나인 "케플러의 행성운동 3법칙"을 발견했다.

35) 조덕영, 『창세기로 돌아가자』, 74.

내용색인

내용 색인

E.T. The Extra-Terrestrial 260, 261
Pleuropneumonia-like organism, Mycoplasma, PPLO 115, 164
Allan Hills 84001 ALH 84001 224, 232, 235
D-형 아미노산 D-amino acid 101, 115-116
DNA, deoxyribonucleic acid 109, 178
H-R 도표 Hertzsprung-Russell diagram 211-212
L-형 아미노산 L-amino acid 101, 115-116
MER-A 스피릿 Mars Exploration Rover-A, Spirit 240, 245
MER-B 오퍼튜니티 Mars Exploration Rover-B, Opportunity 240, 245
PLANET-B, see 노조미탐사선 240
Reasons to Believe 311
RNA, ribonucleic acid 109, 178
UFO 연구센터 Center for UFO Studies, CUFOS 267
X파일 The X-files 269

ㅣㄱㅣ

가니메데 Ganymede 205
가수분해 加水分解 hydrolysis 171, 210
간학문성 間學文性 interdisciplinary 46, 47
갈라파고스 군도 Galápagos Islands 42
갈릴레오호 Galileo 206-207
감마선 분광계 Gamma Ray Spectrometer 251

개방계 開放界 open system 140, 144, 149
거울상 enantiomorph 105, 115
고기후학 古氣候學 paleoclimatology 49
고립계 孤立界 isolated system 136, 141, 149
고지자기학 古地磁氣學 paleomagnetism 49
광학 이성질체 光學異性質體 optical isomer 102, 104, 157
광학적 활성 光學的活性 optical activity 101, 115
광합성 光合成 photosynthesis 93, 95
교질상태 膠質狀態 colloid 75
구세프 분화구 Gusev Crater 245
구아닌 guanine 109, 178, 185
구획화된 정보 compartmentalized information 289, 290
국립전파천문대 National Radio Astronomy Observatory, NRAO 216
국제라엘리안운동 International Raelian Movement 261, 314
국제외계생물학회지 International Journal of Astrobiology 17
규질암 硅質岩 silica chert 89
균일설 均一說 uniformitarianism 187
극초단파 관측계획 Microwave Observing Project, MOP 216
근접 조우 close encounter 267
글루탐산 glutamic acid 85, 113
글리신 glycine 85, 101, 115

기체 색층분석기 gas chromatography 198, 205
꾸며낸 비행물체 Faked Flying Object, FFO 323

| ㄴ |

나스카 평원 Nazca Plains 302
내행성 內行星 inferior planet 208
노아홍수기 Noachian epoch 224
노조미 탐사선 望み-, see PLANET-B 240
놈 너깃 The Nome Nugget 306
놈 상공회의소 Nome Chamber of Commerce 307
뉴클레오티드 nucleotide 121, 180

| ㄷ |

다이오니 Dione 210
다중 계통수 polyphyletic tree 38
다핵방향족탄화수소 多核芳香族炭化水素 Poly-cyclic aromatic hydrocarbons, PAHs 233
단일 계통수 monophyletic tree 38
대장균 Escherichia coli 115, 128, 183
대진화 大進化 macro-evolution 34, 48
데이모스 Deimos 225
독립영양체 獨立營養體 autotroph 74, 76
돌연변이 교정장치 DNA repair system 184
돌연변이 突然變異 mutation 184
동물지 Historia animalium 59
동일과정설 同一過程說 gradualism 221

뒤셀도르프 식물학연구소 Insitute of Botany III in Düsseldorf 121
드레이크 방정식 Drake's Equation 193
디옥시리보스 deoxyribose 179
따뜻하고 작은 연못 warm little pond 67, 73, 76

| ㄹ |

라세미 혼합물 racemic mixture, see 라세미체 102-105, 156
라세미체 racemate, see 라세미 혼합물 102-105, 156
라이소자임 lysozyme 117
라이트-패터슨 공군기지 Wright-Patterson Air Force Base 265
러복 Lubbock 295-296
레아 Rhea 210
렌즈형 대기권 재진입기 Lenticular Reentry Vehicle, LRV 265
로스 알라모스 국립연구소 Los Alamos National Laboratory, LANL 244-245
로스웰 공군기지 Roswell Army Air Field, RAAF 285
로웰천문대 Lowell Observatory 227
리보솜 ribosome 185
리보스 ribose, $C_5H_{10}O_5$ 109
리어리 Leary 308

| ㅁ |

마리너 9호 Mariner 9 227

마리네리스 협곡 Mariner Valleys 227
마스 글로벌 서베이어 Mars Global Surveyor, MGS 240
마스 리코니슨스 오비터 Mars Reconnaissance Orbiter, MRO 240
마스 오딧세이 2001 Mars Odyssey 240
마스 익스프레스 Mars Express 240, 249
마스 패스파인더 Mars Pathfinder 240, 251
맨하탄 프로젝트 Manhattan Project 81
머큐리호 Mercury 309
멀치손 Murchison 198
메리디아니 플래넘 Meridiani Planum 246
메신저 RNA messenger RNA 혹은 mRNA 185
멘인블랙 Men in Black 261
모더니즘 modernism 263
모큐멘터리 mocumentary 308
모하비 사막 Mojave Desert 299
물활론 物活論 hylozoism 59
미국 국립자연사박물관 National Museum of Natural History, Smithsonian Institution 76, 91
미국과학한림원 National Academy of Sciences, NAS 28, 126
미국지구물리학회 American Geophysical Union, AGU 245
미마스 Mimas 210
미소구체 微小球體 microsphere 113
미코플라스마 미코이데스 Mycoplasma mycoides 123
미항공우주국 National Aeronautics and Space Administration, NASA 17, 192, 264
미화석 微化石 microfossil 125
미확인비행물체 Unidentified Flying Object, UFO 192, 260

| ㅂ |

바스티타스 보레알리스 Vastitas Borealis 249
바이킹 Viking 227-230
방사능 연대측정법 radioactive dating 48, 125, 199
백색왜성 white dwarf 212
범균설 汎菌說 panspermia 54
벤조피렌 benzopyrene 237
벽옥 碧玉 jasper 89-90
변종 變種 transmutation 36, 44
보이저호 Voyager 206-207
볼복스 volvox 60
분광형 分光型 spectral type, see 스펙트럼형 211
분자시계 分子時計 molecular clock 49
분해능 分解能 resolving power 212
불휘발산 nonvolatile acid 109
브라운필드 Brownfield 296
비글2호 Beagle 2 249
비글호 The H.M.S. Beagle 249
비평형 상태 非平衡 狀態 non-equilibrium state 143, 160
비평형 열역학 非平衡 熱力學 non-equilibr

ium thermodynamics 158

쁘띠-르셍 Petit-Rechain 282

| ㅅ |

사우스웨스트 연구소 Southwest Research Institute 207

사이언스 Science 85, 104, 123, 232

사이토신 cytosine 178, 185

사해문서 Dead Sea Scrolls 262

상전이 相轉移 phase transition 159

생기론 生氣論 vitalism 59

생명의 기원 연구를 위한 국제협회 International Society for the Study of the Origin of Life, ISSOL 16

생명의 기원에 관한 고든 학회 Gordon Research Conferences on the Origin of Life, GRCOL 16

생물발생설 生物發生說 biogenesis 33, 61, 129

생물진화 生物進化 biological evolution 32, 37, 48, 159

석질운석 石質隕石 stony meteorite 55, 197

석철질운석 石鐵質隕石 stony-iron meteorite 196

선캄브리아기 Precambrian 89

설명할 수 없는 UFO Residual UFO 310

성간물질 星間物質 interstellar medium 82, 237

성층권 成層圈 stratosphere 77, 92

세계들의 전쟁 The War of the Worlds 228

세린 serine 113

소산 消散 dissipation 159

소산구조 消散構造 dissipative structure 159

소저너 Sojourner 242

소진화 小進化 micro-evolution 34

수소결합 hydrogen bond 178, 185

슈메이커-레비 혜성 Comet Shoemaker-Levy 9 206

스트로마톨라이트 stromatolite 78

스펙트럼형 spectral type, see 분광형 211

스푸트니크 1호 Sputnik 1 264, 300

시스틴 cystine 40, 113

시아노 아세틸렌 cyanoacetylene 202

시안화 수소 hydrogen cyanide, HCN 109, 202

시안화물 cyanide 200

심해 열수구 深海 熱水口 hydrothermal vent 120-121

십자가연구소 254

| ㅇ |

아데노신 삼인산 -三燐酸 adenosine triphosphate, ATP 118

아데닌 adenine 109, 178, 185

아레스 발리스 Ares Vallis 241

아미노산 amino acid 72, 101, 115, 135

아스파르트산 aspartic acid 85, 113

아웃오브블루 Out of the Blue 309

아콘드라이트 운석 achondrite meteorite 197

아폴로11호 Apollo 11 300
안면경사각 顔面 傾斜角 41
알라이산맥 Alai Mountains 198
알렌 망원경 어레이 Allen Telescope Array, ATA 203
알룅베르상 Prix Alhumbert 64
알파-양성자 X-레이 분광분석기 Alpha Proton X-ray Spectrometer, APXS 241-242
애들러 천문관 Adler Planetarium 271
앨런 힐즈 Allan Hills 232, 238
앵커리지 데일리 뉴스 Anchorage Daily News 306
어메이징 스토리들 Amazing Stories 274
에어로제트 제너럴사 Aerojet General Corporation 297
에임즈 연구소 Ames Research Center, ARC 216
엔켈라두스 Enceladus 210
엔탈피 enthalpy 150-151
엔트로피 entropy 18, 136, 137, 144
열방출 이미징 시스템 Thermal Emission Imaging System, THEMIS 251
열역학 熱力學 thermodynamics 133, 134
염화불화탄소 鹽化弗化炭素 chlorofluorocarbon, CFC, see 프레온가스 92, 337
영국 국립문헌보관소 The National Archives, TNA 269
오르게이유운석 Orgueil meteorite 198
오르톤 Orthon 299
오리온 대성운 Orion nebula 213

오안네스 Oannes 302
오존층-層 ozone layer 92-93
오즈마 프로젝트 Project Ozma 216
오탄당 五炭糖 pentose 109, 178
오파린-할데인 가설 Oparin-Haldane hypothesis 74, 100, 120
올림포스화산 Mt. Olympus 225
외계기원론 52, 53, 57
외계생명체 탐사 Search for Extra-Terrestrial Intelligence, SETI 203, 219
외계생물학연구소 Astrobiology Institute 17
외계생물학 Astrobiology 17
외행성 外行星 superior planet 208
요기 암석 Yogi rock 241
용불용설 用不用說 Lamarckism, the use and disuse model 60
우라실 uracil 202
우주 복사선 cosmic ray 54
우주진화 cosmic evolution 47, 144
우회전성 右回轉性 right-handed 102, 213
운석 隕石 meteor 52, 53, 196
원생동물 原生動物 protozoa 42, 135
원시 수프 primeval soup 73, 120, 121
원자폭탄 atomic bomb 135, 136
원편광 圓偏光 circularly polarized light, CPL 213-214
유기진화 organic evolution 48
유니버설 픽쳐스 Universal Pictures 306
유럽우주국 European Space Agency, ESA 192, 209, 249

유로파 Europa 206
유리산소 遊離酸素 free oxygen 96
유리수소 遊離水素 free hydrogen 100
유물론 唯物論 materialism 31, 40
유신론적 진화론 有神論的 進化論 theistic evolution 30-32
유신론적 창조론 32
유인원 類人猿 anthropoid 40-41
유펜 Eupen 282
이스트 오레고니언 East Oregonian 274
이아페투스 Iapetus 210
이오니아 학파 -學派 Ionial school 58
이중나선 二重螺線 double helix 56, 178
이탈리아과학원 Accademia del Cimento 61
익스플로러 1호 Explorer 1 264
인간중심원리 anthropic principle 311-312
인디펜던스 데이 Independence Day 261
인산염 燐酸鹽 phosphate 68, 178
인식론적 블랙홀 epistemological black hole 263
입체이성질체 立體異性質體 stereoisomer 115

| ㅈ |

자연발생설 自然發生說 abiogenesis 9, 52, 57
자연선택 自然選擇 natural selection 32, 37
자연주의적 진화론 32
자유에너지 free energy 138, 154, 155
자존철학 自存哲學 31
자철광 磁鐵鑛 magnetite 233, 237

자철석 磁鐵石 magnetite, Fe_3O_4 89
자황철광 磁黃鐵鑛 pyrrhotite 233
적색거성 red giant 212
적색왜성 red dwarf 212
적철석 赤鐵石 hematite, Fe_2O_3 89
전사 轉寫 transcript 184-185
전파천문학 電波天文學 radio astronomy 201
정향적 범균설 定向的 汎菌說 directed panspermia 56
제8공군 Eighth Air Force 285
제이비 포스터 목장 J.B. Foster sheep ranch 284
제트추진연구소 Jet Propulsion Laboratory, JPL 207, 216
조효소 助酵素 coenzyme 118
존슨우주센터 Johnson Space Center, JSC 231
종속영양체 從屬營養體 heterotroph 74-75
종이 색층분석법 -色層分析法 paper chromatography 84-85
좌회전성 左回轉性 left-handed 102, 213
죠슈아트리 Joshua Tree 297
주계열성 主系列星 main sequence 211
주사 전자 현 미경 Scanning Electron Microscope, SEM 110, 125
중간형태 中間形態 transitional form 36, 39
중력자 graviton 29
중합반응 重合反應 polymerization 111
쥬노 Juno 208

지질 脂質 lipid 121-122

질량분석기 質量分析器 mass spectrometer 199

질량-에너지 등가원리 mass-energy equivalence 135

질량작용법칙 質量作用法則 Law of mass action, see 화학평형의 법칙 147

| ㅊ |

착시한 비행물체 Mis-identified Flying Object, MFO 322-323

천체진화 stellar and planetary evolution 47

철질운석 鐵質隕石 iron meteorite 196

축합반응 縮合反應 condensation 111, 147

층서지질학 層序地質學 48

| ㅋ |

카날리 canali 227

카시니호 Cassini 209

칼리스토 Callisto 205

켄타우루스 알파성 Alpha Centauri 314

코아세르베이트 coacervate 73-76, 141-142

콘드라이트 운석 chondrite meteorite 197-198

콘드륨 chondrule 197

콘택트 Contact 192, 218

콜럼비아 구릉 Columbia Hills 248

| ㅌ |

타이탄 Titan 209-210

탄산염 炭酸鹽 carbonate 233, 239

탄소질 콘드라이트 운석 carbonaceous chondrite meteorite 197

탄화수소 炭火水素 hydrocarbon 109

태양풍 太陽風 solar wind 205

테티스 Tethys 210

트레오닌 threonine 113

특수창조론 9, 52, 57

티민 thymine 178, 185

| ㅍ |

파스카굴라강 Pascagoula River 280

파이오니어 10호 Pioneer 10 215

팔랑케 Palenque 302

팔로마산천문대 Palomar Observatory 212, 298

폐렴쌍구균 肺炎雙球菌 Streptococcus pneumoniae 177

폐쇄계 閉鎖界 closed system 149-151

포름알데히드 formaldehyde, CH_2O 109, 202

포보스 Phobos 225, 229

포스카인드 The Fourth Kind 305-308

포스트모더니즘 postmodernism 263

포화탄화수소 飽和炭化水素 saturated hydrocarbon 198

폴리리보뉴클레오티드 polyribonucleotide 184

표현형 表現型 phenotype 44

퓨린 purine 202, 251

프랑스 과학아카데미 Académie des sciences 64

프로젝트 모굴 Project Mogul 287-288

프로젝트 블루북 Project Blue Book 267

프로티노이드 proteinoid 110, 112

프린스턴 고등연구소 Institute for Advanced Study, Princeton, NJ 126

피닉스 화성 미션 Phoenix Mars Mission 250

피닉스 화성 착륙선 Phoenix Mars Lander, PML 250

피리미딘 pyrimidine 251

피비 Phoebe 210

핀치 finch 42

| ㅎ |

하이드 공원 Hyde Park 272

하이페리온 Hyperion 210

한국UFO조사분석센터 303

항체 抗體 antigen 105

해면동물 海綿動物 sponge 42

해일망원경 Hale Telescope 212

핵산 核酸 nucleic acid 85, 141

허블망원경 Hubble Space Telescope, HST 212

허스밴드 언덕 Husband Hill 248

헤모필러스 인플루엔자 Haemophilus influenzae 239

호미니드 hominid 41

호상철광층 縞狀鐵鑛層 banded iron formation 89-90

호이겐스 Huygens 209-210

화성탐사로버 Mars Exploration Rover, MER 245

화이트산맥 White Mountains 275

화이트 샌즈 미사일 실험장 White Sands Missile Range 279

화이트홀 white hole 29

화학적 삼투작용 chemiosmosis 122

화학진화 化學進化 chemical evolution 32, 34, 72

화학평형의 법칙, see 질량작용의 법칙 147

확인 가능한 비행물체 Identifiable Flying Object, IFO 267

환원주의 還元主義 reductionism 79, 162

효소 酵素 enzyme 75, 178

후바 Hoova 301

창조회 후원

본 연구의 일부는 창조회의 이름으로 모인 다음 교회 및 기관들(괄호 속은 본 연구를 후원하던 당시의 담임 목회자)의 후원으로 이루어진 것입니다.

대전 영음교회(권재천 목사)
여주 월송교회(김경배 목사)
안양 반석감리교회(김상종 목사)
천안 반석장로교회(민경진 목사)
대천 제일감리교회(박인호 목사)
춘천 남부제일감리교회(백낙영 목사)
대전 대신고등학교(서정식 목사)
서초 감리교회(송상면 목사)
유성 감리교회(유광조 목사)-회장
대전 갑동교회(윤승호 목사)-총무
안산 부곡중앙교회(이명근 목사)
홍성 홍주제일교회(임종만 목사)
부천 중동제일감리교회(조영성 목사)
대전 예수로침례교회(조영진 목사)
김해 장로교회(조의환 목사)
용인 한마음감리교회(최호권 목사)
수원 에바다선교교회(한규석 목사)
이천 양정감리교회(황동수 목사)
함안 중앙감리교회(황병원 목사)

양승훈(梁承勳)

양승훈은 6·25 전쟁 직후, 낙동강의 커다란 지류인 영강이 마을 뒤를 휘감고 흐르며 강 건너 소백산맥의 일부인 오정산이 휴전선처럼 버티고 서 있는 경상북도 문경의 창리 윗마을에서 태어났다. 일찍부터 미국 선교사들을 통해 예수를 믿은 양명철 장로와 임의정 권사의 5남 2녀 중 여섯째 자녀로 태어났기 때문에 본인은 세례가 뭔지도 모르던 나이에 유아세례를 받았다.

어릴 때는 몸이 약해서 인근 문경 시멘트 공장의 발파 소리에 놀라 경기(驚氣)를 하는 등 부모님의 마음을 조마조마하게 했지만 10여 년 간 왕복 10km가 넘는 학교를 도보로, 자전거로 통학하면서 많이 건강해졌다. 그리고 당시 대부분의 시골 아이들이 그랬듯이 양승훈도 "지게 대학"을 갈 수밖에 없었지만, 하나님의 은혜로 고등학교를 졸업한 후에 계속 대학 공부를 할 수 있게 되었다.

성장하면서 주변에 사표(師表)가 될 만한 몇 분이 계셨다. 대학원을 다니던 1978년, 63세를 일기로 암으로 별세하신 아버지는 완전한 분은 아니었지만, 양승훈의 신앙과 삶에 지울 수 없는 모델이었다. 그리고 1990년, 50세를 일기로 역시 암으로 세상을 떠나신 큰 누님 양희숙 권사는 마음의 가장 깊은 것들까지 털어놓을 수 있는 믿음의 선배였다.

시골에서 붉은 저녁놀을 바라보면서 황금빛 들녘을 가로질러 학교를 오갈 땐 온갖 황당무계 하고 철딱서니 없는 생각들을 하기도 했지만, 대학을 가서부터는 생각이 좀 더 깊어지게 되었고, 특히 몇몇 분들은 양승훈의 삶에 큰 영향을 끼쳤다.

아버지를 제외하고 양승훈의 삶에 가장 큰 영향을 끼친 분으로는 우선 미국인 평신도 선교사 원이삼(Wesley Wentworth, 1934-) 박사님을 들 수 있다. 1980년, 한국창조과학회 창립을 위한 모임에서 처음 만난 원 선교사님은 좋은 책과 사람들을 만나게 해줌으로 양승훈에게 기독교 세계관, 기독교적 지성의 중요성을 일깨워주었다. 후에 양승훈이 창조과학의 여러 문제점들을 깨닫게 된 데도 그의 공로가 컸다. 양승훈의 기독교적 지성의 자양분의 대부분은 그와 직, 간접적 교제를 통해 얻었다고 할 수 있을 정도로 그의 영향은 지대하였다.

또한 예수원 설립자이자 성공회 사제였던 대천덕(Reuben Archer Torrey, III, 1918-2002) 신부님도 양승훈에게 큰 영향을 끼쳤다. 1979년, "기독교와 과학"이라는 강연을 위해 한국과학기술원(KAIST)을 방문했던 대 신부님으로부터 양승훈은 진정한 신앙, 진정한 경건이 무엇인지를 배웠다. 아직도 그렇게 살지는 못하지만, 신부님은 양승훈에게 진정한 경건에 더하여 진정한 보수와 진보가 무엇인지, 신앙과 학문의 관계가 어떠해야 하는지를 몸으로 보여주었다.

양승훈은 어릴 때는 멋도 모르고 자동차 정비공이 되려는 마음을 먹기도 하고, 음악가가 되었으면 하는 황당한 꿈을 가진 적도 있었다. 그러다가 1973년 경북대 사대 물리교육과에 진학하면서 그 후 24년 간 물리학도로서의 훈련을 받았다. 경북대를 졸업한 후에는 KAIST에 진학하여 반도체 물성 연구로 이학석사(M.S.) 및 박사(Ph.D.) 학위를 받았고, KAIST 학생 시절에는 이탈리아 국제이론물리학센터(1982)에서 한 학기동안 공부할 수 있는 기회가 있어서 약간이지만 유럽의 정취를 맛볼 수도 있었다. 졸업 후에는 곧바로 모교에서 근무하게 되었는데, 대학에 근무하는 동안 한국과학재단 포스터닥으로 미국 시카고대학(1986)에서, 후에는 대학원 학생으로 미국 위스콘신대학에서 과학사(M.A.)를, 위튼대학에서 신학(M.A.)을 공부할 수 있는 축복을 누렸다.

이 중 위튼에서 신학을 공부한 것은 양승훈의 삶의 후반기의 방향을 결정하는데 가장 중요한 계기가 되었다. 사실 신학 공부는 양승훈이 원해서 했다기보다 시카고대학에서 연구하는 동안 출석하던 시카고 한인서부교회 최일식 목사님(현 KIMNET 대표)의 권유 때문이었다. 양승훈이 두 번째 미국에 가서 위스콘신대학에서 과학사를 공부할 때, 최 목사님은 다짜고짜 "쓸데없는 공부"는 하지 말고 신학공부를 하라고 강력하게 권했다. 그러면서 그는 위튼대학에서 가장 금액이 많은 빌리그래함센터 장학금을 받을 수 있도록 주선해주었다. 물론 양승훈은 처음에는 신학을 "성도의 교양" 정도로 생각하고 시작했다. 그런데 결국 이로 인해 양승훈은 경북대와 물리학을 떠나 캐나다로 와서 현재의 세계관 및 창조론 사역을 하게(혹은 할 수 있게) 되었으니 사람의 미래는 하나님 밖에 모른다.

미국에서 신학을 공부하고 돌아온 후에 양승훈은 주 전공이었던 반도체 물리학에 더하여 창조론, 기독교 세계관, 기독교와 과학 등에 점점 더 많은 관심을 갖게 되었다. 하지만 수년이 지난 후 그는 이 모든 것들을 공부하기에는 인생이 너무 짧고 자신의 능력이 부족하다고 생각하여 결국 1997년 10월 31일, 14년간 정들었던 경북대 교수직을 사임했다. 그 후 기독학자들의 모임인 DEW(기독학술교육동역회)의 파송을 받아 밴쿠버에 VIEW(밴쿠버기독교세계관대학원)를 설립, 운영하면서 지금은 창조론과 세계관 분야의 강의와 글을 쓰는 데 주력하고 있다.

현재 VIEW는 밴쿠버 인근 트리니티 웨스턴 대학(TWU)에 속한 캐나다연합신학대학원(ACTS)을 통해 기독교세계관 대학원 과정(기독교 세계관 문학석사 과정 및 디플로마 과정)을 개설하고 있다. 또한 2005년부터는 TWU 인근에 VIEW 국제센터를 만들어(그 안에 양승훈의 집도 있지만) 청소년 캠프나 교사 연수 같은 단기 세계관 훈련 및 창조론 탐사 여행도 인도하고 있다.

그 동안 양승훈은 반도체 물리학, 기독교 세계관, 과학교육 등에 관한 어설픈 논문들과 책들을 여러 권 썼지만, 본인이 생각하기에 수작(秀作)이라고 할 말한 것은 별로 없다. 구태여 몇 가지를 든다면 비정질 반도체의 구조와 전기적 특성의 관계를 밝힌 것과 비정질 반도체에 급냉에 의해 만들어지는 새로운 준안정 상태(전기전도도가 300배 가까이 증가하는)가 있다는 것을 발견한 것은 반도체 물리학 발전에 작은 기여를 한 것이 아닌가 생각한다. 근래에 어느 반도체 회사에서 이 준안정 상태를 이용하여 스위칭 소자를 만들었다는 얘기를 들었으나 확인하지는 못했다. 또한 경북대 사범대에 근무하는 동안 중등학교에서 과학개념을 가르치는데 과학사적 학습이 효과적임을 밝힌 것도 나름대로 과학교육의 발전과 과학을 "인간화"(humanize) 하는데 작은 기여를 한 것이 아닌가 생각한다.

물리학이나 과학교육과는 달리 창조론 연구는 심리적 부담을 수반하지만, 양승훈이 지속적인 보람을 느끼는 분야이다. 창조론 연구와 관련하여 양승훈이 가장 큰 보람을 느끼는 것이라면, 2004년에 제안한 "다중격변모델"(Multiple Catastrophism)이다. 이 이론은 비록 200여 년 전, 프랑스 파리 과학원의 창조론자 퀴비에(G. Cuvier)가 처음 제창한 아이디어이기는 하지만 지난 수년 동안 양승훈이 최근 지질학적, 천문학적 증거들을 사용하여 다듬었다. 이것은 지구역사에는 여러 차례의 전 지구적 격변이 있었고, 그것의 마지막 격변이 노아의 홍수였다고 하는 이론이다.

양승훈이 다중격변모델을 제안하게 된 배경에는 근래 지구 곳곳에 흩어져 있는 운석공들에 대한 연구가 있다. 1994년, 20여 개 이상으로 부서진 채 목성 표면에 부딪힌 슈메이커-레비 혜성으로 인해 학자들은 혜성 혹은 소행성이 지구와 충돌한 가능성에 대한 본격적인 연구를 시작했다. 그리고 이로 인해 현재 전 지구적으로 180여 개의 운석공들이 확인되고 있다. 이 중 28개는 한 대륙의 멸종을 가져올 수 있는 직경 30km 이상 되는 운석공들이며, 그 중 5개는 중생대 말기나 고생대 페름기 말기에 일어난 전 지구적 멸종을 일으킬 수 있는 직경 100km 이상 되는 운석공들이다. 물론 바다에 떨어진 운석공들까지 포함한다면, 이보다 3배가량 더 많은 숫자의 운석들이 지구와 충돌했으리라고 본다. 거대한 운석들이 음속의 100여 배에 이르는 무시무시한 속도로 지구와 충돌할 때 어떤 격변이 일어나는지에 대한 여러 모의실험을 결과를 근거로 양승훈은 다중격변모델을 제안하게 되었다.

처음 이 모델을 구상하게 되었을 때 양승훈은 드디어 이 모델로 창조과학의 6,000년/노아홍수설과 진화론자들의 동일과정설로 설명할 수 없는 많은 것들을 창조론적 관점에서 설명할 수 있게 되었다고 기뻐했다. 특히 양승훈은 이 이론이 전문가들 앞에서 단칼에 나가떨어지는 창조과학을 구해낼 것으로 기대하면서 제안했지만, 아쉽게도 지금은 창조과학자들로부터 비난을 받고 있고, 2008년 8월에는 결국 이 이론 때문에 창립준비부터 30여 년 간 몸담았던 창조과학회를 떠났다. 창조과학회에서 탈퇴하지 않으면 제명하겠다고 해서 탈퇴한 것이니 쫓겨났다고 표현하는 것이 정확하다.

양승훈의 학문적 여정의 또 하나 중요한 영역은 에세이를 쓰는 것이다. 양승훈은 1980년 이후로는 기독교 세계관적 삶을 나누는 에세이들을 부정기적으로 쓰고 있다. 처음에는 따로 일기를 쓰지 않기 때문에 그때그때 지나가는 생각의 편린들을 앨범에 모아둔다는 마음으로 글을 쓰기 시작했다. 에세이들은 주로 기독교적으로 산다는 것과 사고하는 것, 그리고 기독교 세계관적으로 학문을 한다는 것이 무엇인지 반성하는 내용이다. 다행히 사람들이 꾸준히 읽어주는 통에 이 글들을 모아 몇 권의 책을 낼 수 있었고, 지금도 틈틈이 글을 쓰고 있다. 근래에 들어 양승훈은 어쩌면 다른 "심오하고 난해한" 학문적인 글보다 이 평이한 에세이가 보통 사람들에게 더 많은 도움이 되는 것은 아닐까 생각하기도 한다.

목 맨 송아지 같았던 10대가 엊그제 같은데, 공부하느라 바빴던 20-30대, 글 쓰고 일 한다고 분주했던 40대도 지나고 어느 새 필자도 50대 중반을 지나고 있다. 이제는 새치라고 둘러댈 수 없을 만큼 흰머리도 생기고, 여기 저기 몸 구석구석에서 노화의 조짐들이 나타나는 것을 보니 나이를 이길 장사는 없음을 다시 한 번 확인한다. 나이가 들어가고 아이들이 자라는 것을 보면서, 그리고 가까운 분들이 하나씩, 둘씩 세상을 떠나는 것을 보면서 양승훈은 늘 "인생이 무엇이며, 하나님 앞에서 산다는 것이 무엇인가?"라는 원초적인 질문을 던지면서 살아가고 있다. 암으로 일찍 세상을 떠난 아버지나 누님을 생각하면서 이제는 자신도 언제든지 한국 남자들의 평균 수명을 채우지 못한 채 죽을지 모른다는 생각을 하기도 한다.

하지만 하나님의 이른 부름이 없다면 양승훈은 지금처럼 VIEW에서 세계관과 창조론에 관한 글을 쓰면서, 후배들을 가르치면서, 그리고 뒤

늦게 대학 캠퍼스에서 시작한 쥬빌리 채플에서 설교도 하며 남은 인생을 살 것이다. 근래에는 더 많은 일을 하려고 애쓰기보다 하나님 앞에 서게 될 자신을 돌아보는 것이 점점 더 중요하게 생각되는 것을 보니 이젠 조금씩 철이 드는 모양이다.

생명의 기원과 외계생명체

양승훈지음

초판1쇄 2011년 6월 28일

발행처　SFC 출판부
총　판　하늘유통(031-947-7777)
인　쇄　(주)독일인쇄

137-040 서울특별시 서초구 반포4동 58-5 2층 SFC출판부
TEL (02)596-8493　FAX (02)596-5437

ISBN 978-89-93325-44-7　03230

값 16,000원
독자의 의견을 기다립니다.
www.sfcbooks.com

□잘못 만들어진 책은 언제든지 교환해 드립니다.